中國現代教育社團史

周谷城 題

"中国现代教育社团史"丛书编委会

丛 书 主 编：储朝晖

丛书编委会： 于书娟　马立武　王　玮　王文岭　王洪见
　　　　　　王聪颖　白　欣　刘小红　刘树勇　刘羡冰
　　　　　　刘嘉恒　孙邦华　苏东来　李永春　李英杰
　　　　　　李高峰　杨思信　吴冬梅　吴擎华　宋业春
　　　　　　汪昊宇　张礼永　张睦楚　陈克胜　陈梦越
　　　　　　周志平　周雪敏　钱　江　徐莹晖　曹天忠
　　　　　　梁尔铭　葛仁考　韩　星　储朝晖　楼世洲

审读委员会： 王　雷　王建梁　巴　杰　曲铁华　朱镜人
　　　　　　刘秀峰　刘继华　牟映雪　张　弛　张　剑
　　　　　　邵晓枫　范铁权　周　勇　赵国壮　徐　勇
　　　　　　徐卫红　黄书光　谢长法

"中国现代教育社团史"丛书书目

《中国现代教育社团发展史论》
《中华教育改进社史》
《中华平民教育促进会史》
《生活教育社史》
《中华职业教育社史》
《江苏教育会史》
《全国教育会联合会史》
《中国教育学会史》
《无锡教育会史》
《中国社会教育社史》
《中国民生教育学会史》
《中国教育电影协会史》
《中国科学社史》
《通俗教育研究会史》
《国家教育协会史》
《中华图书馆协会史》
《少年中国学会史》
《中华儿童教育社史》
《新安旅行团史》
《留美中国学生联合会史》
《中华学艺社史》
《道德学社史》
《中华教育文化基金会史》
《中华基督教教育会史》
《华法教育会史》
《中华自然科学社史》
《寰球中国学生会史》
《华美协进社史》
《中国数学会史》
《澳门中华教育会史》

推进教育治理体系和治理能力现代化……推动社会参与教育治理常态化，建立健全社会参与学校管理和教育评价监管机制。

——《中国教育现代化2035》

当前，我国改革开放正在逐步地深入和扩大，激发社会组织活力，在整个社会治理体系建设中具有重要作用。现代教育治理体系的建设，也迫切需要发挥专业的教育社团的积极作用。在这个大背景下，依据可靠的历史资料，回溯和评价历史上著名教育社团的产生、发展、组织方式和活动方式等，具有现实意义和社会价值。总的来说，这个项目设计视角独特，基础良好，具有较高的学术价值、实践价值和出版价值。

——石中英

教育社团组织与中国教育早期现代化，既是一个有丰富内涵的历史课题，更是一个极具现实意义的重大课题。由中国教育科学研究院储朝晖研究员领衔的学术团队，多年来在近代教育史这块园地上努力耕耘，多有创获，取得了可喜的成果，积累了深厚的知识储备。现在，他们选择一批有代表性、典型性、产生过重大影响的教育社团组织，列为专题，分头进行深入的研究，以期在丰富中国教育早期现代化研究和为当代中国教育改革服务两个方面做出贡献，我觉得他们的设想很好。

——田正平

本书系 2013 年度教育部人文社会科学研究青年基金项目"民初全国教育会联合会研究"（项目批准号：13YJC880042）研究成果。

中国现代教育社团史　丛书主编 / 储朝晖

全国教育会联合会史

梁尔铭　著

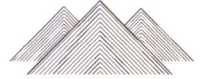

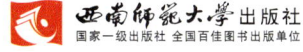
国家一级出版社 全国百佳图书出版单位

图书在版编目(CIP)数据

全国教育会联合会史/梁尔铭著. -- 重庆：西南师范大学出版社，2021.7
（中国现代教育社团史）
ISBN 978-7-5697-0235-4

Ⅰ.①全… Ⅱ.①梁… Ⅲ.①教育—联合会—历史—中国 Ⅳ.①G52-26

中国版本图书馆CIP数据核字（2021）第139197号

全国教育会联合会史
QUANGUO JIAOYUHUI LIANHEHUI SHI

梁尔铭 著

策划编辑：	尹清强　伯古娟
责任编辑：	尤国琴
责任校对：	刘江华
装帧设计：	观止堂_朱璇
排　　版：	王　兴
出版发行：	西南师范大学出版社
	重庆·北碚　邮编：400715
印　　刷：	重庆荟文印务有限公司
幅面尺寸：	170mm×240mm
印　　张：	20
插　　页：	4
字　　数：	390千字
版　　次：	2021年7月 第1版
印　　次：	2021年7月 第1次
书　　号：	ISBN 978-7-5697-0235-4
定　　价：	88.00元

总序

在中国教育早期现代化的历史进程中,无论是清末,还是北洋政府和国民政府时期,在整个20世纪前期传统教育变革和现代教育推进波澜壮阔的历史舞台上,活跃着这样一批人的身影,他们既不是清王朝的封疆大吏、朝廷重臣,也不是民国政府的议长部长、军政要员,从张謇、袁希涛、沈恩孚、黄炎培,到晏阳初、陶行知、陈鹤琴、廖世承,有晚清的状元、举人,有海外学成归来的博士、硕士,他们不居庙堂之上,却念念不忘国家民族的百年大计;他们不拿政府的分文津贴,却时时心系中国教育的改革与发展。是"研究学理,介绍新知,发展教育,开通民智"这样一个共同理想和愿景,将这些年龄悬殊、经历迥异、分散在天南海北的传统士人、新型知识分子凝聚在一起,此呼彼应、同气相求,结成团体,组织会社。于是,从晚清最后十年的江苏学务总会、安徽全省教育总会、河南全省教育总会,到民国时期的全国教育会联合会;从中华职业教育社、中华新教育共进社、中华教育改进社,到中华平民教育促进会、生活教育社、中国社会教育社、中华儿童教育社、中国教育学会……在短短的半个世纪里,仅省级以上的和全国性的教育会社团体就先后有数十个,至于以县、市地区命名,以高等学校命名或以某种特定目标命名的各式各样的教育会社团体,更是难以计数。所有这些遍布全国各地的教育会社团体,通过持续不断的努力,从不同的层面,以不同的方式,冲刷着传统封建教育的根基,孕育和滋养着现代教育的因素。可以毫不夸张地说,在传统教育变革和现代教育推进的历史进程中,从宏观到微观,到处都留下这些教育会社团体的深深印记,它们对中国教育早期现代化的贡献可谓功莫大焉!

大约从上世纪90年代开始,中国近代教育会社团体的研究,渐渐进入人们的学术视野,20多年过去了,如今关于这一领域的研究,已经风生水起,渐成气候,取得了相当的成果,并且有着很好的发展势头。说到底,这是当代中国教育改革的需要和呼唤。教育是中华民族振兴的根基和依托,改革和发展中国教育,让中国教育努力赶上世界先进水平,既是中央政府和各级政府义不容辞的职责,也必须依靠广大教育工作者的自觉参与和担当。从这个意义上讲,中国近代教育会社团体与中国教育早期现代化研究,既是一个有丰富内涵的历史课题,更是一个极具现实意义的重大问题。中国教育科学研究院储朝晖研究员,多年来在关注现实教育改革的诸多问题的同时,对中国近代教育史有着特殊的感情,并在这块园地上努力耕耘,多有创获,取得了可喜的成果,积累了深厚的知识储备。现在,他率领一批志同道合的中青年学者,完成了"中国现代教育社团史"的课题,从近代以来数十上百个教育社团中精心选择一批有代表性、典型性、产生过重大影响的教育社团,列为专题,分头进行了深入的研究。我相信,读者诸君在阅读这些成果后所收获的不仅仅是对教育社团的深入理解和崇高敬意,也可能从中引发出一些关于当代中国教育改革的更深层次的思考。

是为序。

田正平
丁酉暮春于浙江大学西溪校区

目录

总　序（田正平）
导　论 /1

第一章　全国教育会联合会的酝酿与成立 /15
　第一节　趋新士人群体意识的出现与新式教育的兴起 /17
　第二节　新式教育会社的萌生与《教育会章程》的颁布 /25
　第三节　各省教育总会联合会的成立与中央教育会的召开 /33
　第四节　中央教育会议的筹备与全国教育会联合会的成立 /45

第二章　全国教育会联合会的组织与运作 /57
　第一节　全国教育会联合会的运行过程 /59
　第二节　全国教育会联合会的组织架构 /67
　第三节　全国教育会联合会的议决程序 /77

第三章　全国教育会联合会的发展历程 /85
　第一节　全国教育会联合会第一次年会 /87
　第二节　全国教育会联合会第二次年会 /93
　第三节　全国教育会联合会第三次年会 /98
　第四节　全国教育会联合会第四次年会 /104
　第五节　全国教育会联合会第五次年会 /109
　第六节　全国教育会联合会第六次年会 /116
　第七节　全国教育会联合会第七次年会 /123

　　　　第八节　全国教育会联合会第八次年会　/131

　　　　第九节　全国教育会联合会第九次年会　/136

　　　　第十节　全国教育会联合会第十次年会　/145

　　　　第十一节　全国教育会联合会第十一次年会　/153

第四章　**全国教育会联合会的主要成就**　/161

　　　　第一节　全国教育会联合会与新学制改革　/163

　　　　第二节　全国教育会联合会与新学制课程标准　/183

　　　　第三节　全国教育会联合会与庚款兴学　/197

第五章　**全国教育会联合会的终结**　/223

　　　　第一节　全国教育会联合会第十二次年会的夭折　/225

　　　　第二节　党化教育与全国教育会联合会的消亡　/231

　　　　第三节　全国教育会联合会的历史地位　/237

附　录　/241

参考文献　/289

后　记　/303

丛书跋(储朝晖)　/305

导 论

全国教育会联合会在中国教育现代化进程中有着重要的地位,对中国教育现代化贡献良多。正是由于全国教育会联合会在中国教育现代化进程中的重要地位,近年来学界关于全国教育会联合会的研究成果可谓琳琅满目。学界的相关研究从多种角度探讨了全国教育会联合会与中国现代教育发展和改革的关系,为深入考察全国教育会联合会打下了良好的基础。然而学界至今缺乏对全国教育会联合会的系统研究,这与全国教育会联合会的历史地位难以相称。在这种状况下,全面考察全国教育会联合会的历史既能够为该领域的研究添砖加瓦,又可以为当代教育的改革与发展提供参考和借鉴。

一、为什么要写全国教育会联合会史

1901年,清朝统治者为了避免王朝的覆灭,开始推行被历史学家称为"晚清新政"的改革。反映在教育方面,清政府模仿外国制度建立了一套由高等、中等和初等学堂构成的全国性现代学校系统,标志着中国现代教育的诞生。中华民国建立后,中国现代教育仍然在探索中前进。在中国现代教育逐步完善的过程中,政府推行的改革措施也同样举步维艰。在这个时候,教育会社扮演了一种非常重要的角色。它们以教育为主要活动,"以社员一致认同的教育活动宗旨为指导",制定了"一定的组织发展制度和领导机构科层性规则",在清末民初的历史舞台上扮演着举足轻重的角色,为中国现代教育的发展贡献了自己的一分力量。[①]在众多的教育会社中,全国教育会联合会有着不可代替的地位。

全国教育会联合会成立于1915年,由各省和特别行政区教育会推举代表联合而成,是中国近代史上[②]最重要的教育会社之一。它以"体察国内教育状况,并应世界趋势,讨论全国教育事宜,共同进行"为宗旨[③],注重介绍和宣传欧美的教育制度和教育思想,为政府进行教育改革提出种种建议。全国教育会联合会每年集会一次,讨论重大的教育问题并制定解决方案。在全国教育会联合会的历史上,其贡献几乎涉及中国现代教育的所有领域,其中最为重要的有如下几种:

其一,倡议学制改革,最终促成了壬戌学制的颁布。民初制定的壬子癸丑学制本源自清末的壬寅癸卯学制,带有浓厚的德日色彩,既落后于世界潮流,又不符合中国教育的实际需要。全国教育会联合会自成立以来,学制改革便是其历次年会的关注焦点。经过数年的酝酿,1922年10月在济南召开的全国教育会联合会第八次年会最后议决通过了《学校系统案》。1922年11月,时任中华民国大总统的黎元洪将全国教育会联合会第八次年会议决的《学校系统案》以《学校系统改革案》名义发表,是为壬戌学制。壬戌学制是中国近代以来的重要新式学制之一,对促进中国现代教育的成熟贡献较大。由它所确立的中小学6-3-3模式,直到今天我们还可以从现行学制中找到其影子,影响相当巨大。

其二,为新学制制定课程标准,保障了壬戌学制的顺利实施。壬戌学制公布以后,教育部受多重因素影响无法主持修订相应的课程标准。为解各地实施新学制过程中缺乏与之配套课程标准的燃眉之急,全国教育会联合会又组织了新学制课程标准起草委员会和新学制师范及职业科课程标准起草委员会为壬戌学制制定课程标准。经过全国教育会联合会的努力,《新学制课程标准纲要》

[①] 张伟平:《教育会社与中国教育近代化》,杭州:浙江大学出版社,2002年,第3—6页。

[②] 在中国教育史范畴内,传统教育与现代教育是相对应的两个概念,传统教育指的是以中国传统儒学为中心的教育体系,现代教育指的是以欧美现代文明为中心的教育体系,二者的关系参见袁征:《孔子·蔡元培·西南联大——中国教育的发展和转折》,北京:人民日报出版社,2007年,自序第1—4页。与中国教育史以传统教育和现代教育划分阶段不同,中国历史范畴主要划分为古代史、近代史和现代史三个阶段,目前学术界比较认可从第一次鸦片战争(1840年)到中华人民共和国成立(1949年)属于中国近代史。

[③] 全国教育会联合会:《首次全国教育会联合会会务纪要》,天津:全国教育会联合会,1915年,全国教育会联合会会章第1页。

《新学制师范科课程标准纲要》和《新学制职业科课程标准》先后刊布。此次制定新学制课程标准,动员了大批各学科的教育专家参与其中,并得到了各省区教育会的广泛支持。尽管新学制课程标准未经官方正式公布,却受到教育界的普遍欢迎,且得以在教育工作中实际应用。新学制课程标准是当时中国最为完善的一个课程标准,有效地配合了新学制的推行,对推动中国现代教育的进步有着重大的意义。

其三,代表各省区教育会争取分配庚子赔款,促成庚子赔款用于教育事业。民初军阀混战,教育经费常为各级政府挪用,难以得到切实保证。为争取教育经费独立,全国教育会联合会积极呼吁将各国退还的庚子赔款专门用于教育事业,相继组建了"退还庚子赔款事宜委员会"和"庚子赔款事宜委员会"负责执行全国教育会联合会关于庚子赔款的议决案。同时,全国教育会联合会又主张合理分配和保管退还的庚子赔款,提出设立全国庚款董事会、中(某)庚款董事会和各省区庚款董事会,并抵制外国以退还庚子赔款为名控制中国教育文化事业。虽然全国教育会联合会的努力并没有达到最终目的,但确实促成了退还的庚子赔款用于教育事业,特别是庚子赔款分配方案的构想,为日后南京国民政府的庚款兴学计划提供了蓝本。

总而言之,从教育学和历史学的角度深入细致地剖析全国教育会联合会,有助于进一步了解中国现代教育的发展历程,可以为今天的教育改革提供有益的启示和借鉴。正因如此,本书选择了全国教育会联合会作为研究对象,试图通过收集整理相关资料和运用新的资料来深入分析全国教育会联合会的组织、措施与效果的得失,结合全国教育会联合会的各项活动,对其进行专题性的研究。

二、已有关于全国教育会联合会的研究

全国教育会联合会从成立到停止活动只有短短十余年时间,却涉及学制研究、课程标准和庚款兴学等诸多领域,加之又是民间自发组织的教育会社,因此相关资料数量较少而且分布零散。以目前而言,只能就所掌握资料展开,将学术界的研究现状进行简要概括。

1949年以前,全国教育会联合会相关资料的收集已有一定规模。1928年,中华书局出版了舒新城的《近代中国教育史料》(共四册)(此书于1933年再版),依时间顺序分门别类地收集整理了有关文献资料,其中第三册收录有《全国省教育会第一次联合会记略》。①1934年,教育部编纂了由开明书店出版的《第一次中国教育年鉴》。书中比较系统地介绍了全国教育会联合会的沿革,记载了全国教育会联合会历次年会的召开时间、地点、到会代表人数和代表省区、议决案等数据。②1935年,邰爽秋编纂了《历届教育会议议决案汇编》,将全国教育会联合会的绝大部分议决案全文都收录在其中。③

　　从1949年到20世纪80年代,海峡两岸中国近代史的研究领域均因为历史原因而受到一定限制。虽然学界有相当数量与教育会社相关的研究成果面世,亦有个别学者将研究的时间范围延至民国以后④,但关于教育会社的研究焦点主要还是集中在清末的各种学会。孙孟晋考察了强学会、务农会、丁戊之间的学会、亚泉学馆、爱国学社、国学保存会、南社、地图公会、舆地学会、中国地学会和广学会等晚清学会的来龙去脉。⑤王尔敏以学会名称、会址、创设年月、创始人、宗旨、组织及集会性质、活动、经费来源和代表性文献为纲,考证了清末数十个不同类型的学会。⑥王树槐认为教会教育是传教士传道布教及训练宗教人才的重要措施,除探讨了中国基督教教育会及其前身益智书会的历史沿革、组织及其出版事业外,还专门对清季广学会的缘起与组织、经费、政策与工作、刊物、影响等问题进行了探究。⑦在这一阶段,关于全国教育会联合会的研究主要体现在相关资料的整理上,唯未见对全国教育会联合会的直接研究。1961年,人民教育出版社将舒新城的《近代中国教育史料》重新整理后命名为《中国近代教育史资料》(全三册)出版,其中收录不少与全国教育会联合会相关的资料。⑧

---

① 舒新城:《近代中国教育史料》,上海:中华书局,1928年。
② 教育部:《第一次中国教育年鉴》,上海:开明书店,1934年。
③ 邰爽秋等合选:《历届教育会议议决案汇编》,上海:教育编译馆,1935年。
④ 王尔敏:《中国近代学会约论》,《食货月刊》1971年复刊1卷06期,第1—9页。
⑤ 孙孟晋:《晚清各种学会概况》,见中国人民政治协商会议全国委员会文史资料研究委员会:《文史资料选辑》(第十五辑),北京:中华书局,1961年,第109—118页。
⑥ 王尔敏:《晚清政治思想史论》,台北:华世出版社,1969年,第134—165页。
⑦ 王树槐:《基督教教育会及其出版事业》,1971年。
⑧ 舒新城:《中国近代教育史资料》(全三册),北京:人民教育出版社,1961年。

1972年至1976年,日本学术振兴会出版了多贺秋五郎的《近代中国教育史资料》(共三编),其中"民国编"收入了全国教育会联合会的某些议决案等史料。[①]

进入20世纪80年代后,学术研究日趋自由,学界研究教育会社的时间范畴逐渐由清末延伸到民国。除清末的教育会社继续有学者保持关注外[②],民国的教育会社也逐渐进入学界的研究视野,开始有少数学者跟进研究民国年间的教育会社。蔡行涛对抗战以前的中华职业教育社作了详尽的考察[③],俞子夷则凭借印象对中国教育会、江苏教育总会、义务教育期成会、私塾改良会、中华职业教育社、江苏省师范附小联合会和中华教育改进社等1927年以前就已经存在的教育团体进行了回忆[④]。学制研究这时也开始引起学界注意,并由此关注到与壬戌学制有密切关系的全国教育会联合会。苏渭昌、金林祥和何清钦等学者发表的论著均指出全国教育会联合会对壬戌学制有重大贡献[⑤],但并未就此问题继续进行深入探究。这一时期相关史料整理方面也取得了不少成就,为后人研究全国教育会联合会提供了便利。王焕琛编著的《留学教育——中国留学教育史料》由台湾编译馆在1980年出版,当中有部分涉及全国教育会联合会争取庚子赔款的史料记载。[⑥]1981年,人民教育出版社将舒新城的《中国近代教育史资料》(全三册)重新整理出版。[⑦]1983年开始,华东师范大学出版社陆续出版了由朱有瓛主编的《中国近代学制史料》(共四辑)。该书以学制变化作为主线,收录了大量与全国教育会联合会直接或间接相关的史料,取材范围从一般文献扩

[①] 〔日〕多贺秋五郎:《近代中国教育史资料》,京都:日本学术振兴会,1972—1976年。
[②] 〔美〕任以都:《辛亥革命时代国内教育界的动态》,见中华书局编辑部:《纪念辛亥革命七十周年学术讨论会论文集(下)》,北京:中华书局,1983年,第2641—2659页。〔法〕巴斯蒂:《从辛亥革命前后实业教育的发展看当时资产阶级社会政治的作用》,见中华书局编辑部:《纪念辛亥革命七十周年学术讨论会论文集(下)》,北京:中华书局,1983年,第2318—2330页。何思眯:《清季江苏省学会运动之研究(1895—1911)》,台湾政治大学硕士学位论文,1985年。
[③] 蔡行涛:《抗战前的中华职业教育社(一九一七—一九三七)》,台北:东大图书股份有限公司,1988年。
[④] 俞子夷:《一九二七年前几个教育团体——回忆简录》,《华东师范大学学报》(教育科学版)1989年2期,第93—95页。
[⑤] 苏渭昌:《"六三三"学制研究》,《北京师范大学学报》(社会科学版)1980年6期,第65—70页。金林祥:《评"六三三"学制》,《华东师范大学学报》(教育科学版)1983年1期,第41—47页。何清钦:《民国十一年新学制酝酿成过程之探讨》,《教育学刊》1984年5期,第41—93页。
[⑥] 王焕琛:《留学教育——中国留学教育史料》,台北:台湾编译馆,1980年。
[⑦] 舒新城:《中国近代教育史资料》(全三册),北京:人民教育出版社,1981年。

展到报纸杂志、地方志、文集和年鉴等,从而为全面研究全国教育会联合会提供了良好的条件。①1986年至1987年,人民教育出版社出版了陈学恂主编的《中国近代教育史教学参考资料》(共三册),时间从1840年鸦片战争起至1919年五四运动前夕,收录有《教育杂志》所载全国教育会联合会第一次至第四次年会的纪要及其他相关史料。②与之相配套,人民教育出版社又于1987年发行了李桂林主编的《中国现代教育史教学参考资料》,时间从1919年五四运动起至1949年止,收录了全国教育会联合会会章和历次年会概况、全国教育会联合会历次年会中关于改革学制的决议案和有关报刊关于改革学制的讨论以及其他相关史料。③

20世纪90年代以后,与全国教育会联合会相关的史料整理继续保持着迅猛的发展势头。1991年至1994年,上海教育出版社出版了陈元晖主编的《中国近代教育史资料汇编》(共十册),所收录的资料延长到整个民国时期,在收集文集、年谱和日记等方面有所扩展,并将教育家的议论、章程的初拟和修订分别立项。其中关于全国教育会联合会的史料分布于各个专辑,相关内容较《中国近代学制史料》为多。④2006年,全国图书馆文献缩微复制中心编印了《中国近代教育史料汇编(民国卷)》(影印本),主要收录了官方的各种教育法规和相关统计资料,当中包含了大量关于全国教育会联合会的资料。⑤2011年,王明飞和曾黎梅对全国教育会联合会第九次年会的相关文献史料进行了系统的搜集,并进行了较为严谨的考证和适当的史料价值分析。⑥这些资料的出版和收集,在相当程度上缓解了以往研究全国教育会联合会资料缺乏的困难。与此同时,受欧美传来的现代化理论影响,学界在这一时期掀起了一场以中国教育现代化为中心的研究热潮,在教育现代化过程中引领着时代潮流的教育会社成为研究热

---

① 朱有瓛:《中国近代学制史料》(共四辑),上海:华东师范大学出版社,1983—1993年。
② 陈学恂:《中国近代教育史教学参考资料》(共三册),北京:人民教育出版社,1986—1987年。
③ 李桂林:《中国现代教育史教学参考资料》,北京:人民教育出版社,1987年。
④ 陈元晖:《中国近代教育史资料汇编》(共十册),上海:上海教育出版社,1991—1994年。
⑤ 全国图书馆文献缩微复制中心:《中国近代教育史料汇编(民国卷)》(影印本),北京:全国图书馆文献缩微复制中心,2006年。
⑥ 王明飞:《全国教育会联合会第九届会议相关文献整理及其史料价值分析》,云南大学硕士学位论文,2011年。曾黎梅:《略论1923年于昆明召开的九届全国教育会联合会》,见杨福泉主编:《2012中国西南文化研究》,昆明:云南科技出版社,2013年,第193—203页。

点。关晓红、贺金林、白锦表、陈春萍、张伟平、金顺明、卢浩、李雪燕、刘登秀、刘方仪、郑新华、王章峰、戴长征和谷秀青等学者发表了数量众多直接以教育会社为对象的研究成果[①],汤志钧、马敏、桑兵、闵杰、虞和平、张玉法、闫广芬、刘正伟和王树槐等学者也发表了许多间接涉及教育会社的论著[②]。教育会社的研究热潮波及全国教育会联合会,尽管对其进行整体研究存在重重困难,但仍有不少学者对相关领域进行了较为深入的探讨。由于研究视角和问题意识的不同,研究者对全国教育会联合会的研究侧重点也有所不同。

一方面,学界继续留心于全国教育会联合会与中国现代教育事业发展之间的关系。李露通过对民初政府所颁布的法令条文与全国教育会联合会议决案之间的统计比较,探讨了全国教育会联合会对民初教育立法工作的重大贡献。全国教育会联合会11年间共向教育部呈送议决案94件,大都得到了教育部的重视和采纳,其中一部分还经修改后成为法规颁布。可能是由于专业背景的原因,作者只是比较了条文的异同,却没有就法令条文的形成与全国教育会联合

[①] 关晓红:《清末中央教育会述论》,《近代史研究》2000年4期,第116—140页。贺金林:《清末教育会初探——以江苏教育总会与中央教育会为中心》,湖南师范大学硕士学位论文,2001年。白锦表,陈春萍:《浙江教育会考略》,《浙江万里学院学报》2001年3期,第87—91页。张伟平:《教育会社与中国教育近代化》,杭州:浙江大学出版社,2002年。金顺明:《近代中国教育团体的发展历程》,《华东师范大学学报》(教育科学版)2002年1期,第60—70页、第82页。卢浩:《中华教育改进社——中国近代教育模仿美国的主要推动者》,华东师范大学硕士学位论文,2003年。李雪燕:《华法教育会研究》,华中师范大学硕士学位论文,2004年。刘登秀:《清末教育会研究》,四川大学硕士学位论文,2004年。刘方仪:《江苏省教育现代化的推手——江苏省教育会研究(1905—1927)》,南京大学博士学位论文,2005年。郑新华:《近代中国教育如何可能——以江苏省教育会的实践为例(1905—1927)》,华东师范大学博士学位论文,2006年。王章峰:《民国前期教育团体研究(1912—1927)》,河北师范大学硕士学位论文,2006年。戴长征:《清季的江苏教育会(1905—1911)》,华东师范大学硕士学位论文,2007年。谷秀青:《清末民初江苏省教育会研究》,桂林:广西师范大学出版社,2009年。

[②] 汤志钧:《戊戌时期的学会与报刊》,台北:台湾商务印书馆股份有限公司,1993年。马敏:《官商之间——社会剧变中的近代绅商》,天津:天津人民出版社,1995年。桑兵:《清末新知识界的社团与活动》,北京:生活·读书·新知三联书店,1995年。闵杰:《戊戌学会考》,《近代史研究》1995年3期,第39—76页。虞和平:《西学东渐与中国现代社团的兴起——以戊戌学会为中心》,《社会学研究》1997年3期,第52—59页。张玉法:《戊戌时期的学会运动》,《历史研究》1998年5期,第5—26页。闫广芬:《经商与办学——近代商人教育研究》,石家庄:河北教育出版社,2001年。刘正伟:《督抚与士绅——江苏教育近代化研究》,石家庄:河北教育出版社,2001年。王树槐:《基督教与清季中国的教育与社会》,桂林:广西师范大学出版社,2011年。

会议决案之间的关系进行深入考察,殊为可惜。①李兴韵以探讨壬戌学制与广东之间的关系为视角,从侧面考察了全国教育会联合会与壬戌学制的关系,指出全国教育会联合会在1922年新学制的制定和颁布过程中起到了非常重要的作用,是壬戌学制的主要制定者。②杨文海从壬戌学制产生的整个过程进行考察,指出壬戌学制是由全国教育会联合会率先提出草案、多次酝酿、反复讨论、审慎研究、多方博弈,形成决议并通过的,并最终作为民间力量强有力地推动了北洋政府颁布实施。全国教育会联合会在此复杂的历史进程中倾注了极大的热情,实为促成1922年的壬戌学制最突出的力量。③易正义也认为全国教育会联合会所拟定的学制系统草案,事实上是壬戌学制的基础。④许文果以考察民国教育界对庚子赔款的争夺为线索,认为在为庚子赔款争执不休的教育界团体中,全国教育会联合会有着特殊的地位。在教育界内部争夺庚款的局面形成后,全国教育会联合会力图为庚子赔款的分配制定一个相对客观合理的标准,为后来的庚款兴学方案画出了蓝图。⑤张雷亮在考察了全国教育会联合会的设立、主要活动和影响教育的途径方法以后,认为全国教育会联合会对1915—1927年间的教育变革有着巨大的影响。⑥此外,李剑萍、胡志坚、刘大军、许文果、吴洪成、苏国安、吕达、钱曼倩、金林祥、汪楚雄、吴小鸥和李想等学者还对全国教育会联合会在学制建设、新学制课程标准、庚款兴学和国语教育等方面的贡献作了考察。⑦

---

① 李露:《论"全国教育会联合会"对民初教育立法的影响》,《学术论坛》2000年3期,第125—128页。
② 李兴韵:《美雨与中土:1922年学制改革与广东》,中山大学博士学位论文,2006年。
③ 杨文海:《壬戌学制研究》,南京大学博士学位论文,2011年。
④ 易正义:《民国初年学制改革的经过》,《亚东学报》2008年28期,第151—160页。
⑤ 许文果:《民国教育界的庚子赔款之争》,华南师范大学博士学位论文,2007年。
⑥ 张雷亮:《全国教育会联合会对1915—1927年教育变革影响研究》,山东师范大学硕士学位论文,2009年。
⑦ 李剑萍,胡志坚:《教育社团对教育政策形成的作用机制——以全国教育会联合会与1922年"新学制"为中心的考察》,见中国教育学会教育史分会编:《中国教育学会教育史分会第十二届学术年会论文集》,重庆:西南大学,2010年,第99—103页。刘大军,许文果:《论全国教育联合会的庚款兴学活动》,《教育史研究》2011年3期,第39—33、63页。吴洪成,苏国安:《一部现代学制的艰难问世——〈壬戌学制〉的制定过程》,《南阳师范学院学报》(社会科学版)2014年5期,第52—60页。吕达:《中国近代课程史论》,北京:人民教育出版社,1994年。钱曼倩,金林祥:《中国近代学制比较研究》,广州:广东教育出版社,1996年。汪楚雄:《中国新教育运动研究(1912—1930)》,华中师范大学博士学位论文,2009年。吴小鸥,李想:《1922年新学制教科书的多样化探索及启示》,《课程教学研究》2013年4期,第67—74页。

导论

  另一方面,学界开始留意全国教育会联合会的发展沿革。关晓红对全国教育会联合会的前身"各省教育总会联合会"进行了较为翔实的论述,认为该会一经组成,立即显露出代表各省教育界的意向,而且形成系统,影响全国学务。地方教育界的联合趋势直接刺激了学部,从而导致了中央教育会的召开。[①]孙广勇则认为全国教育会联合会的成立标志着全国各地的各级教育会最终组成了一个全国性的系统,有了凝聚力量,成为影响国家教育政策及其执行的平台。直隶教育会上呈教育部的文件强调教育会的教育研究功能,而致各省教育会的公函则强调统一教育以养成统一的人心和民国精神,形成统一的民国政府,此二者并不矛盾。前者强调对教育本身的研究,而后者强调研究教育之目的在于巩固统一的民国政府;前者是全国教育会联合会的工作,后者是全国教育家的理想。[②]杨卫明考述了全国教育会联合会解散的背景、经过和原因,认为全国教育会联合会是20世纪一二十年代中国极具影响力的教育会社之一,曾有力地推动着中国教育的近代化,其无形解散实乃教育界一大憾事。全国教育会联合会组织自身的缺陷是导致其无形解散的不容忽视的因素,但溯本逐源实为当时纷乱的政治、军事形势使然。另外,全国教育会联合会所依奉的"教育救国"理想的不合时宜亦难辞其咎。[③]张礼永从教育研究组织发展的角度出发对全国教育会联合会的沿革做了较为详细的考证,指出立足于地方的教育会在民国前期(辛亥革命后至北伐战争前)因中央及省级教育行政的萎缩而联合组成全国性的教育会联合会,并和后起的教育社密切联系,在军阀混战的空隙中直接指导了20世纪20年代的教育改革,实为我国民间教育研究运动的一个高峰。[④]孙佳瑾则专门针对全国教育会联合会第五次年会召开的背景和会议实况进行了分析,并考察了全国教育会联合会第五次年会的影响。[⑤]诸如此类介绍全国教育会联合会发展沿革的研究成果还有不少,难以一一列举。

[①] 关晓红:《晚清学部研究》,广州:广东教育出版社,2000年。
[②] 孙广勇:《社会变迁中的中国近代教育会研究》,华中师范大学博士学位论文,2006年。
[③] 杨卫明:《全国教育会联合会之解散考述》,《福建师范大学学报》(哲学社会科学版)2008年1期,第153—157页。
[④] 张礼永:《教育建设的第三条道路——民国时期教育研究组织之探析》,华东师范大学博士学位论文,2011年。
[⑤] 孙佳瑾:《全国教育会联合会第五次年会及其影响》,华中师范大学硕士学位论文,2014年。

由于作者视野和资料的有限性,对于港澳台地区及国外的资料实难尽览,对于学术史的回顾肯定有遗漏之处,绝非故意忽略。同时,为求行文一致与规范,书中征引各位前辈学者论著时均直呼其名。这是学术界通行的规则,丝毫不减作者对前辈学者们的景仰之情。

三、深化全国教育会联合会研究的构想

前人在全国教育会联合会这个研究领域已经做了大量的工作,尤其是各种相关资料的整理为进一步深入研究全国教育会联合会奠定了良好基础。而不同学者的研究从不同角度探讨全国教育会联合会,更使它的活动路径渐显明晰。与其自身的丰富内涵相比,对全国教育会联合会的研究尚有潜力可以挖掘。

首先,许多与全国教育会联合会相关的资料没有被研究者利用。虽然近现代教育史料被大量整理出版,但各种资料的选辑明显偏重于规章制度,来源则局限于官方出版的书籍。事实上,除了被各种资料汇编收录的全国教育会联合会历次年会记略外,《教育杂志》等专业教育期刊和《申报》等报纸均设有专栏报道全国教育会联合会的相关消息,是研究者进行全面研究的必读之物。相关人物的书信、文集、日记、年谱和回忆录等,对深入了解相关史实的背景、过程和人事关系也具有重要的价值。全国教育会联合会从1915年成立到1926年停止活动,共举行了十一次年会。每次年会结束,负责主办的省区教育会都会编纂《会务纪要》一册分送各界。历次《会务纪要》内容大都包括当年全国教育会联合会的往来信函、有关文件、会场纪要、代表名录、议决案和名家讲演录等。1926年,江苏省教育会又编成《第十二届全国教育会联合会在沪代表谈话会经过》,将因故未曾召开的全国教育会联合会第十二次年会始末向各界交代。历次《会务纪要》记载了大量其他刊物没有收录的材料,是研究全国教育会联合会的重要史料。

其次,对于全国教育会联合会的研究范围不够全面。迄今为止,对全国教育会联合会的研究大多是在研究壬戌学制、新学制课程标准、庚款兴学和国语运动时略有涉及而已,只有为数不多的论文直接以全国教育会联合会为研究对

象。相关研究成果不仅数量少,而且没有出现以全国教育会联合会为主要研究对象的著作。从整体上看对全国教育会联合会的研究大多见于各种通史著作中,以简要介绍成立时间、发展和消亡过程为主,内容流于宽泛,不够深入。对全国教育会联合会进行系统化的研究,所能体现的不仅是其本身,而且是民国初年教育转型的缩影,研究范围至少应包括全国教育会联合会的渊源、组织机构、运作方式、相关活动及其影响等各个方面。

最后,研究全国教育会联合会过程中所使用的研究方法有待更新。注重观念裁量而缺少对历史事实的考究是教育史研究领域中的常见现象,目前关于全国教育会联合会的研究成果往往也存在这种现象。现有相关研究成果大多将注意力落在对规章制度的考究,以事先设计好的框架将其能够理解的内容重新组合。虽然研究思路与课题所在的学科分布密切相关,但对于相关史料的搜集和整理无论如何都应该是提高学术研究水准的基本途径。没有以历史事实作为基础的史学研究,不过是建立在流沙之上的高楼大厦,最终的结果是根本无法探究到历史的本来面目。

在充分认识过去研究成果的经验和教训的基础上,本书打算以历史学方法为主,并借鉴教育学、社会学、政治学和管理学等相关学科的理论知识,通过充分搜集、整理和认真解读与全国教育会联合会有关的资料,对全国教育会联合会成立、发展、消亡的全过程和开展各项活动的详细事实进行通盘考虑,揭示其内在联系,并从清理各种相互关系中确立全国教育会联合会的历史地位和作用,避免以现代观念来解读过去的历史。为此,本书将在如下方面进行努力。

第一,通过对相关资料的搜集和整理,使得对全国教育会联合会有系统性的研究,为以后相关领域的研究打下坚实的基础。全国教育会联合会涉及广泛,本书必不能拘于教育史一域,而要力图搜集政治、经济、文化和外交等各方面史料。报纸和杂志是本书的主要史料来源,同时会查阅相关档案、年鉴、年谱、文集、传记、日记、回忆录和会议报告等多种史料,抓住一些被前人忽略的细节。由于资料藏地的分散,本书将集中精力对上述资料作系统整理,既可以为本书提供资料支撑,亦可为其他学者研究相关问题提供一定的参考。

第二,运用新的资料和观念,深入分析全国教育会联合会的组织、措施与效果的得失。新的资料和观念的运用,也是本书预计突破的难点之一。在对各种档案、报刊、日记、文集、年谱和回忆录等新的资料进行整理和编辑的基础上,本书准备对全国教育会联合会的组织、措施与效果的得失进行探讨,总结当中的经验和教训,并作出客观的评价。因此,本书主要采用历史学的研究方法,并结合教育史学科的特点,通过梳理史实而进行考证,以义理为目标,以考据为基本手段,力求做到历史学研究中义理与考据之法的有机融合。

第三,结合全国教育会联合会的各项活动,对之进行专题性的研究。全国教育会联合会的活动与当时社会的各种教育思潮和教育活动均有密切联系,对它们的发展有着强大的推动作用。考证全国教育会联合会在这些活动当中的地位和所起到的作用,既是本书的重点研究内容之一,同时也对研究壬戌学制、新学制课程标准和庚款兴学等相关领域有着重要的参考价值。

通过考察分析全国教育会联合会的历史沿革、组织形态、主要活动及其影响等,尽可能对全国教育会联合会进行全面的研究,明确全国教育会联合会在中国教育现代化过程中的地位和作用,正是本书的目标和宗旨。

第一章 全国教育会联合会的酝酿与成立

全国教育会联合会是中国教育现代化进程中的重要教育会社,对推动中国现代教育改革和发展起着相当重要的作用。趋新士人群体意识的出现和新式教育发展的需要,推动了新式教育会社的萌生与发展,并最终促成了全国教育会联合会的成立。考察全国教育会联合会酝酿和成立的过程,有助于了解当时的时代背景和某些尚未弄清的史实,能够为全面研究全国教育会联合会提供坚实的基础。

第一节　趋新士人群体意识的出现与新式教育的兴起

全国教育会联合会的成立并非偶然,而是教育界民间力量长期积累的结果。它的出现,主要得益于清末民初趋新士人群体意识的形成以及新式教育的不断发展壮大。前者的出现是全国教育会联合会成立的基本保证,后者的兴起则给全国教育会联合会的成立奠定了坚实的基础。

一、趋新士人群体意识的出现

清代的教育制度基本沿袭隋唐以来的旧制,科举入仕是大多数士人的首要追求,从而在全国各地形成了一个由接受过儒家学说教育的士子组成的传统士人阶层。这是一种以科举为中心的教育体制。它把孔子儒学作为千年不变的准则,在科举考试中强调内容和注释的统一标准。"四书"要遵循朱熹的集注,"五经"要依据朱熹和程颐等人的注疏,否则便会被视为离经叛道,不能被列入录取的范围。考生们在考试时须"代圣贤立言"[1],假设自己就是古人,按照他们的想法和口吻进行写作。

这种陈腐的教育体制危害极大,造成了传统士人在知识结构上存在着严重的缺陷。晚清维新运动的领导者康有为曾评论道:

> 诸生荒弃群经,惟读"四书";谢绝学问,惟事八股。……但八股清通,楷法圆美,即可为魁科进士、翰苑清才;而竟有不知司马迁、范仲淹为何代人,汉祖、唐宗为何朝帝者;若问以亚非之舆地,欧美之政学,张口瞪目,不知何语矣。[2]

康有为的科举道路并不平坦,他一直没有考上秀才,后来凭借祖荫才获得国子监生的身份,并得以晋身举人和进士。他的话语不排除带有酸葡萄的味道,但大多数的士人严重缺乏自然科学知识,甚至对与科举无关的历史和现状都一无所知确属事实。

儒学是中国传统士人价值观念体系中的核心部分。从汉代独尊儒术开始至明末清初,这一价值观念始终呈现出一种超稳定性。士人的寒窗苦读,不过是为了"学得文武艺,卖与帝王家",并没有主动参政议政的观念。清代奉行闭关锁国政策,更使中国社会长期处于封闭状态,与外界缺乏物质和信息的交流,失去了变化与发展的外部动力。由此带来的后果就是,传统士人们有着强烈的文化优越感,自以为"天朝君临万国","海内外莫与为对",知识结构和价值观念体系远远落后于欧美各国。

1840年至1842年间,中国和英国之间爆发了第一次鸦片战争。中国在这次战争中的失败,使传统士人的文化优越感大受打击,思想观念发生了剧烈动摇。

---

[1] 商衍鎏:《清代科举考试述录》,北京:生活·读书·新知三联书店,1958年,第227页。
[2] (清)康有为:《请废八股试帖楷法试士改用策论折》,见乔继堂选编:《康有为散文》,上海:上海科学技术文献出版社,2013年,第155页。

他们不得不接受这样的事实:"人无弃材不如夷,地无遗利不如夷,君民不隔不如夷,名实必符不如夷。"①随着时代和环境的改变,欧美文明逐步融入中国社会,一批受欧美文明影响的趋新士人在新的时代条件下和新的文化环境中涌现出来。

与传统士人相比,中西合璧是趋新士人在知识结构上的主要特点。趋新士人大多在青少年阶段打下了较为扎实的中国传统文化基础,儒学在其知识结构体系中占有相当大的比重。但与传统士人以儒学为主导不同,趋新士人后来又在民族危机和文化危机中学习欧美的科技文化知识,一般有着颇深的西学修养。他们或自行阅读各种欧美书籍,或就读于国内的新式学堂,或远涉重洋留学异邦,均受过不同程度的欧美科学文化教育。特别是留学生接受过较为系统的欧美新文化,回到国内后又通过各种途径传播这些知识,使整个趋新士人群体的知识结构得以改善。

在价值观念上,趋新士人则信奉精英主义,有着彻底的变革甚至革命的倾向。面对一个巨大、陌生而又全新的欧美文化参照系统,趋新士人对自身的价值观念体系进行了评估和反思,并开始建构新的价值观念体系。早期的趋新士人或许仍未摆脱"夷夏大防"的观念,只是希望通过师夷长技以制夷,其目光仍停留在学习欧美物质器具的表面,并未探究欧美文明的深层结构,但毕竟开了学习欧美文明的先河。随着国内新式学堂的不断兴办和留学生的陆续派遣,趋新士人已经对欧美的先进科学技术有了比较深入的认识。他们对中西文化都有着较为深刻的理解,能够对欧美文明的深层结构进行探索,从而建立起一套新的价值观念体系,是当时中国社会最先觉悟的部分人群,也是当时中国社会最活跃和最有影响力的一股力量。

由于知识结构和价值观念迥然不同,趋新士人有着强烈的群体意识。根据研究,严复是造就趋新士人群体观念的关键人物。②严复自幼攻读经史,却因家道中落不得不放弃科举学业,转入福州船政学堂学习,后来又赴英国普茨茅斯大学(University of Portsmouth)和格林尼茨皇家海军学院(The Royal Naval College, Greenwich)学习。他不仅深谙中学,也精通西学,能够站在更高的层面上

---

① (清)冯桂芬:《制洋器议》,见郑大华点校:《采西学议——冯桂芬 马建忠集》,沈阳:辽宁人民出版社,1994年,第75页。

② 张玉法:《戊戌时期的学会运动》,《历史研究》1998年5期,第5—26页。

对中西价值观体系进行全面准确的比较分析。1895年(清光绪二十一年),严复翻译完成赫胥黎(Thomas Henry Huxley)的《天演论》(Evolution and Ethics),认为人群进化而不为自然淘汰的关键在于人有群体:"群肇于家,其始不过夫妇父子之合,合久而联系益固,生齿日蕃,则其相为生养保持之事,乃愈益备","夫如是之群,合以与其外争,或人或非人,将皆可以无畏,而有以自存"①,"善保群者,常利于存;不善保群者,常邻于灭,此真无可如何之势也"②。同年,他又受斯宾塞(Herbert Spencer)所著《群学疑言》(The Study of Sociology)的启发,引荀子之言加以申论:"'群学'者何?荀卿子有言:'人之所以异于禽兽者,以其能群也。'凡民之相生相养,易事通功,推以至于兵刑礼乐之事,皆自能群之性以生,故锡彭塞氏取以名其学焉。"③严复将群体思想带给了中国知识界,为趋新士人群体观念的形成做出了巨大的贡献,并为晚清趋新士人的学会运动提供了思想动力。

二、科举停废与新式教育的兴起

庚子之役以后,清朝国势日衰。面对内忧外患的不断加重,清政府不得不加快社会变革的步伐,对教育改革给予了更多的关注。迫于内外压力,清王朝在新政的名义下展开了一场大规模的教育改革运动。在这场改革中,新式学堂数量不断增加,现代化学校系统亦得以颁布,然而科举制度未曾废除,士子们依然向往通过科举入仕,这大大阻碍了新式教育的发展。

相对于以血缘和门第为取士标准的选官制度,科举制度确实是一种较为进步的官员选拔制度。但从明末确立八股取士后,科举制度已经成为教育发展的障碍,对它的批评声音不绝于耳。维新运动期间,光绪帝(爱新觉罗·载湉)曾下令"自下科为始,乡会试及生童岁科各试向用四书文者,一律改试策论"④。戊戌政变后,慈禧太后(叶赫那拉·杏贞)又命令恢复了八股取士制。1901年6月(清

---

① (清)严复:《天演论上·导言十二·人群》,见王栻主编:《严复集第5册》,北京:中华书局,1986年,第1344页。
② (清)严复:《天演论下·论十六·群治》,见王栻主编:《严复集第5册》,北京:中华书局,1986年,第1394页。
③ (清)严复:《诗文上·原强》,见王栻主编:《严复集第1册》,北京:中华书局,1986年,第6页。
④ (清)朱寿朋编,张静庐等点校:《光绪朝东华录》,北京:中华书局,1958年,总第4102页。

光绪二十七年五月),湖广总督张之洞和两江总督刘坤一上奏朝廷建议逐步废除科举。他们提出"前两科每科分减旧日中额学额三成,第三科每科分减旧额四成,十年三科过后,旧额减尽,生员、举人、进士皆出于学堂"[1],但朝廷并没有采纳两人的意见。士子们仍然以科举及第为荣,不愿进入新式学堂。官府用于科举考试的经费不能用于发展现代学校,现代教育也难以得到民间资助。

1903年4月(清光绪二十九年三月),直隶总督袁世凯领衔两江总督张之洞、山东巡抚周馥、四川总督锡良等联名上书,再次恳求朝廷"将各项考试取中之额,豫计匀分,按年递减,学政岁科试分两科减尽,乡会试分三科减尽,即以科场递减之额,酌量移作学堂取中之额,俾天下士子,舍学堂一途,别无进身之阶"[2]。1904年1月(清光绪二十九年十一月),受命专司学务的张百熙、荣庆和张之洞三人联名上书,指出新式学堂由于难以筹集经费,无法大规模开办。他们再三要求朝廷逐步停止科举,将"乡会试中额,请至下届丙午科起,每科分减中额三分之一。俟末一科中额减尽以后,即停止乡会试"[3];而"学政岁科试取进学额,请于乡试两科年限内分两岁考、两科考四次分减,每一次减学额四分之一,俟末一次学额减尽,即行停止学政岁科试,以后生员即尽出于学堂"[4]。直到这个时候,清政府才采纳了逐步废除科举的建议,宣布"著自丙午科为始,将乡会试中额及各省学额,按照所陈逐科递减。俟各省学堂一律办齐,确著成效,再将科举、学额分别停止,以后均归学堂考取"[5]。但形势的发展超出清政府的预料,呼吁停废科举的呼声越来越高。1905年8月(清光绪三十一年八月),直隶总督袁世凯会同盛京将军赵尔巽、湖广总督张之洞、两江总督周馥、两广总督岑春煊和湖南巡抚端方联名会奏,认为"欲补救时艰,必自推广学校始,而欲推广

---

[1] (清)张之洞,刘坤一:《变通政治人才为先遵旨筹议折(光绪二十七年五月二十七日)》,见苑书义、孙华峰、李秉新主编:《张之洞全集》第2册,石家庄:河北人民出版社,1998年,第1400页。

[2] (清)袁世凯等:《请递减科举中额专注学校折(光绪二十九年三月十二日)》,见天津图书馆、天津社会科学院历史研究所编:《袁世凯奏议 中》,天津:天津古籍出版社,1987年,第738页。

[3] (清)张百熙,荣庆,张之洞:《奏请递减科举注重学堂折(光绪二十九年十一月二十六日)》,见谭承耕、李龙如校点:《张百熙集》,长沙:岳麓书社,2008年,第62页。

[4] (清)张百熙,荣庆,张之洞:《奏请递减科举注重学堂折(光绪二十九年十一月二十六日)》,见谭承耕、李龙如校点:《张百熙集》,长沙:岳麓书社,2008年,第62—63页。

[5] 《十一月二十六日上谕》,见上海商务印书馆编译所编纂,李秀清,孟祥沛,汪世荣点校:《大清新法令(1901—1911)点校本第一卷》,北京:商务印书馆,2010年,谕旨第24页。

学校,必自先停科举始"①,要求"立沛纶音,停罢科举"②。迫于严峻的形势,清政府不得不再次宣布:"著即自丙午科为始,所有乡会试一律停止,各省岁科考试亦即停止,其以前之举贡生员分别量予出路。"③至此,历经一千多年的科举制度终于走向了末路,现代教育获得了广阔的发展空间。

三、新式教育行政体系的建立

清末教育改革是在顽固派失势的情况下突然发动的,存在很大的局限性。鸦片战争的失败,使清朝统治者对"西艺"深怀惧意。洋务派打出"师夷长技以制夷"的招牌,掀起了一场轰轰烈烈的洋务运动。但甲午中日战争无情地打击了洋务派的富国强兵之梦,于是主张"变法自强"的维新派上台。可惜维新派操之过急,戊戌变法仅仅百余日便宣告失败。面对洋务派和维新派的咄咄相逼,顽固势力对欧美事物既仇视又惧怕,与洋务派和维新派之间的冲突非常激烈。内部势力的互相掣肘使清政府学习欧美只能步步为营,每受到一次打击,就扩充一次向欧美学习的范围,在中西之间摇摆不定,政策无所由出。到庚子之役后,顽固势力受到沉重打击,朝野舆论突然转向全面学习欧美。大家对于教育改革的作用充满了期望,却忽略了政治、经济和其他方面的条件限制。

清政府制定教育政策时情绪急躁,缺乏对新式教育系统的了解。一般民众深知国家危难,但也无法容纳统筹兼顾、循序渐进的想法。急切之下难免不讲条件,以致改革的各项措施不能兼顾各地实际。朝廷只顾要求各地开办新式学堂,但对各级学堂却未有基本的规定和指导,又没有留意到各地实际情况的差别,更缺少支持进行改革的经济资源,结果形成了一个尴尬的局面。对于新式学堂如何管理、各科教学如何实施、学堂师资如何培养、教育经费如何筹措等问题,各地只能凭各自的理解和对学堂的印象来办理。虽然改革取得了很大的成

---

① (清)袁世凯等:《请立停科举推广学校并妥筹办法折(光绪三十一年八月初二日)》,见天津图书馆,天津社会科学院历史研究所编:《袁世凯奏议 下》,天津:天津古籍出版社,1987年,第1187页。
② (清)袁世凯等:《请立停科举推广学校并妥筹办法折(光绪三十一年八月初二日)》,见天津图书馆,天津社会科学院历史研究所编:《袁世凯奏议 下》,天津:天津古籍出版社,1987年,第1187—1188页。
③《八月初四日上谕》,见上海商务印书馆编译所编纂,李秀清,孟祥沛,汪世荣点校:《大清新法令(1901—1911)点校本第一卷》,北京:商务印书馆,2010年,谕旨第32页。

绩,新式学堂数量飙升,壬寅癸卯学制得以颁行,科举制度也被废除,但同时也带来了一系列的问题。

为了应付教育改革中遇到的困难,清政府对教育行政机构进行了改革。清政府原来并没有专门主管教育的机构,全国学务由礼部、国子监以及各省学政分别掌管。洋务运动和维新运动期间所兴办的新式学堂则附属于总理衙门和各洋务企业,并无统一的专管部门。1898年7月(清光绪二十四年五月),清政府曾设立管学大臣一职,由孙家鼐出任第一任管学大臣。虽然管学大臣以主管京师大学堂事务为首要任务,但当时拟定的《京师大学堂章程》规定各省学堂"归大学堂统辖"[①],可见管学大臣还可节制全国新式教育事务。1900年8月(清光绪二十六年七月),八国联军攻入北京,京师大学堂停办,管学大臣一职无形停废。1902年1月(清光绪二十七年十二月),清政府下令恢复京师大学堂,"着派张百熙为管学大臣"[②],仍旧负责管理京师大学堂以及全国的新式教育事务。1904年1月(清光绪二十九年十一月),为了适应新式学堂数目激增的情况,清政府又"改管学大臣为学务大臣"[③]。前任管学大臣孙家鼐出任学务大臣,不再兼管京师大学堂事务,专职负责全国的新式教育事务。1905年10月(清光绪三十一年九月),山西学政宝熙以上谕"立停科举,以广学校"为由,奏请特设学部主管全国教育事务:

> 窃谓此后普及之教育,日推日广,则学堂之统系,愈重愈繁。欲令全国学制画一整齐,断非补苴罅漏之计所能为,一手一足之烈所能济。且当变更伊始,造端宏大,各处学务之待考核统治者,条绪极繁,必须有一总汇之区,始足以期日臻进步。拟请饬下政务处会议,速行设立学部,上师三代建学之深意,近仿日本文部之成规,遴选通才,分研教育改良之法,总持一切,纲举目张,实于全国学务大有裨益。[④]

---

① 《总理衙门筹议京师大学堂章程(光绪二十四年五月十五日)》,见刘志鹏,别敦荣,张笛梅主编:《20世纪的中国高等教育(教学卷下)》,北京:高等教育出版社,2006年,第3页。
② (清)朱寿朋编,张静庐等点校:《光绪朝东华录》,北京:中华书局,1958年,总第4798页。
③ (清)朱寿朋编,张静庐等点校:《光绪朝东华录》,北京:中华书局,1958年,总第5129页。
④ (清)朱寿朋编,张静庐等点校:《光绪朝东华录》,北京:中华书局,1958年,总第5408—5409页。

1905年12月（清光绪三十一年十一月），作为统辖全国学务的正式教育行政机构——学部宣布成立。[1] 1906年4月（清光绪三十二年四月），清政府又对地方教育行政机构进行整顿。各省学政、学务处和学校司被裁撤，每省设提学使司提学使一员，"总理全省学务，考核所属职员功课"[2]。各府、厅、州、县则设立劝学所，"佐府厅州县长官办理学务"[3]。至此，一套从上到下的教育行政机构初现雏形。

新式教育行政机构的设置，提高了行政管理的效率和专门化的程度，在一定程度上缓解了兴办新式教育过程中遇到的困难。然而对于各级教育行政机构来说，大量办理新式教育没有前例可鉴，由此带来的问题也是前所未遇的，而这些问题并不能通过一纸公文就能够完全处理和解决。例如兴办新式学堂，需要增添许多仪器设备，财政需求比以往兴办书院更为迫切，但政府因财政困难无法解决。新式学堂中的教学内容增添了许多科学知识，如何教授成了很大的问题，政府却缺乏这方面的专门人才。这些问题如果得不到解决，好不容易建立起来的新式教育就难以维持下去。事实上，新式教育既需要政府的关注，也需要民间的协助；既要有教育行政机关的主持，也要有学务团体的参与。时人尖锐地指出，中国教育之未见发达，其原因在于传统士大夫往往以为教育是政府的事业，而不去主动推进地方教育。他们主张，"教育实地方行政之一部"，"政府但有监督之权，与补助之责，其设施如何，悉听地方之自为"。[4] 各级教育行政机构无法单独解决兴办新式教育中遇到的各种问题，急需一些民间的学务团体协助办理新式教育，无形中为新式教育会社的萌生提供了契机。

---

[1] （清）朱寿朋编，张静庐等点校：《光绪朝东华录》，北京：中华书局，1958年，总第5445页。
[2] 《学部奏陈各省学务官制折并清单》，见上海商务印书馆编译所编纂，荆月新，林乾点校：《大清新法令（1901—1911）点校本第二卷》，北京：商务印书馆，2011年，官制第178页。
[3] 《学部奏改订劝学所章程折（并单）》，《教育杂志》1911年3年2期，法令第18页。
[4] 沼胡：《教育私议》，《江苏》1903年5期，第39页。

第二节　新式教育会社的萌生与《教育会章程》的颁布

得益于中国士人的聚会结社传统和在西式学会出现的刺激下,新式学会在戊戌时期已经萌生。待至清末新政开展后,新式教育会社更如雨后春笋般涌现。为了加强对新式教育会社的管理和控制,清政府颁布了《教育会章程》,使各种新式教育会社得以合法化。

一、清代士人的结社传统

中国士人历来有聚会结社的传统,各种会社组织层出不穷。政治型会社有同年会和同乡会,经济型会社有合会、义助会和各种行会,军事型会社有弓箭社、马社、义甲和义勇大社等,文化学术型会社有诗文社、经社和讲学会等。[1]这些传统会社主要依靠血缘、乡缘和业缘为纽带,规模较小,职能狭窄,与近代新式会社有着本质的区别。各种传统会社中,应数以文会友的文化学术型会社最为流行。著名者有唐代白居易的九老会、宋代司马光的耆英会、明代王阳明的惜阴会,而阳明弟子分散各地,又有泾县水西会、宁国同善会、江阴君山会、贵池光岳会、太平九龙会和广德复初会等。[2]明朝末年,党争激烈,部分士人结社以求竞争科第。一旦社中成员得中科举,便成一政治派别,与旧时以文会友之意已相去甚远。当时著名的会社以东林党人的复社、几社及其他旁支较为著名,并最终酿成东林之祸。[3]

清朝统治者鉴于明末党争,更害怕士人团结起来反对自己的统治。在网织文字狱的同时,清政府对士人防范甚严,曾于1651年(清顺治八年)规定不准有十人以上的士人聚会:"生员若纠众扛帮,聚至十人以上,骂詈官长,肆行无礼,

---

[1] 张伟平:《教育会社与中国教育近代化》,杭州:浙江大学出版社,2002年,第24—29页。
[2] 张玉法:《戊戌时期的学会运动》,《历史研究》1998年第5期,第5—26页。
[3] 谢国桢:《明清之际党社运动考》,上海:上海书店出版社,2004年,第99—126页。

为首者照例问遣。其余不分人数多少，尽行黜革。"①1652年（清顺治九年），清政府又下令全面禁止士人聚会结社："生员不许纠党多人，立盟结社，把持官府，武断乡曲。"②。1659年（清顺治十六年），清政府再次强调各地学政对聚众结社者应立即惩治："士习不端，结社订盟，把持衙门，关说公事，相煽成风，著严行禁止。以后有犯者，该学臣即行黜革参奏。学臣徇隐，事发一体治罪。"③到雍正年间，清政府的策略有所变化，改为重点打击政治结盟特别是异地结社：

> 士子纠众结社，于人心风俗，实有关系。应饬令各直省督、抚、学臣，嗣后除宿学之士，授徒讲学；及非立社订盟，实系课文会考，无论十人上下，俱无庸议外，如有生、监人等，假托文会，结盟聚党，纵酒呼卢者，该地方官，即拿究申革。其有远集各府、州、县之人，标立社名，论年序谱，指日盟心，放僻为非者，照奸徒结盟律，分别首、从治罪。如地方官知而故纵，或被科、道纠参，或被旁人告发，将该管官从重议处。④

表面看来，对士人聚会结社的禁令有所放松，允许学术性讲会的存在，但生员犯法先由学官处理的优待却被废止。地方官可以随时拿究结社生员，实际上进一步禁锢了士人的思想，直接导致了清初会社活动的萧条和沉寂。从此以后，除秘密会社和某些诗文唱和的集社外，公开的社会团体特别是政治团体很难有立足之地，更遑论开展活动了。

---

① （清）素尔讷等纂修，霍有明，郭海文校注：《钦定学政全书校注》，武汉：武汉大学出版社，2009年，第94页。
② （清）素尔讷等纂修，霍有明，郭海文校注：《钦定学政全书校注》，武汉：武汉大学出版社，2009年，第8页。
③ （清）素尔讷等纂修，霍有明，郭海文校注：《钦定学政全书校注》，武汉：武汉大学出版社，2009年，第94页。
④ （清）素尔讷等纂修，霍有明，郭海文校注：《钦定学政全书校注》，武汉：武汉大学出版社，2009年，第94页。

二、西式学会的出现

除了各种传统会社外,清朝中后期还出现了一些由外国人开办的西式学会。19世纪前期,欧美传教士曾在中国兴办了一些学会。这些学会当中,以1830年在广州成立的基督协会(Christian Union)、1834年在广州成立的益智会(又称在华实用知识传播会)(Society for the Diffusion of Useful Knowledge in China)和1836年在澳门成立的马礼逊教育会(Morrison Education Society)为较早。[①]基督协会虽然持续时间较长,但它的成立主要是为了出版中文圣经书籍,因此影响并不大。益智会由在广州的外国商人和传教士酝酿成立,其主要意图是通过欧美之学艺与科学(特别是欧美史地知识)的传播以启发中国人智力,使中国人放弃蔑视西洋文明的天朝上国心态,以便为欧美在华商业活动和传教事业牟取实际利益。益智会成立后,凭借欧美先进的印刷技术和经济实力,向各界超低价发售或赠送各种实用知识书籍和其他印刷品。益智会在中国南方地区一度影响很大,后因其成员参加对华战争而导致会务停止,组织无形解散。马礼逊教育会由在广州的美国人和英国人联合举办,以资助学校或创办学校为目的。所资助和创办的学校主要招收六到十岁的中国人,教授英语、西学和基督教教义,并将成绩突出的学生送到马六甲、印度、美国和欧洲等地继续深造。马礼逊教育会的活动时间不长,到19世纪40年代因经费和人员问题而停止。

19世纪50年代后,又有一批欧美人士发起创办西式学会,其中较为著名的有三个。第一个是创立于1857年的上海文理学会(The Shanghai Literary and Scientific Society),次年并入英国皇家亚洲文会(Royal Asiatic Society),更名为皇家亚洲文会华北分会(North-China Branch of Royal Asiatic Society)。除出版会报以外,该会还兼办图书馆、博物馆及美术品陈列所。第二个是成立于1877年的上海益智书会(School and Text Book Series Committee),1890年该会英文名称改为Educational Association of China,1902年该会中文名称改为中国学塾会,1905年又改为中国教育会,1916年后易名为中国基督教教育会(The China Christian Educational Association),以出版和审定教会学校教科书以及定期举行

[①] 王树槐:《基督教教育会及其出版事业》,1971年。

学术研讨会为主要任务。第三个是1887年组建于上海的同文书会(The Society for the Diffusion of Christian and General Knowledge Among the Chinese)，1894年该会中文名称改为广学会，1905年该会英文名称改为 The Christian Literature Society for China，其目的在于传播基督教义、介绍欧美文化、鼓吹中国自强，主要活动是出版书籍和发行期刊。①这些由外国人创办的西式学会以学术活动为主，与中国士人传统聚会结社的目的截然不同，很难得到传统士人的认同，只能在来华外国人和中国基督教教徒中开展活动，远不如后来戊戌时期的学会发展得迅猛。

严复介绍的群体思想在中国开始传播时，正值中国在甲午战争中战败。随后，卢梭(Jean-Jacques Rousseau)的《社会契约论》(Du Contrat Social)、孟德斯鸠(Charles de Secondat, Baron de Montesquieu)的《论法的精神》(De l'Esprit des Lois)和穆勒(John Stuart Mill)的《论自由》(On Liberty)等名著也纷纷被译成中文，使趋新士人对资产阶级的分权政治学说有所了解。他们意识到封建专制是文明进步的阻碍，不再把自己看作是君主政治的附属物，强烈要求参与各种决策。以对国家前途和命运充满忧虑的趋新士人为主体的维新派很快就接受了群体思想，开始了探索救国救民的道路。他们知道在社会分工越来越细的社会里，必须把有志于改革事业的人们团结起来才能变革中国社会，于是纷纷不顾禁令组建各种学会以宣扬救国思想。在维新派的努力下，各种学会组织如雨后春笋般涌现，逐渐推动了戊戌变法前后社会变迁与政治格局的更新。

戊戌时期的学会大体为官绅所组建，除北京的强学会外，其他皆为各省市的官绅所推动。②这些官绅多为从传统士人中分化出来的趋新士人，普遍受过欧美科学文化的熏陶。根据相关学者的统计，1895至1898年间成立的各种学会有72家，遍布全国11个省份。③这些学会已经具备了近代会社的基本特点：一是独立自治，即不受国家的直接控制，拥有相当的独立性和自主性；二是内部运作主要依赖契约规则，而不是依靠血缘、乡缘或业缘等关系维持；三是实行民

---

① 张玉法：《戊戌时期的学会运动》，《历史研究》1998年5期，第5—26页。
② 张玉法：《戊戌时期的学会运动》，《历史研究》1998年5期，第5—26页。
③ 闵杰：《戊戌学会考》，《近代史研究》1995年3期，第39—76页。

主管理制度,具体反映在入会自愿、民主选举、民主议事等制度的贯彻落实且上;四是有较强的专业性。[①]戊戌政变后,清政府实行党禁政策。这些学会纷纷遭到查禁,就慢慢在人们的视野中消失。

三、新式教育会社的出现

随着晚清新政的不断深入,新式教育逐渐取代了传统教育。趋新士人群体日益成熟,共同意识和相同利益驱使他们团结起来保护自己,共谋新式教育的发展。他们已经觉察到自强之道需结合群力,与列强竞存之道在于讲求学术,普及知识,以启民智,其中以群体观念的兴起最为重要。[②]虽然趋新士人的思想观点和政治立场未必完全相同,对于如何在中国举办新式教育的想法也未必一致。但他们都有着强烈的爱国意识,深信只有通过学习欧美近代科技、政治、文化和教育才能使中国富强,希望能够通过改革教育来挽救国家命运,因此毫不犹豫地支持教育变革。他们对欧美的信仰或许过于盲目,但却是那个时代最符合逻辑的思想演化结果。

为了教育改革的共同目标,各种趋新士人之间起到了互相配合的作用。系统地接受过欧美文化教育的趋新士人的结社愿望最为强烈,特别是那些由海外归来的留学生,在其留学时往往感受过欧美会社的强大力量,归国后更是希望通过结社的方式进行教育改革。他们认为教育会是民众建立团体的基础:"万室之都、三里之邑莫不有教育会之组织焉,则全省之团体必固。由全省推之全国,形胜之地、繁盛之区莫不有教育会之组织焉,则全国团体必强。"[③]不过他们见识虽广,也担任了一定的职务,但与顽固势力相比,数量上显然不如前者。无论是国内兴办的新式学堂学生,还是留学欧美的学生,大多来源于风气较为开放的城市和沿海地区。他们往往只能立足于这些地区,在乡村城镇和偏远地区的影响力相当有限。而由传统士人分化出来的趋新士人则希望将欧美文明引

---

① 胡金平:《学术与政治之间的角色困顿——大学教师的社会学研究》,南京:南京师范大学出版社,2005年,第134页。
② 张玉法:《戊戌时期的学会运动》,《历史研究》1998年5期,第5—26页。
③ 书豦:《社说:教育会为民团之基础》,《江苏》1903年3期,第17页。

入自己的家乡,扶助家乡的新式教育事业。在清末教育改革的过程中,他们积极投身教育救国,热切地关注甚至直接出资捐款,用各自的影响力保护和推进新式教育的开展。由于其自身在社会上的地位和影响力,他们在家乡及附近地区有非常强的辐射能力。其影响所到之处,往往促使各种新式教育会社的诞生。这类趋新士人在新式教育会社的形成和发展过程中发挥了举足轻重的作用,成为清末各种新式教育会社的发起人和中坚分子的重要来源。

要解决开办新式教育所带来的困难,清政府必须依靠了解现代教育的趋新士人,因此不得不放松了对结社的限制,禁令不宣而废,各种新式社团由此拥有了存在的条件和发展的空间。短短的几年间,以趋新士人为主体的各种会社团体如雨后春笋般涌现。仅是1901年至1904年间,江苏(含江宁)、浙江、广东、福建、江西、湖北、湖南、安徽、山东、直隶、河南、奉天、四川、云南、广西和上海等地就已经先后建立起各种新式社团271个(不含分会)。[①]与戊戌时期的学会相比,这时的新式社团无论在质还是在量上均有所进步。在各种新式社团里,教育会社占据着重要地位。

1902年4月(清光绪二十八年三月),蔡元培等人在上海发起成立了中国教育会。这是中国近代出现的除教会团体以外的第一个以"教育会"命名的团体,"以教育中国男女青年,开发其智识而增进其国家观念,以为他日恢复国权之基础为目的"[②]。然而中国教育会并不是严格意义上的教育会,而是一个政治性社团:

> 当民元前十年壬寅,正值义和团乱后,清廷亦知兴学之不容缓,明令各省开办学堂。而国中志士,鉴于清廷之辱国丧师,非先从事革命不可。但清廷禁网严密,革命二字,士人不敢出诸口,从事进行,更难著手。是年三月,上海新党蔡子民(元培)、蒋观云(智由)、林少泉(獬)、叶浩吾(瀚)、王小徐(季同)、汪允宗(德渊)、乌目山僧宗仰等集议发起中国教育会,表面办理教育,暗中鼓吹革命。[③]

[①] 桑兵:《20世纪初国内新知识界社团概论》,《近代史研究》1994年5期,第90页。
[②] 《中国教育会章程》,《选报》1902年21期,第25—27页。
[③] 蒋维乔:《中国教育会之回忆》,《东方杂志》1936年33卷1号,第7页。

中国教育会在上海设立总部，在江苏、浙江等地建立支部，并组织爱国学社与爱国女学等学校，兴办新式教育和宣传革命。在中国教育会的影响下，江西、浙江、福建、四川、广东、山东和湖南等省也纷纷成立教育会或教育研究会。这些教育会或承认中国教育会的中枢地位，或派人与之联络，然而中国教育会基本局隅于上海一带，与这些地方教育会并没有多少实质性联系。[1]地方各教育会和教育研究会仿照中国教育会，除设立总部外，往往在相关府州县也建有支部。据不完全统计，全国出现的教育会或教育研究会到1904年已达21个。[2]但这些教育会或教育研究会往往以"养成国家思想，振起尚武精神"[3]等政治口号为宗旨，教育专业性并不是很强。

1905年11月（清光绪三十一年十月），由恽祖祁和王清穆发起的江苏学务总会在上海成立。[4]恽祖祁监生出身，任厦门道期间因插界风波与日人交恶，被调往延平府撤职议处，回乡后曾开办常州最早的新式公立小学，又与常州知府许星壁一道发起筹办常州府学堂。王清穆是1890年（清光绪十六年）进士，曾任商部左丞，其时正代理商部高等实业学堂监督。恽王二人均属于从传统士人分化出来的趋新士人，只是希望通过发展教育来改变家乡面貌，并不愿涉及教育以外的事情，因此江苏学务总会以"专事研究本省学务之得失，以图学界之进步，不涉学界外事"[5]为宗旨，是中国近代严格意义上的第一个教育会。江苏学务总会成立后，建立起一个相对完善的组织机构，并努力在全省设立分会，参与各地各项学务事宜。到1906年（清光绪三十二年），江苏学务总会在全省成立的各地分会已有15个。[6]江苏学务总会虽然表示不干涉教育行政，成立之后却秉承官宪之意对新式学堂进行有效的指导与监督，"自开办以来，已著成效，官

---

[1] 桑兵：《清末新知识界的社团与活动》，北京：生活·读书·新知三联书店，1995年，第196—230页。
[2] 桑兵：《20世纪初国内新知识界社团概论》，《近代史研究》1994年5期，第91页。
[3] 《江西教育会起点之原因及现状》，见东大陆图书译印局编：《国民日日报汇编（第3册·学风）》，上海：东大陆图书译印局，1904年，第5页。
[4] 恽祖祁等发起筹办时称江苏学会，待正式开办时便改称江苏学务总会。关于江苏学务总会的沿革历史，可参见戴长征：《清季的江苏教育会(1905-1911)》，华东师范大学硕士学位论文，2007年，第6—14页。
[5] 《教育：江苏学会暂定简章》，《东方杂志》1906年2年12期，第333页。
[6] 刘登秀：《清末教育会研究》，四川大学硕士学位论文，2004年，第14—15页。

绅一气同济时艰,体朝廷作育之心,综学界合群之实,经营创始,鼓吹文明,其成就人才为甚多,转移风气为尤速"①,为当地学务的发展贡献良多。在江苏学务总会的影响之下,其他各省也纷纷设立学会,较为著名的有安徽学会、芜湖学会、长沙学务总会、皖南学会等。

四、《教育会章程》的颁布

一种新事物的出现,经常会引起新旧势力的冲突。起初,这些新式教育会社规则各异、涉足范围不一,地方官"惧其侵权地方"②,地方绅董则"怒其夺利"③。为了缓和各方面之间的矛盾并保证政府对这些新式教育会社的控制权,清政府对陆续出现的新式教育会社"采取了一种允许加管理的策略"。④1906年7月(清光绪三十二年六月),学部公布《教育会章程》。根据规定,"教育会为全省所公立而设在学务公所所在之地者,称'某省教育总会';为府厅州县所公设而设在本地方者(府有专辖之境地如贵阳安顺之类,得于州县教育会之外另立府教育会,其无专辖之境地者,不必复设),称'某府厅州县教育会'","凡一处地方,只许设教育会一所,但如省会之地,既设总会,复设同城某府某县之会者,不在此例"。⑤为了防止类似蔡元培等人组织的中国教育会以教育名义从事革命活动的事件出现,清政府还明文规定各级教育会不得"干涉教育范围以外之事如(关于政治之演说等)"⑥,否则立时解散。实际上,这时清政府已经从法律的角度承认了教育会的合法地位。自此以后,各地学会纷纷遵章改制为教育总会或教育会,就连那些原来没有学会的地方也开始设立教育会。一时之间,全国出现了一个兴办教育会的高潮。到1909年(清宣统元年),各地公开成立的教

---

① 《唐学使照会江苏学务总会文(为来沪调查学堂事)》,《申报》1906-4-8(4)。
② 《论官绅仇视学务公所学会之原因》,《申报》1906-5-11(2)。
③ 《论官绅仇视学务公所学会之原因》,《申报》1906-5-11(2)。
④ 张伟平:《教育会社与中国教育近代化》,杭州:浙江大学出版社,2002年,第45页。
⑤ 《学部奏拟教育会章程折》,见上海商务印书馆编译所编纂,韩君玲,王健,闫晓君点校:《大清新法令(1901—1911)点校本第三卷》,北京:商务印书馆,2011年,教育第523页。
⑥ 《学部奏拟教育会章程折》,见上海商务印书馆编译所编纂,韩君玲,王健,闫晓君点校:《大清新法令(1901—1911)点校本第三卷》,北京:商务印书馆,2011年,教育第527页。

育会已达723个,会员达48 432人。[1]这些教育会代表了一定地区或领域内教育界和关心教育的人士的意见和追求。其内部决策和管理采用民主的方式,具有一定的独立性,能较好地反映各地的实际情况和自身成员的主流思想。同时,各级教育会具有明显的中介性。其行为既符合政府的规范,又体现出社会的呼声。

由于发展新式教育困难重重,迫使清政府希望得到新式教育会社的帮助。新式教育会社在发展新式教育中与官方的对立,又使清政府担心发展教育事业的主导权旁落。这种矛盾的心态,在《教育会章程》中有明显的表现。清政府一边呼吁"中国疆域广远,人民繁庶,仅恃地方官吏董率督催,以谋教育普及,戞戞乎其难之也,势必上下相维,官绅相通,藉绅之力,以辅官之不足,地方学务乃能发达"[2],一边又指责各地教育会社"章程不一,窒碍实多"[3],"有完善周密毫无流弊者,亦有权限义务尚欠分明者"[4],强调"教育会设立之宗旨,期于补助教育行政,图教育之普及,应与学务公所及劝学所联络一气"[5]。教育会辅助教育行政的功能被过分强调,而对教育本身的研究反变成次要目标。

第三节　各省教育总会联合会的成立与中央教育会的召开

清末地方教育会的出现和规范化,为建立全国性的教育会社提供了可能。在江苏教育总会的带领下,各省教育总会联合会出现在教育界的视野之中。学

---

[1] Mariannnne Bastild：Educational Reform in Early Twentieth Century China。转引自桑兵:《清末新知识界的社团与活动》,北京:生活·读书·新知三联书店,1995年,第274页。
[2]《学部奏拟教育会章程折》,见上海商务印书馆编译所编纂,韩君玲,王健,闫晓君点校:《大清新法令(1901—1911)点校本第三卷》,北京:商务印书馆,2011年,教育第522页。
[3]《学部奏拟教育会章程折》,见上海商务印书馆编译所编纂,韩君玲,王健,闫晓君点校:《大清新法令(1901—1911)点校本第三卷》,北京:商务印书馆,2011年,教育第522页。
[4]《学部奏拟教育会章程折》,见上海商务印书馆编译所编纂,韩君玲,王健,闫晓君点校:《大清新法令(1901—1911)点校本第三卷》,北京:商务印书馆,2011年,教育第522页。
[5]《学部奏拟教育会章程折》,见上海商务印书馆编译所编纂,韩君玲,王健,闫晓君点校:《大清新法令(1901—1911)点校本第三卷》,北京:商务印书馆,2011年,教育第523页。

部受此刺激,也成立了中央教育会。两者的先后组建,开了教育界民间力量与教育行政机关角力之先河。

一、全国性教育会社的酝酿

按照性质来区别,世界各国的教育会大概有目的会和地方会之分:"集会者,团体自由之结合也。其章程必为自定之章程,其事业必为自营之事业。同志者入会,无地方关系,即不以地为限制,千里之外,声应气求,此目的会之说也。若官为制定章程,限以地方区域,则直地方会耳。"[1]但除在华教会举办的各种教育会社和以革命为目的的中国教育会以外,其他以某种目的而组建的教育会社还没有在中国诞生[2],所以"各国教育会皆为目的会,吾国教育会则兼有地方会性质"[3]。

《教育会章程》颁布后,除原来已经存在的江苏学务总会等教育会社改组成教育总会外,其他省区的教育总会也纷纷成立(表1-1)。到了1912年,江苏、安徽、福建、江西、浙江、河南、奉天、湖南、云南、直隶、贵州、山西、广东、四川和湖北等省已纷纷建立起省一级的教育总会。[4]清末建立起来的教育会只存在于省以下政区,省级教育会是最高层次的教育会组织。究其原因,不过是中国传统的中央集权思想,不愿大权旁落到地方。对于中央政府来说,无人挑战它的权威当然是好事,从传统士人中分化出来的趋新士人也似乎更乐意在地方树立自己的权威,但就全国教育事业而言,这显然是一个致命的弊端。

---

[1] 陆尔奎:《论教育会之性质》,《教育杂志》1909年1年9期,社说第113页。
[2] 关于近代中国各种不同类型教育会社诞生的先后顺序,参见张礼永:《教育建设的第三条道路——民国时期教育研究组织之探析》,华东师范大学博士学位论文,2011年,第21—22页。
[3] 陆尔奎:《论教育会之性质》,《教育杂志》1909年1年9期,社说第113页。
[4] 《省(市)教育会表》,见朱有瓛等编:《中国近代教育史资料汇编》(教育行政机构及教育团体),上海:上海教育出版社,1993年,第334—335页。

表1-1 各省教育总会创办简况表

教育会	会址	创办时间	创办人	备注
江苏教育总会	上海	1905年	恽祖祁、王清穆（1905年）	前身为1905年成立的江苏学务总会，1906年更名为江苏教育总会。
安徽教育总会	安庆	1905年	李经畲（1905年）童挹芬、吴传绮（1906年）	前身为1905年李经畲等人在南京创办的安徽学会，1906年更名为安徽教育总会，1907年迁往安庆。
福建教育总会	福州	1905年	陈宝琛（1905年）	前身为1905年成立的全闽学会（闽省学会），1906年更名为福建教育总会。
奉天教育总会	奉天	1905年	王书铭（1905年）吴景濂、曾右翼（1907年）	前身为1905年王书铭等人创立的教育学会，1907年正式改组为奉天教育总会。
四川教育总会	成都	1906年	吴金奇、刘卒父（1906年）	
江西教育总会	南昌	1907年	陈三立、梅汝鼎	
浙江教育总会	杭州	1907年	张元济（1907年）	浙江教育总会成立时，原推汤寿潜为会长，因汤辞而不就改推张元济为会长。
河南教育总会	开封	1907年	李时灿、郑思贺（1907年）	
黑龙江教育总会	齐齐哈尔	1907年	王廷元、林传甲（1907年）	
湖北教育总会	武昌	1908年	胡瑞霖（1908年）	
湖南教育总会	长沙	1908年	刘人熙、谭延闿（1908年）	湖南教育总会初组时推刘人熙为会长，刘坚辞不就，改以谭延闿为会长。
山东教育总会	济南	1908年	王讷（1908年）	
云南教育总会	昆明	1909年	陈荣昌、由云龙（1909年）	
直隶教育总会	天津	1909年	胡玉孙（1909年）	

续表

教育会	会址	创办时间	创办人	备注
山西教育总会	太原	1909年		
贵州教育总会	贵阳	1910年	唐尔镛（1907年）乐彩澄（1910年）	贵州教育总会筹备会成立于1907年，由唐尔镛任会长。1910年，贵州教育总会正式成立，选举乐彩澄为会长。
广东教育总会	广州	1911年	陈伯陶、朱世畴（1911年）	
吉林教育总会	吉林	1911年	韩瑞汾（1911年）	

资料来源：根据《学部官报》《教育杂志》和《申报》的相关报道整理

限于《教育会章程》，当时并没有全国性的教育联络组织可供各省教育界人士进行交流，各地教育会之间"所从事于联络者，函简往复已耳"[①]。清政府自身无法独立承担指导全国教育事业发展的重任，却对教育会实施种种限制，特别是全国性教育会组织的缺失，使各省教育总会大为不满。为了"沟通各省教育界之知识与情谊，以期对于学部可发表共同一致之意见，对于内部得酌量本地方之情势，为各方面之进行，务使所持之教育主义勿入迂途，适于生存竞争之世界"[②]，成立全国性教育联络组织已迫在眉睫。

在这关键时刻，组建时间最长的江苏教育总会担负起了组建全国性教育联络机构的重任。江苏教育总会前身即由恽祖祁和王清穆发起的江苏学务总会，于1906年（清光绪三十二年）遵照《教育会章程》而更名为江苏教育总会。江苏教育总会的重要成员、中国历史上颇负盛名的"状元资本家"——张謇，因甲午中日战争而意识到朝局用人政事"一天比一天的紊乱黑暗起来"[③]，遂弃官返乡兴办实业。张謇认为，中国之所以落后，其中重要的原因之一就是教育落后："（中日）马关约成，国势日蹙，私忧窃叹，以为政府不足责，非人民有知识，必不

[①]《各省教育总会联合会纪要》，见朱有瓛等编：《中国近代教育史资料汇编》（教育行政机构及教育团体），上海：上海教育出版社，1993年，第184页。

[②]《唐会长（文治）致各省教育总会代表欢迎词之大略》，见朱有瓛等编：《中国近代教育史资料汇编》（教育行政机构及教育团体），上海：上海教育出版社，1993年，第183页。

[③]张孝若（怡祖）：《南通张季直（謇）先生传记》，台北：文海出版社有限公司，1981年，第67页。

足以自强,知识之本,基于教育"①。因此,张謇在坚持"实业救国"的同时也提倡"教育救国",将大量的精力和财力投入到新式教育事业中去,先后创办了南通师范学校和初等农学堂等一批新式学堂。江苏教育总会的其他主要成员也大多热心于办学与教育改革实践,例如沈恩孚曾任龙门师范学堂监督,唐文治曾任上海高等实业学堂监督并创办了北京实业学堂、吴淞商船学堂等,袁希涛创立了上海龙门师范学堂,杨保恒创立了震修小学堂、社庄小学堂并开中国近代实验教育之先河,黄炎培先后创办和主持过上海广明小学、广明师范和浦东中学并首倡教育与生活相联系的实用主义。由于这些人的威望和影响,江苏教育总会"逐渐成为不仅在江苏而且为全国的教育领导中心"②,是当时各省教育总会中最活跃的一员。

为了更好地推动整个江苏省教育事业的发展,江苏教育总会还在省内组建了江苏各属劝学所教育会联合会。江苏教育总会会所设在上海,活动范围大多局限在上海。而各省教育总会与各府州县教育会并非上下统属关系,只是"联络统合以图扩充整理"③的关系。各府州县教育会行动并不一致,有些教育会在当地的兴学活动十分活跃,有些教育会则徒有虚名。由于没有统一协调的机构,江苏教育总会对省内其他各地的教育事业不免有鞭长莫及之感。1910年10月(清宣统二年九月),江苏教育总会认为"欲谋地方教育之统一,必先有联络之机关"④,由此发起组建了江苏各属劝学所教育会联合会。江苏各属劝学所教育会联合会成立后,不但将江苏教育总会的影响由上海推进到全省各地,还形成了一个覆盖全省的教育信息网络,使江苏教育总会可以获取来自全省的教育动态。

对于全国教育事业,江苏教育总会也颇为关心,其章程就包括有"联络各省

---

① (清)张謇:《垦牧公司第一次股东会演说公司成立之历史》,见张怡祖编:《张季子(謇)九录》,台北:文海出版社有限公司,1983年,第1305页。
② 黄大能:《忆念吾父黄炎培》,见黄炎培:《八十年来》,北京:文史资料出版社,1982年,第168页。
③ 《学部奏拟教育会章程折》,见上海商务印书馆编译所编纂,韩君玲、王健、闫晓君点校:《大清新法令(1901—1911)点校本第三卷》,北京:商务印书馆,2011年,教育第524页。
④ 伍达:《拟开苏省教育会劝学所联合会意见书》,《申报》1910-9-16(2)。

教育总会,以期共同进化,合于国民教育之宗旨"①。时任江苏教育总会会长的张謇对建立全国性的教育会社有深刻的认识,认为但凡经营每一种事业,"均须有世界之眼光,而后可以择定一国之立足地","有全国之眼光,而后可以谋一部分之发达",②为江苏教育总会牵头组建各省教育总会联合会打下了良好的基础。1910年3月(清宣统二年二月),江苏教育总会响应第二次国会请愿风潮,号召各省教育总会及学界选派代表进京请愿,以解决教育经费问题。③在江苏教育总会的号召下,各省教育总会及学界在这次国会请愿活动中起到了重要的作用。④

江苏教育总会在兴办新式教育中风头甚劲,又有组建江苏各属劝学所教育会联合会的经验,且对全国教育事业抱有热诚态度,组建全国性教育联络组织的重任便落在了它的肩膀上。

二、各省教育总会联合会的出现

1911年(清宣统三年)初,江苏教育总会发起各省教育总会联合会。它致函"请各省教育总会,先期推定代表二人或三人来沪"⑤,其教育总会未成立省份,"亦已函请谘议局于学界中推定代表"⑥,"公议关系全国之教育事宜,以期教育之发达"⑦,并拟出《各省教育总会联合会简章》如下:

> 第一条 本会由各省教育总会同意组织,以公议关系全国之教育事宜、期于改良进步为目的。
>
> 第二条 本会以各省教育总会公推之代表人为会员,其教育总会

---

① 《江苏教育总会章程(第二次改订)(1908年)》,见朱有瓛等编:《中国近代教育史资料汇编》(教育行政机构及教育团体),上海:上海教育出版社,1993年,第272页。
② 《张会长(謇)致各省教育总会发起词之大略》,见朱有瓛等编:《中国近代教育史资料汇编》(教育行政机构及教育团体),上海:上海教育出版社,1993年,第183页。
③ 《江苏教育总会致各省教育总会及学界书》,《教育杂志》1910年2年4期,章程文牍第27—28页。
④ 蒋梅:《辛亥革命时期的江苏教育总会》,《民国档案》2004年2期,第61—66页。
⑤ 《各省教育总会联合先声》,《教育杂志》1911年3年3期,记事第23页。
⑥ 《各省教育总会联合先声》,《教育杂志》1911年3年3期,记事第23页。
⑦ 《各省教育总会联合会先声》,《教育杂志》1911年3年3期,记事第23页。

未成立者,暂由其本省谘议局公推学界之明于教育者为代表人。

第三条 本会提议事件之范围如左(如下):

(一)全国教育方针。

(二)初等教育普及方法。

(三)高等教育及中等教育之规画。

第四条 本会每□年开会一次,以□月为会期。其会所暂于直隶之□□、湖北之□□、江苏之□□轮定之。

第五条 本会每届开会,以七日为度。

第六条 本会议案,由各省教育总会提出,于会期一月以前,送至事务所,汇编议事简表,印送各会员。

第七条 本会不设会长。每届开会期内,于会员中推举主席一人,主持会务。其书记及干事,即由轮值开会省份之教育总会职员任之。

第八条 本会议事之议决权,以每省为一权。权数相等时,由主席决定之。

第九条 本会会员,不纳会费。其赴会所需之费,得由本省教育总会公费内开支。

第十条 本会事务所,暂设于江苏教育总会。①

1911年(清宣统三年)4月29日至5月12日,广西、安徽、江西、山东、湖北、直隶、福建、湖南、浙江、河南和江苏等11个省区的教育总会或学界代表共22人(奉天代表因防疫中阻)齐集上海,召开了为期近半月的各省教育总会联合会。②在会上,各省代表通过了《各省教育总会联合会章程》,具体如下。

第一条 本会由各省教育总会同意组织,以公议关系全国之教育事宜,期于改良进步为目的。

第二条 本会以各省教育总会公推之代表为会员,每省各二人(教

---

① 《各省教育总会联合会先声》,《教育杂志》1911年3年3期,记事第23—24页。
② 《各省教育总会联合会议决案》,见舒新城编:《近代中国教育史料》(第三册),上海:中华书局1933年,第200—201页。

育总会未成立省分暂由谘议局公推之)。

代表须于开会期以前到会,其到会凭证须载明姓名、年岁、住所、职务,并盖用本省教育总会钤记(或谘议局关防)。

第三条 本会提议事件之范围如下:

一、全国教育方针;

二、初等教育普及方法;

三、高等教育及中等教育之规划;

四、其他关于教育范围以内之事。

第四条 本会每年开会一次,以四月为会期,其会所轮设于交通便利省分之教育总会。于每次会毕时,决定下一次会所及开会之日。

第五条 轮设会所之教育总会,其应执行之事件如下:

一、本次开会之召集通告(于开会期三个月以前分寄);

二、印送本次议案及议事简表于各会员(于开会前一日分送);

三、本次议决案之通告(于开会后十五日以内印发,其下次轮设会所之教育总会应多送一份);

四、缮发本次议决案,应请学部施行者之公文并盖用钤记(以本次公报代表到会之各教育总会会长具名,以轮设会所之教育总会会长领衔,无须会钤。其由谘议局公推代表者,于文内叙明代表姓名,于闭会后十五日以内缮发);

五、印送本次议决案之复文(于收到后五日以内印发,其下次轮设会所之教育总会应多送一份)。

第六条 本会每次开会以十日为度,如届期议事未毕,得展会五日以内。

第七条 本会议案由各省教育总会提出,送至轮设之会所。该会所收受议案于开会期前五日截止,以备印送各会员(如有关系重大之议案,经会员五人以上认为可临时收受者,仍补行印送,但收受之期不得迟至开会期五日以后)。

第八条 本会不设会长,每届开会期内于会员中公推主席一人、副主席一人。其书记及干事即由轮设会所之教育总会职员任之。

第九条　本会议事以到会会员之过半数议决之,权数相等,由主席决定。

议决之方法用起立、投票两种,由主席临时决定。

第十条　本会议决案之关于各省自谋进行者,各教育总会均负执行之责任。

第十一条　本会会员不纳会费,其赴会所需之费得由本省教育总会公费内开支。

第十二条　各教育总会凡更举职员及关于本省重要事件,应随时互相报告。

第十三条　本章程如有应行修正之处,于每年开会时议决之。①

从《各省教育总会联合会章程》的内容来看,除增加和明确了个别事项外,其余部分基本与江苏教育总会拟定的《各省教育总会联合会简章》相合。它明确各省教育总会联合会"以公议关系全国之教育事宜,期于改良进步为目的"②,制定了会员推选办法、会议会期及会所确定方式、职员充任方法、提案议决和实施方案等,制度建设已初具框架。

各省教育总会联合会聚集了当时各省教育界精英,共同研讨教育改良和实施办法。在各省教育总会联合会的22名会员当中,以龚鉴清、吴传绮、胡璧城、陶镕、熊育锡、梁际昇、胡彐、张介礼、胡柏年、李揩荣、陈鸣则、刘子达、王敬芳等从传统士人中分化出来的趋新士人为主,也有沈恩孚、黄炎培、李步清、胡家祺、陈润霖、俞诰庆、周家纯、经亨颐、杨保恒等较为系统地受过新式教育的趋新士人(表1-2)。这些趋新士人大多深受新式教育的熏陶,他们或在国内新式学堂受过教育,或东渡扶桑留学,就算旧学出身的人也有兴办新式教育会社和学校的经历。他们共聚一堂,为中国教育的未来出谋划策。对涉及全国教育的共性问题,由各省教育会联合会呈请学部参酌施行,对各省教育兴革,则着眼全国,

---

①《各省教育总会联合会章程(第一次会议决)(1911年5月)》,见朱有瓛等编:《中国近代教育史资料汇编》(教育行政机构及教育团体),上海:上海教育出版社,1993年,第181—183页。

②《各省教育总会联合会章程(第一次会议决)(1911年5月)》,见朱有瓛等编:《中国近代教育史资料汇编》(教育行政机构及教育团体),上海:上海教育出版社,1993年,第181页。

立足地方,由各省代表共作磋商:"本会所研究之资料大约应分两大纲。其预备对于学部发表意见呈请施行者,当以关系全国之教育问题为限,此宜抱同一之宗旨者也;其预备本地方内部之进行者,似宜各就本省之所经验互相陈述,以期交换知识,增进文明,可不必抱同一之宗旨者也。"①

表1-2 各省教育总会联合会参会代表情况分析表

教育背景		名单	人数	百分比
中国	传统教育	龚鉴清、吴传绮、胡璧城、陶镕、熊育锡、梁际昇、胡彐、张介礼、胡柏年、李撂荣、陈鸣则、刘子达、王敬芳	13	59%
	新式学堂	沈恩孚、黄炎培	2	9%
	留日	李步清、胡家祺、陈润霖、俞诰庆、周家纯、经亨颐、杨保恒	7	32%

资料来源:根据《学部官报》《教育杂志》和《申报》的相关报道整理

根据章程,各省教育总会联合会通过了《请定军国民教育主义案》《统一国语方法案》《请停止毕业奖励案》《请变更初等教育方法案》和《请变更高等教育方法案》送学部采择施行。②同时,各省教育总会联合会又通过了《定军国民教育主义案》《改良初级师范教育方法案》《变更初等教育方法案》《组织各种学堂职员联合会案》和《实行义务教育之预备方法案》交由各省教育总会自行实施。③另外,各省教育总会联合会还通过《学制系统问题之研究》《通告各小学教员征集对于现用教科书之批评》《小学科目及学科程度、授课时间问题之研究》和《检定小学教员办法之研究》四项作为征集意见研究方法,以备下次联合会提议事件。④

各省教育总会联合会的会员基本都直接或间接从事着新式教育,因此各项议决案大多能切中教育时弊,有一定现实性和前瞻性。如提交学部的《请定军

---

① 《张会长(謇)致各省教育总会联合会发起词之大略》,见朱有瓛等编:《中国近代教育史资料汇编》(教育行政机构及教育团体),上海:上海教育出版社,1993年,第183页。

② 《各省教育总会联合会会议议决案(1911年5月)》,见朱有瓛等编:《中国近代教育史资料汇编》(教育行政机构及教育团体),上海:上海教育出版社,1993年,第187—192页。

③ 《各省教育总会联合会会议议决案(1911年5月)》,见朱有瓛等编:《中国近代教育史资料汇编》(教育行政机构及教育团体),上海:上海教育出版社,1993年,第192—196页。

④ 《各省教育总会联合会会议议决案(1911年5月)》,见朱有瓛等编:《中国近代教育史资料汇编》(教育行政机构及教育团体),上海:上海教育出版社,1993年,第196—197页。

国民教育主义案》要求各学堂一律将体操科列为主课,宣传军国民教育主义,奠定强国之根本;《统一国语方法案》要求以京话为国语标准统一语言,设国语调查会,颁布国语课本,高等小学以上学堂及师范学堂试行教授国语;《请变更初等教育方法案》提出的将小学手工课列为必修科,在师范学堂列手工科以培养小学手工教员,初等小学应不设读经讲经科;初等小学年龄在10岁以内的儿童允许男女同校以促进教育普及;等等。这些在稍后学部主持召开的中央教育会上被提出讨论并得以通过。虽然由于辛亥革命的爆发,以上诸案和各省教育总会联合会提交学部的其他议决案并未来得及正式施行,但其目标在民国以后基本实现,足见各省教育总会联合会的远见卓识及其议决案具有超越政治的专业性。此外,各省教育总会联合会提出的由各省自谋进行的《改良初级师范教育方法案》《变更初等教育方法案》《组织各种学堂职员联合会案》和《实行义务教育之预备方法案》等,对地方教育的发展也大有裨益。

此次会议,颇有组织和代表全国教育界的意向:"今联合会成立,则所谓联络各省者,固少见之于事实,而省之见乃无复有存焉者矣。此与会之十一省所联络者,犹仅全国之半,而全国教育界精神之交通,盖自此始。"[①]它沟通了教育界同人的信息,加强了全国教育界的相互联系与合作,在一定程度上促进了中央教育会[②]的成立。

三、中央教育会的召开

以代表全国教育界自诩的各省教育总会联合会成立以后,讲求对学部发表一致意见,极度刺激了学部,使其不得不考虑应对之策。早在1906年(清光绪三十二年),学部就曾设立高等教育会议。高等教育会议借鉴日本高等教育会议章程,成员由学部官员、直属各学堂监督、各省中等以上学堂监督及京外官绅组成。其主要任务是讨论和议决全国教育有关事项,上自大学,下至小学,皆可列作议案,集思广益,共同研究,为学部提供决策咨询。高等教育会议并无显著

[①]《各省教育总会联合会纪要》,见朱有瓛等编:《中国近代教育史资料汇编》(教育行政机构及教育团体),上海:上海教育出版社,1993年,第184页。

[②] 关于中央教育会,参见关晓红:《晚清学部研究》,广州:广东教育出版社,2000年,第436—468页。

成绩留世,却标志着中央政府开始出现了专门研讨教育兴革的咨询机构。

学部拟定《教育会章程》时,并无意成立中央一级的教育会。学部成立后的六年里,除了曾设立教育研究所和学制调查局行使教育会的某些功能外,从未建立全国性的教育会,也没有召集过各地教育会开展任何活动。虽然各地教育会也曾有将办学过程中所遇到的问题和经验教训通过各种途径反映给学部的先例,但各省教育总会的大联合绝非清政府所愿意看到的。在各省教育总会联合会召开后不久,学部即奏请设立中央教育会,"议者至,谓中央教育会为各省教育总会联合会所促成"①。

1911年(清宣统三年)7月至8月,中央教育会在北京正式开会。学部在筹备中央教育会的奏折中指出,"教育理法极为博深,教育业务又益繁重,决非一二执行教育之人所能尽其义蕴",希望能够通过中央教育会"汇集教育名家开议教育事项"②,但事实却并非如此。学部要求召开中央教育会,固然是为缓解发展新式教育困难的需要,但通过中央教育会牢牢地掌握发展教育事业的主导权、防止各省教育总会联合会与之分庭抗礼才是其真实意图。正因为如此,学部对中央教育会的定位是"招集各项学务人员在京师设立会所,由臣部监督会议,中学以下各事宜其中难解之疑问、滞塞之情形,均可借以沟通取便措注,为臣部教育行政辅助之机关"③。这种定位,从中央教育会的代表组成结构可见端倪。

与各省教育总会联合会"以各省教育总会公推之代表为会员,每省各二人(教育总会未成立省分暂由谘议局公推之)"④不同,中央教育会代表分为十类:一、学部丞参及各司司长、参事官、各局局长;二、学部曾派充视学人员;三、学部直辖各学堂监督;四、民政部内外厅丞及民治司司长;五、陆海军部军学司司长;

---

① 《各省教育总会联合会纪要》,见朱有瓛等编:《中国近代教育史资料汇编》(教育行政机构及教育团体),上海:上海教育出版社,1993年,第184页。
② 《学部奏设立中央教育会拟具章程折并单》,见上海商务印书馆编译所编纂,王兰萍,马冬梅点校:《大清新法令(1901—1911)点校本第十一卷》,北京:商务印书馆,2011年,第277页。
③ 《学部奏设立中央教育会拟具章程折并单》,见上海商务印书馆编译所编纂,王兰萍,马冬梅点校:《大清新法令(1901—1911)点校本第十一卷》,北京:商务印书馆,2011年,第277页。
④ 《各省教育总会联合会章程》,见朱有瓛等编:《中国近代教育史资料汇编》(教育行政机构及教育团体),上海:上海教育出版社,1993年,第181页。

六、京师督学局二人；七、各省学务公所议长或议绅及教育总会会长、副会长,由提学使推举一人或二人；八、各省学务公所科长及省视学,由提学使遴派一人；九、各省两级师范及中学堂之监督教员及两等小学堂长,由提学使遴派二人；十、著有学识或富于教育经验者,由学部酌派三十人。①

学部本无诚意解决实际问题,不过利用此次会议来保证发展教育事业的主导权而已。中央教育会的成员主要由相关各级机构选派,大部分属政府官僚。即使是学部酌派"著有学识或富于教育经验者",亦备受外界质疑："此数十人者,或为政客,或为旧学家,或为实业家,或为古董之赏鉴收藏家,言乎学识,则诚哉有学识也,然而所议非其所学,无怪人且以大请客讥之。"②

中央教育会开会期间,学部企图凭借有利地位使会议按照其意旨进行,引起教育界民间力量的强烈不满。教育界民间力量要求借中央教育会落实各省教育总会联合会的议决案,使会议上分歧与冲突频起。此次中央教育会所通过的十二件议决案,各省教育总会联合会呈请学部施行的五案除《请变更高等教育方法案》未曾通过外,其余各案均获得不同程度的支持,③学部的意图最终落空。中央教育会上的分歧与冲突,实质上是当时教育行政机关和教育界民间力量之间发展教育事业的主导权之争。此举开了教育行政机关与教育界民间力量角力的先例,为以后两者之间的较量埋下了伏笔。

第四节　中央教育会议的筹备与全国教育会联合会的成立

中华民国的成立,给教育会的快速发展带来了契机。民初教育部曾召开临时教育会议,带有继承清末中央教育会的色彩。临时教育会议结束后,教育部开始筹备中央教育会议,各省区教育会亦立志重建各省教育会的联络机关。几

---

① 《学部奏设立中央教育会拟具章程折并单》,见上海商务印书馆编译所编纂,王兰萍,马冬梅点校：《大清新法令(1901—1911)点校本第十一卷》,北京：商务印书馆,2011年,第278—279页。
② 《追论中央教育会派员与会之弊》,《盛京时报》1911-9-1(2)。
③ 《中央教育会闭会》,《申报》1911-8-19(6)。

经周折之后,中央教育会议始终无法举办,全国教育会联合会却终告成立。

一、民初教育会的发展与临时教育会议的召开

南京临时政府成立后,曾颁布《中华民国临时约法》。《中华民国临时约法》规定人民享有"言论、著作、刊行及集会、结社"等各项自由,使集会结社成为广大民众的合法权利。各种社会思想的鼓吹者为了实现自己的理想,纷纷成立社团以进行宣传和实践。一时之间,"集会结社,犹如疯狂,而政党之名,如春草怒生"[1],呈现出繁荣兴盛的局面。同时,辛亥革命以后百废待兴,社会各界也对教育事业寄予厚望。1912年4月,蔡元培在谈论新政府的教育方针时就指出,"专制时代(兼立宪而含专制性质者言之),教育家循政府之方针以标准教育,常为纯粹之隶属政治者"[2],"共和时代,教育家得立于人民之地位以定标准,乃得有超轶政治之教育"[3]。1912年9月,辞去临时大总统职务的孙中山在北京教育界欢迎会上也对到会的教育家提出殷切希望:"诸君今日于学问一途,尚当改良宗旨,着眼于文明,使中国学问与欧美并驾,则政治实业,自有天然之进化,将来中华民国,庶可与世界各国同享和平。"[4]另外,清末新政所进行的教育改革,使趋新士人群体进一步扩大。新式学堂培养的学生数量相当可观,到1910年已达到1 625 534人。[5]教会学校同样从事新式教育,它们的学生也为数不少,1911年的人数为102 583人。[6]1898年到1911年之间,则至少有25 000名中国学生留学日本。[7]清末以来由各种新式学堂的发展以及留学教育运动所培养的趋新

---

[1] 善哉:《民国一年来之政党》,《国是》1913年1期,第1页。
[2] 蔡元培:《对于教育方针之意见》,见中华书局编辑:《蔡元培选集》,北京:中华书局,1959年,第8页。
[3] 蔡元培:《对于教育方针之意见》,见中华书局编辑:《蔡元培选集》,北京:中华书局,1959年,第8页。
[4] 孙中山:《民国教育家之任务——在北京教育界欢迎会之演辞(1912年9月)》,见舒新城编:《中国近代教育史资料 下册》,北京:人民教育出版社,1981年,第1005页。
[5] Alice H. Gregg, China and Educational Autonomy: The Changing Role of the Protestant Educational Missionary in China 1807—1973, p.35。转引自孙广勇:《社会变迁中的中国近代教育会研究》,华中师范大学博士学位论文,2006年,第86页。
[6] 孙广勇:《社会变迁中的中国近代教育会研究》,华中师范大学博士学位论文,2006年,第86页。
[7] (美)任达著,李仲贤译:《新政革命与日本——中国,1898—1912》,南京:江苏人民出版社,1998年,第51页。

士人数量逐渐增多,教育界已逐步形成一个为数可观的、具有多元化色彩和结构比较合理的教育理论人才和实践人才的趋新士人群体。这些基本因素的存在,就为清末成立的各级教育会在民国初年延续辉煌提供了有利的条件。

　　清末成立的各省教育总会大多在民国成立后进行了重新选举,某些原来没有成立教育总会的省份也开始筹组。1912年1月,湖南教育总会先后召开会议讨论章程,决议会名增加"中华民国"四字,并分别推举符定一和胡元倓为正副会长。①1912年1月,浙江教育总会召开筹备大会,推举章太炎和沈衡山(钧儒)分别为正副会长。②不久,沈钧儒因就任浙江省教育司司长而辞去教育会副会长职务③,故同年4月召开的成立大会重新选举经亨颐为副会长④。1912年初,云南教育总会意识到"我滇光复之后,须谋教育普及,方能强国,教育总会,关系尤急"⑤,于是召开大会分别选举王用予和刘钟华为正副会长。1912年3月,江西教育总会重组,并选举李瑞清为会长。⑥1912年4月,直隶教育总会重新举行成立大会,分别选举胡家麒和孙松龄为正副会长。⑦同月,河南教育界开会推翻旧的教育总会,重新选举时经训和郭景岱为正副会长。⑧在重组过程中,某些省份因新旧势力利益不同,甚至为此发生冲突。如1912年3月,湖北教育总会在陆军特别小学堂召开全体大会。由于新旧会员到会者达千余人,会场几乎没有容足之地,会员对于会议内容又议论纷纷,莫衷一是,最后竟互相争殴,致使会场秩序大乱,未等会议结束便已全体解散。之后数月之间,虽然迭次开会选举会长,但新旧势力之间意见不能一致,以致人选迟迟不能确定。1912年4月,黎元洪通饬该会以及各教育维持会、前清湖北教育总会各职员齐集开会投票,才选出蔡以贞和高建埠为正副会长。⑨

　　与各省级教育会继续延存不同,作为学部咨询和辅助机关的中央教育会在

---

① 《教育会类志》,《教育杂志》1912年3年10期,记事第72页。
② 《教育会类志》,《教育杂志》1912年3年10期,记事第72页。
③ 《教育会类志》,《教育杂志》1912年3年12期,记事第91页。
④ 《教育会类志》,《教育杂志》1912年4卷1号,记事第6页。
⑤ 《教育会类志》,《教育杂志》1912年3年10期,记事第72页。
⑥ 《教育会类志》,《教育杂志》1912年3年12期,记事第91页。
⑦ 《教育会类志》,《教育杂志》1912年4卷2号,记事第12页。
⑧ 《教育会类志》,《教育杂志》1912年4卷2号,记事第12页。
⑨ 《教育会类志》,《教育杂志》1912年4卷1号,记事第6页。

辛亥革命爆发后无形消亡,只能从临时教育会议找到其影子。1912年7月,教育部"为谋教育改良进步,亟欲征集全国意见,讨论方法"[1],在北京召开了临时教育会议。时任教育总长蔡元培对这次会议期望甚高,在会议开幕之时曾表示:

> 今日之临时教育会议,即中华民国成立以后第一次之中央教育会议。此次会议,关系甚为重大。因有此次会议,而将来之正式中央教育会议,即以此次会议为滥始;且中国政体既然更新,即社会上一般思想,亦随之改革,此次教育会议,即是全国教育改革的起点。此次议决事件,如果能件件实行,固为重要关系,即使间有不能实行者,然为本会已经议决之案,将来亦必有影响。[2]

临时教育会议颇有继承清末中央教育会的味道,当时出席会议的有各省区及华侨代表56人,来源有四:由教育总长延请者;由各行省及蒙藏各推举二人、华侨一人;由教育总长于直辖学校职员中选派者;由教育部咨行内务、财政、农林、工商、海陆军各部派出者。因政党派系和地域差别,代表们讨论问题总是争执不休。某些议题须由主席裁决才能暂时平定下来,但有时甚至连调停也无法平定。在一个月的会期当中,原定九十二件议案只议决了二十三件。好不容易维持到了原定的闭会日期,尽管大部分提案还没有讨论,会议也草草收场。虽然《中央教育会议组织法案》通过三读程序并形成议决案,但中央临时教育会议非属于行政性会议,则其所议决的问题只能作为教育部之参考。而且此时蔡元培已辞去教育总长一职,由范源濂接任。范源濂对于临时教育会议的议决案,并非事事皆接受,《中央教育会议组织法案》并未见诸实施。[3]

---

[1]《教育总长蔡元培关于召开临时教育会议咨(1912年6月12日)》,见中国第二历史档案馆编:《中华民国史档案资料汇编(第三辑)教育》,南京:江苏古籍出版社,1991年,第624—625页。
[2] 我一:《临时教育会议日记》,《教育杂志》1912年4卷6号,特别记事第1页。
[3] 查《教育部文牍汇编》、《教育部令汇编》和《教育公报》,未见有与《中央教育会议组织法案》相关的法令颁布。

二、中央教育会议的筹备

临时教育会议闭幕以后不久,中国即陷入混乱局面,许多教育方针政策还没有来得及实施便成为一纸空文。战端频开和国库空虚使教育部变成天下"第一穷部"[①],"富有势力者,类唾弃不顾"[②]。继蔡元培之后,范源濂也在1913年1月辞去教育总长职务。此后继任的各届教育总长除1916年重任的范源濂外大都为政客官僚,而非教育专家。刘冠雄以海军总长兼署、陈振先以农林总长兼署,董鸿祎、汪大燮和蔡儒楷则是科举出身的旧官僚,对新式教育并不十分熟悉。严修倒是曾专门出洋考察教育,可惜未能到任。以上诸人对新式教育皆无浓厚兴趣,出掌教育部大多存五日京兆之心。这一时期,教育部不仅没有经济能力应付耗资巨大的新式教育之需要,而且根本无暇规划和控制教育的发展,大部分教育问题只得交由地方教育界自行处理。"教育部原定于每年夏间招集各省现司教育官员,开设教育会议,讨论各种问题,以资教务进行"[③],却并未如期在1913年召开中央教育会议。临时教育会议以后,又有读音统一会、全国师范学校校长会议和教育行政会议等先后举行。但这些会议时间不定,且讨论范围局限于某个范围,不利各省区教育界同人交流其他教育问题。

1914年5月,曾短期留学日本、对新式教育有一定认识的汤化龙出任教育总长。汤化龙上任之后,决心召开中央教育会议。但"教育部现时虽有开议之意,奈因时期已迟,不便招集,且复有豫算之关系,竟难实行"[④],只得"决于年内先筹办议事之准备,俟明春通告各省再行开会"[⑤]。1914年8月,汤化龙开始筹备中央教育会议,人员组成包括立法院议员二人、教育部司长三人、视学员一人、内务部民治司长一人、财政部会计司长一人、陆海军部军学司长各一人、农商部代表一人、国立图书馆和博物馆馆长各一人、教育部直辖各校校长各一人、

---

① 沃邱仲子:《民国十年官场腐败史(选录)》,见荣孟源,章伯锋主编:《近代稗海》第8辑,成都:四川人民出版社,1987年,第24页。
② 沃邱仲子:《民国十年官场腐败史(选录)》,见荣孟源,章伯锋主编:《近代稗海》第8辑,成都:四川人民出版社,1987年,第24页。
③《教育事业之前途 教育会议之缓开》,《申报》1914-6-14(3)。
④《教育事业之前途 教育会议之缓开》,《申报》1914-6-14(3)。
⑤《教育事业之前途 教育会议之缓开》,《申报》1914-6-14(3)。

各省及蒙藏行政员教育总会各选代表一人、华侨教育界代表四人(其中南洋推选二人,美洲、日本各一人),①中央教育会议似乎已呼之欲出。1915年2月,汤化龙又表示"对于小学、师范、中学、实业、社会五项教育有许多讨论之点,拟召集中央教育会议"②,"关于五项教育各议案,汤总长已亲自书出"③。教育部召开中央教育会议,其目的就是控制发展教育事业的主导权,会议人员的组成也充分体现了这个意图。只是民初政局的动荡注定中央政府重视教育不过是口头承诺,并无实际行动。汤化龙对此十分失望,不久之后提出辞职。后虽经袁世凯挽留而留任,中央教育会议却无疾而终。正当中央教育会议的筹备陷入僵局时,各省区教育会筹组全国教育会联合会的呼吁却进行得如火如荼。

三、全国教育会联合会的成立

在召开中央教育会议的传闻风风火火之时,各省区教育会亦开始谋求联合。与中央教育会一样,清末成立的各省教育总会联合会也只召开了一次便停止了活动。不过"此次呈学部之五案均极重要,而影响及于民国初元之教育"④,给教育界留下了较深的印象。临时教育会议闭会后不久,北京政府教育部在1912年9月公布了《教育会规程》。按照《教育会规程》的规定,教育会"以研究教育事项,力图教育发达为目的"⑤,分为省教育会、县教育会和城镇乡教育会,"得互为联络,不相统辖"⑥。各级教育会以学校教育、社会教育和家庭教育为研究事项,得以研究所得建议于教育官厅并处理教育官厅委任事务,"不得干涉教育行政及教育以外之事"⑦。《教育会规程》颁布以后,各省教育总会纷纷更名为各省教育会。与清末《教育会章程》将教育会定位为辅助教育行政机关的角色相比,民初《教育会规程》则意图将教育会完全置于教育行政机关的控制之下,

---

① 《教育前途之乐观　组织教育会》,《申报》1914-8-1(6)。
② 《中央教育会议之议案》,《申报》1915-2-27(6)。
③ 《中央教育会议之议案》,《申报》1915-2-27(6)。
④ 舒新城:《近代中国教育史料》(第三册),上海:中华书局,1933年,第200页。
⑤ 《教育部公布教育会规程令》,《教育杂志》1912年4卷7号,法令第11页。
⑥ 《教育部公布教育会规程令》,《教育杂志》1912年4卷7号,法令第11页。
⑦ 《教育部公布教育会规程令》,《教育杂志》1912年4卷7号,法令第12页。

使教育会局限于研究教育的范围内。

此后事态的发展却与教育部的意愿大相违背。《教育会规程》规定教育会"不得干涉教育行政及教育以外之事"①,各省区教育会却置之不理。1914年4月,直隶省教育会"以教育司设于行政公署之内,非独立机关,恐于教育进行见效较难",呈文袁世凯"请规复提学使司旧制"②。正是这份呈文,点燃了各省区教育会要求组织全国教育会联合会的导火索。当时"奉政府批示,允交政治会议与教育部之规画、各省教育司说帖并案核议"③,但"新省官制公布,教育仅为政务厅内之一科,名位更不逮教育司"④。直隶省教育会未曾达到目的,于是继续联合京师、山东、奉天、山西、黑龙江、陕西、湖北、安徽、江西、湖南和广东等省区教育会共同呈文袁世凯,要求教育行政独立:

> 佐汉等前经呈请规复提学使司以维持教育一案,蒙大总统发交前国务院交政治会议与教育部拟具规画,各省教育司说帖并案核议在案。嗣读五月二十三日,大总统地方官制公布,每省设巡按使一人,下设政务厅,其教育科长,即隶属于政务厅内。在大总统分职设官,权衡至当,佐汉等似无庸妄参末议。惟默察现在教育状况,及证以我国学制之沿革,觉教育设官,与教育事业,消长之机关系綦重。夫所谓教育事业,非宗旨纯正,无以端校风而育真才;非综核名实,无以明赏罚而纳轨物。比年以来,士风不竞,议者多持学校制度不如科举制度之论,以妄事揣摩。实则校员苟得其人,则多数学生皆知努力习业,绝无骛外浮嚣之弊,而校长教员之是否尽职,尤赖有上级教育之官厅督察而进退之,乃能竭诚服务,日起有功。否则长官之督察不专,斯各属之奉行不力,而教育事业乃几乎熄矣。伏读大总统敦促兴学命令,不啻三令五申,而亲民之官及办学人员,未能竭力擘画,以仰副大总统兴学育才之意者,亦由无独立官厅维持而督促之也。况我国自明清时代督学

---

① 《教育部公布教育会规程令》,《教育杂志》1912年4卷7号,法令第12页。
② 《教育事业之治法与治人:教育独立官厅之重提》,《申报》1914-6-27(3)。
③ 《教育事业之治法与治人:教育独立官厅之重提》,《申报》1914-6-27(3)。
④ 《教育事业之治法与治人:教育独立官厅之重提》,《申报》1914-6-27(3)。

课士,皆设专官。清季提学使之职权,仍以办学之有无成绩,殿最属吏。故学使果能尽职,地方教育,未有不兴者。在昔大总统敷政毓辅,于百度草创之余,首重教育。河北人士,受赐到今。其所以成效昭著者,皆由设置独立机关,督办全省学务之所致。佐汉等以为巡按使为全省行政官,于教育行政只能提挈大纲,至于考核稽察之权,不得不分诸属吏,而教育科长,分位不崇,即使勉力尽职,其实权亦不能稽核地方官吏。佐汉等为振兴教育起见谨商同全国各省教育会,兹经京师教育会会长刘潜副会长文斌山东教育会会长董毓璋副会长许名世奉天教育会会长李树滋副会长董宝麟山西教育会会长兰承荣副会长张秀升黑龙江教育会会长耿之光陕西教育会会长马步云副会长王銑恩湖北教育会会长谢石钦副会长周之瀚安徽教育会会长徐经纶副会长刘永鑫江西教育会会长黄大壎副会长游锦荣张树韩湖南教育会会长符定一广东教育会会长卢乃潼副会长汪姚铨电函往复,均意见相同,谨合词吁恳大总统,俯念教育为立国根本,仍令各省设置教育独立之官厅,庶足以专责成而收实效。谨乞训示施行。谨呈。①

各省区教育会将教育行政独立的要求送达袁世凯后,"袁总统与徐国务卿日前会议,以年来政治虽屡经革新,而迄无丝毫成绩,其中虽原因不一,其要实由于前此教育之不良,以故对于不急之新政,已令酌分缓急办理,以苏财力","惟近日有人条陈请将各省教育机关独立以专责成此事","究竟可行与否,一时未能解决,闻将于汤总长熟商后,取决于中央教育会议云"。②一方面,中央教育会议完全以教育部为主导,各省区教育会自然不愿全盘接受。另一方面,中央政府的能力和决心恐怕亦值得各省区教育会的怀疑。虽然以后的事实证明,各省区教育会要求教育行政独立的努力并未见成效,但却开了民国以后各省区教育会联合的先河。因"各省教育会自前清光绪三十年顷先后成立,迄今十余年,甚有成效,特以研究所及既限于一省,斯其效果亦止于一方","然一国教育,关系繁复,彼此各地均有钩联,非仅仅部分研究所克有济,必待相互研究、共同讨

---

① 《各省省教育会联合呈请设置教育独立官厅》,《教育杂志》1914 年 6 卷 4 号,记事第 33—34 页。
② 《教育前途之乐观 机关独立说》,《申报》1914-8-1(6)。

论,方足以图全体之发达",[①]故继各省区教育会联合要求教育行政独立以后,浙江和奉天等省教育会曾一度有意向联络召开全国教育会联合会,而最终促成此事的却是在此次教育行政独立事件中起带头作用的直隶省教育会。

1914年8月,直隶省教育会会长张佐汉上书教育部要求召开全国教育会联合会:

> 窃维教育为治国之要图,国之富强,端赖于是。当兹民国初兴,冀造就人民立于健全之地,尤须毅力促进,庶观厥成,但教育事业极为重大,非萃集全国教育家,各执疑难,逐项剖晰。凡夫社会教育、家庭教育、各种学校教育,必须如何计划,始合进化之趋势,如何布置,始免不完备之指摘,如何教诲,始得收良好之结果,此中头绪纷歧,差毫厘而谬千里。故欧美诸邦对于教育,多取联络主义。各国教育会常有开联合会之举,讨论教育利害得失,以条陈于教育行政官厅,既无上下隔阂之虞,又无远近分歧之弊,法至善也。前清兴学,亦仿此意。光绪三十三年春,曾开全国教育联合会于上海。虽其时为创举,而所议已有足多者。今民国成立,倏已三秋,国步艰难,经费支绌,各种教育不免萎缩,虽因经济之不充,而病端未必专在于是。况今欧洲战事方殷,东亚风云日紧,我国人更宜乘此时机,卧薪尝胆,力筹生聚教训之,方得收事半功倍之效。佐汉辗转思维,以兹事体大,非管见蠡测所敢臆断。拟邀集各省教育会,推选教育家、富于学识经验者共同讨论,各抒心得,庶几离娄鲁班各输长策,为教育界稍助螳臂之力。如蒙允准,拟于明年在津举行。届时并乞钧部派员监临,借资指示。所有关于请开教育会联合会缘由是否有当,恳乞钧部鉴核饬遵,是为至祷,谨详。[②]

中国两千多年来的集权体制和意识使得不管何人出任教育总长,都不希望有一个强大的民间组织存在。教育部欲借助民间力量兴办教育,则由官方主导

---

① 全国教育会联合会:《首次全国教育会联合会会务纪要》,天津:全国教育会联合会,1915年,教育部参事许寿裳先生演说辞第1页。

② 全国教育会联合会:《首次全国教育会联合会会务纪要》,天津:全国教育会联合会,1915年,文件摘要第1—2页。

的中央教育会议为首选。不过,民国成立以后,全国教育已基本处于一种风雨飘摇的状况之中,导致教育事业出现重重问题。对于各种教育事务,政府无法处理,不得不依仗各级教育会。面对这种局面,以趋新士人群体为主体组建的各级教育会便自发地组织起来,义无反顾地承担起了发展教育的历史重任。军阀混战给中国带来了无穷的灾难,但相对宽松自由的社会环境却客观上给予了各级教育会开展活动的空间和机会。中央教育会议既仿清末中央教育会为"辅助中央教育行政机关",则各省区教育会趁机另仿清末各省教育总会联合会而组一联络机构"为中央之补助"也属堂皇之举。因此对于直隶省教育会要求召开全国教育会联合会的要求,教育部不久便批复直隶省教育会:"据详拟开全国教育会联合会共同讨论教育事宜,可谓知所先务,事属可行,务即悉心筹备,届时由部派员莅会可也。"①

得到教育部的批准后,直隶省教育会便向各省区教育会发出邀请,要求各省区教育会"推选代表三二员,于明年(1905)阳历四月二十号前后,一律到津与会,并请将代表人员额数推定后,先行函达,以便筹备一切"②。某些未曾成立教育会的省区,则商请各省巡按使公署教育科"指派代表赴会"③。另外,直隶省教育会各人"再三商酌凡各种教育须定何标准始免背驰,用何方法始收良果,然犹恐计议未周,有滋惭惧,于是国内之富于学识经验者、国外之留学多年者,一面函电征求,一面布登报纸并函请各省巡按使转饬各教育会使深悉"④。由于事关教育种种方面,直隶省教育会还先后致函宣武上将军、陆军部、北京蒙藏院、内务部和农商部,要求派员参加。

全国教育会联合会筹备期间,正值中日就青岛问题进行交涉的时期。中国方面处处受挫,使"吾国人受种种之感触而觉时势所最需要者,莫教育若也"⑤。

---

① 全国教育会联合会:《首次全国教育会联合会会务纪要》,天津:全国教育会联合会,1915年,文件摘要第2页。
② 全国教育会联合会:《首次全国教育会联合会会务纪要》,天津:全国教育会联合会,1915年,文件摘要第3页。
③ 全国教育会联合会:《首次全国教育会联合会会务纪要》,天津:全国教育会联合会,1915年,文件摘要第6页。
④ 全国教育会联合会:《首次全国教育会联合会会务纪要》,天津:全国教育会联合会,1915年,文件摘要第8页。
⑤ 讷:《希望于教育会》,《申报》1914-10-29(10)。

第一章　全国教育会联合会的酝酿与成立

中央政府为了安抚民心,也希望从教育上着手,"于文书雪片中,忽夹出几道关于教育之文告,发见于政府公报,此殆全国教育界所梦想不到者也"①。汤化龙在1914年9月发表告诫全国学子文,"大意在唤起国民自觉心与爱国心"②。在此危难关头,各方面对于全国教育会联合会的筹备寄予厚望:"然则我国教育真有感奋之希望耶? 前清时开教育联合会于上海,激刺尤未甚也。今则对外对内莫不受无限之激刺而人皆有穷而思本之心,故教育界尤宜注全神于此会。"③江苏省教育会因为未曾接到直隶省教育会的邀请书,情急之下致电该会:"日前敝会副会长黄韧之(即黄炎培)君旅行回南,述及道出津门,重承款待,感佩交縈,并知明年四月开全国教育会联合会,已由贵会设备一切,具征毅力恢宏,提挈纲领。敝会对于此举,极表赞同。惟查贵会通告各省省教育会函件,敝会未曾接到,而从前报章所登关于联合各省之件,亦未提及敝会,是否通函遗漏,抑均误付洪乔,甚滋怅望,用特修函奉询,乞惠复音。"④急切之情,由此可见一斑。其他各省对此也反应热烈,"全国人士举表同情,数月之间,函电往来,推选人员"⑤。最后,"除贵州广西两省未派代表外,其他各省及察哈尔绥远各代表,均陆续到会"⑥。教育部、陆军部和宣武上将军也派代表列席,连不打算派员参加会议的北京蒙藏院也表示"倘贵会对于边属教育办法有研询事件,仍希函达本院,以凭随时答复"⑦。1915年4月21日,各省区代表先开关于成立全国教育会联合会的预备会议,讨论章程。4月23日,全国教育会联合会开成立大会,"当推张佐汉为临时主席,讨论联合会会章,当即全部议决"⑧,标志着全国教育会联合会的正式成立。

---

① 抱一:《中央教育进行之动机》,《申报》1914-10-25(6)。
② 抱一:《中央教育进行之动机》,《申报》1914-10-25(6)。
③ 讷:《希望于教育会》,《申报》1914-10-29(10)。
④ 《致直隶省教育会请寄筹办全国教育会联合会印刷品书》,《教育研究》1914年18期,会报第1页。
⑤ 全国教育会联合会:《首次全国教育会联合会会务纪要》,天津:全国教育会联合会,1915年,文件摘要第11页。
⑥ 记者:《全国省教育会第一次联合会记略》,《教育杂志》1915年7卷6号,记事第37页。
⑦ 全国教育会联合会:《首次全国教育会联合会会务纪要》,天津:全国教育会联合会,1915年,文件摘要第11页。
⑧ 全国教育会联合会:《首次全国教育会联合会会务纪要》,天津:全国教育会联合会,1915年,会场纪事第1页。

综上所述,从新式教育会社的兴起到《教育会章程》的颁布,从各省教育总会联合会的召开到与中央教育会的对立,从中央教育会议的筹办到全国教育会联合会的成立,两者之间事实上一脉相承,无不渗透着教育界民间力量对获得发展教育事业主导权的渴望。清末民初处于政局动荡之中,"教育问题,早已置诸脑后","一般望风承旨之徒至,创为废学校说","教育行政当局者绝不敢有所作为,惟日以维持现状四字安定人心,俾无沮丧而已"。[①] 政府难以主导各种教育事务,教育界民间力量对此却如鱼得水。正当中央教育会议的筹备陷入僵局之时,全国教育会联合会在教育界的欢呼声中得以成立。袁世凯倒台以后,范源濂重任教育总长。他认为"国家迭膺大变、兴学款支绌之故,致各省教育日见退化,殊非育才图强之道"[②],"现值共和复生、庶政更始之时,所有此后各省教育行政,究应如何整理进行,急待研究"[③],决定在1916年9月10日召集全国教育大会,并"通令各省各选代表二人,届时来京与会"[④]。可惜范源濂此举也如泥沉大海,发展教育事业的主导权最终倒向了教育界民间力量。

[①] 抱一:《中央教育进行之动机》,《申报》1914-10-25(6)。
[②]《中央纪闻:召集全国教育大会议》,《教育周报》1916年140期,中央纪闻第20页。
[③]《中央纪闻:召集全国教育大会议》,《教育周报》1916年140期,中央纪闻第20页。
[④]《中央纪闻:召集全国教育大会议》,《教育周报》1916年140期,中央纪闻第20页。

全国教育会联合会的组织与运作

第二章

遵循作为根本性制度的全国教育会联合会章程,每年召开一次的年会是全国教育会联合会组织与运作的表现形式。组织架构和议决程序在实践中的不断完善,也影响着全国教育会联合会整体功能的发挥。全国教育会联合会各种功能的发挥与其自身的组织架构和运作状况有着极其密切的关系,对其进行研究有利于讨论全国教育会联合会在中国现代教育中的地位和作用。

第一节　全国教育会联合会的运行过程

全国教育会联合会成立以后,在1915年至1926年期间先后举行了十一次年会。全国教育会联合会的每次年会都遵循一定的章程,有着较为固定的组织架构和运作程序,运行过程也相对规范。

一、全国教育会联合会章程的制定

章程是一个组织经特定程序制定的关于组织规程和办事规则的法规文件,被视为该组织的根本性的规章制度,也是该组织存在和发展的法理依据。正因为章程如此之重要,《全国教育会联合会章程》的制定就成了各省区代表讨论的首要事项。在全国教育会联合会的成立会上,各省区代表通过了《全国教育会联合会章程》：

全国教育会联合会章程

第一章 名称

第一条 联合会由各省省教育会及特别行政区域教育会组织而成，定名为全国教育会联合会。

第二章 宗旨

第二条 本会以体察国内教育状况，并应世界趋势，讨论全国教育事宜，共同进行为宗旨。

第三章 会员

第三条 本会会员以各省省教育会及特别行政区域教育会推选代表三人以内充之。

第四条 本会会员概为名誉职，所需旅费，由各地方自行担任。

第四章 开会会期及闭会

第五条 本会非有赴会会员过半数到会，不得开会。

第六条 本会每年开会一次，于每次会毕时，决定下次之会期、会所。

第七条 会议期以二星期为度。如因议案过多，不能完结时，得延长一星期以内。

第五章 主席及副主席

第八条 本会设主席、副主席各一人，由会场所在地之教育会代表中推定之。

第九条 主席有维持会场秩序之责。

第十条 主席有事故时，副主席代行其职务。

第六章 议事及提案

第十一条 本会会议非有到会会员过半数出席，不得开议。

第十二条 表决议案取决多数，可否同数时，取决于主席。

第十三条 各种议案非经审查会审查，不得议决，但因会员过半数之同意，得不交审查会，直行议决。

第十四条 会员提案,须以所代表之教育会名义行之。

第十五条 议案于开会两个月以前,分送联合之各教育会,先行讨论。

第七章 审查会

第十六条 本会开会时,应设审查会。

第十七条 审查会会员由主席临时指定。

第十八条 审查会设主任一人,由审查员公推之。

第八章 经费

第十九条 本会开会期内经费由所在地教育会筹措之。

第九章 附则

第二十条 本会章如有未尽事宜,每年开会时,得提议修正之。[①]

《全国教育会联合会章程》是全国教育会联合会开展活动的基本准则,以后的历次年会大体上都遵此执行。只有某些细节在制定章程时尚未考虑周全,因而在实际运作中作了某些变通和改进,使全国教育会联合会的活动得以顺利进行。

二、各省区教育会出席年会次数统计

根据全国教育会联合会章程,"联合会由各省省教育会及特别行政区域教育会组织而成"[②]。就此而言,各省区[③]教育会都应该派员出席全国教育会联合会的历次年会。只是民国年间战乱频仍,交通极为落后,各省区教育会不可能

[①] 全国教育会联合会:《首次全国教育会联合会会务纪要》,天津:全国教育会联合会,1915年,全国教育会联合会会章第1—3页。

[②] 全国教育会联合会:《首次全国教育会联合会会务纪要》,天津:全国教育会联合会,1915年,全国教育会联合会会章第1页。

[③] 民初共有直隶、奉天、吉林、黑龙江、山东、河南、山西、江苏、安徽、江西、福建、浙江、湖北、湖南、陕西、甘肃、新疆、四川、广东、广西、云南、贵州22个省,热河、察哈尔、绥远、川边4个特别区域,西藏、蒙古、青海3个地方,胶澳、淞沪2个省级商埠,保留阿尔泰、塔尔巴哈台、伊犁3个地区,南京和顺天2个府,北京城区另设京都市政公所(俗称北京)。阿尔泰、塔尔巴哈台、伊犁3个地区后均并入新疆省,南京府后撤销并入江苏省,顺天府后改为京兆特别行政区。

派员出席每一次年会。而海外华人华侨人数众多,特别是南洋地区的华文教育在海外有一定地位,因此华侨教育团体也屡有派员参加全国教育会联合会的记录。

在全国教育会联合会第十一次年会召开的时候,关于参会单位的问题遇到了挑战。一方面,青海地方派员参加了这次年会。1929年以前,青海地方大体属于甘边宁海镇守使辖区。虽然青海方面屡有建省或特别行政区之议,但一直未获中央政府批准。根据会章规定,全国教育会联合会由各省教育会及特别行政区域教育会组成,但此前第三次年会有南洋华侨学务总会参会、第四次年会又有南洋荷属华侨学务总会参会、第九次年会也有南洋华侨教育会参会,均不在会章规定范围之内,因此各省区代表对于"青海代表有无出席资格事,多数主张为扩充本会范围,应准加入,但结果俟到足十四省区法定人数,再开协议会决定"①。另一方面,华侨教育区域同时有南洋华侨教育会和缅甸华侨学务总会派员参加了这次年会。往年华侨区域派员参会都只有某个地区教育会或学务总会参会,不存在名额问题。此次年会有两地参会,"究竟是一地为一区,抑联合数地为一区"②,各省区代表也打算"俟开协议会决定"③。为解决这些问题,全国教育会联合会第十一次年会在开会前举行了协议会。根据协议会的协商结果,就上述问题拟定了两条原则:"(一)青海代表欢迎出席,但请其告知该教育会补函,证明官厅公文,作为无效;(二)华侨代表,不论其是英美法及其他各属,但共认为一区代表,名额暂不限定,至表决权,俟大会规定,以昭慎重。"④

下面是各省区教育会、华侨教育会和其他教育团体出席全国教育会联合会历次年会的统计表(表2-1)。

表2-1 各省区教育会出席全国教育会联合会历次年会统计表

省区/团体	一	二	三	四	五	六	七	八	九	十	十一	参会次数
直隶	★	★	★	★	★	★	★	★	★	★		10
奉天	★	★	★	★	★	★		★			★	8

---

① 《第十一届全国教联会今日在湘开幕 代表谈话会定今日开会》,《申报》1925-10-14(7)。
② 《第十一届全国教联会今日在湘开幕 代表谈话会定今日开会》,《申报》1925-10-14(7)。
③ 《第十一届全国教联会今日在湘开幕 代表谈话会定今日开会》,《申报》1925-10-14(7)。
④ 《第十一届全国教联会昨日在湘开幕 开幕前之各代表协议会》,《申报》1925-10-15(7)。

续表

省区/团体	一	二	三	四	五	六	七	八	九	十	十一	参会次数
吉林	★	★	★	★	★	★	★	★	★		★	10
黑龙江	★	★	★	★	★		★					7
山东	★	★	★	★	★	★	★	★	★	★		10
河南	★	★	★	★	★	★	★	★	★	★	★	11
山西	★	★	★	★	★	★	★	★	★	★	★	11
江苏	★	★	★	★	★	★	★	★	★	★	★	11
安徽	★	★	★	★	★	★	★	★	★			9
江西	★	★	★	★	★	★	★	★	★		★	11
福建	★	★	★	★	★	★					★	8
浙江	★	★	★	★	★	★	★	★	★		★	11
湖北	★	★	★			★	★	★		★		9
湖南	★	★	★	★	★	★	★	★	★	★	★	11
陕西	★	★	★		★			★		★		6
甘肃	★	★			★	★		★	★	★	★	8
新疆	★											1
四川	★	★								★	★	4
广东	★	★	★	★	★	★	★	★		★		10
广西				★		★			★	★	★	5
云南	★	★	★		★			★	★	★	★	9
贵州									★	★	★	3
川边												0
热河		★			★	★						3
察哈尔	★	★	★		★			★		★		6
绥远	★	★			★	★	★	★		★		7
西藏												0

续表

省区/团体	一	二	三	四	五	六	七	八	九	十	十一	参会次数
蒙古												0
青海											★	1
京兆	★	★	★	★	★	★	★	★		★	★	10
北京	★	★	★	★	★	★	★	★		★	★	10
胶澳												0
淞沪												0
华侨教育团体			★	★					★		★	4
庚子赔款事宜委员会											★	1
全国庚款董事会											★	1
中华教育改进社											★	1

资料来源:根据全国教育会联合会历次《会务纪要》《申报》《教育杂志》相关资料整理

在民初32个省级行政区中,河南、山西、江苏、江西、浙江和湖南6个省区出席了全部11次年会,直隶、吉林、山东、广东、京兆和北京6个省区出席了10次年会,安徽、湖北和云南3个省区出席了9次年会,奉天、福建和甘肃3个省区出席了8次年会,黑龙江和绥远2个省区出席了7次年会,陕西和察哈尔2个省区出席了6次年会,广西1个省区出席了5次年会,四川和华侨教育团体1个省区和团体出席了4次年会,贵州和热河2个省区出席了3次年会,新疆、青海、庚子赔款事宜委员会、全国庚款董事会和中华教育改进社5个省区、地方和教育团体出席了1次年会。参加过全国教育会联合会的代表来自全国大部分省级行政区,覆盖面相当广泛。在没有出席过任何一次年会的省区中,川边特别行政区从民初开始就一直没有进行正常建制,胶澳商埠和淞沪商埠属于非正式行政区划,蒙古地方和西藏地方也出于其他原因未能参加。除此以外,华侨地区各教育团体、全国庚款董事会、庚子赔款事宜委员会和中华教育改进社也曾派员出席,属于非正式团体。

三、历次年会出席代表身份界定

全国教育会联合会的主要运作形式就是每年召开一次年会,由各省区教育会推选代表参加。直隶省教育会在邀请各省区教育会组建全国教育会联合会时,会章尚未制定,邀请函内称"请贵会推选代表三二员"①是临时之举。全国教育会联合会成立后,其章程对于会员一项规定:"本会会员以各省省教育会及特别行政区域教育会推选代表三人以内充之。"②实际上,由于某些省区并没有成立教育会,其代表有省区教育行政机关指派的,也有教育团体公推的,而华侨教育团体、庚子赔款事宜委员会、全国庚款董事会和中华教育改进社等团体也曾受邀派代表出席。有些省区由于内部纠纷,甚至发生过两个团体同时派员参加的现象。如全国教育会联合会第八次年会开会时,"湖北省教育会原推胡宗浚,后该省职教员会声明,该教育会正在改选,失其效力,故另由职教员会推刘树人陈时二人加入"③,但因与会代表的反对,故"许在特别席"④。各省区派出的代表,大多为各省区的教育专家,也有教育行政机关的负责人。⑤1916年全国教育会联合会在北京举行第二次年会时,北京和直隶派出了四名代表,而山东则派出了五名代表,这与全国教育会联合会的章程不符。最后经过商榷,"北京教育会已声明虽推四人,只有陈宝泉梁锡光孟心违三人到会,与会章似无违背","直隶山东两省,亦拟商请指定某某三人有议决权,其溢额之人亦可列席发言,但不在表决之列"。⑥经过此次事件,以后历次年会各省区所派代表人数均控制在三人以内,成为定例。⑦在第二次年会上,江苏代表沈恩孚曾提议"凡中等以上学

---

① 全国教育会联合会:《首次全国教育会联合会会务纪要》,天津:全国教育会联合会,1915年,文件摘要第3页。

② 全国教育会联合会:《首次全国教育会联合会会务纪要》,天津:全国教育会联合会,1915年,全国教育会联合会会章第1页。

③《第八届教育联合会纪事(四)》,《申报》1922-10-24(7)。

④《第八届教育联合会纪事(四)》,《申报》1922-10-24(7)。

⑤ 第十一届全国教育会联合会事务所:《历届全国教育联合会议案分类汇编》,长沙:第十一届全国教育会联合会事务所,1925年,历届全国教育会联合会各省区代表姓名录第1—30页。

⑥《全国教育会联合会第二次开会记》,《教育杂志》1916年8卷12号,特别记事第59—60页。

⑦ 第十一届全国教育会联合会事务所:《历届全国教育联合会议案分类汇编》,长沙:第十一届全国教育会联合会事务所,1925年,历届全国教育会联合会各省区代表姓名录第1—30页。

校,各举代表一人,加入本会"①,但没有得到众人赞成,未能通过决议。

第十一次年会召开时,四川省达县教育会曾派代表出席,因"查本联会章程,出席代表,以省区教育会为限"而只能"作为旁听"。②同时,庚子赔款事宜委员会和全国庚款董事会作为特邀团体派员参加了这次年会,也是全国教育会联合会历次年会从来未有之情况。另外,教育部此次派员参加会议乃以代表名义而非以往的特派员名义与会,使如何解释其身份也成为难题。全国教育会联合会第十一次年会事务所召集全体职员及湖南省与会代表商讨此事,决定"各该代表只有出席报告,或发表意见职权,无有表决权"③。开会前夕,各省区代表又再次协商决定"关于庚款事宜,如有讨论,请庚款董事会委员会代表出席,报告说明,会同商定,但无表决权"④。中华教育改进社和全国体育协进会也派员参加了这次年会,但中华教育改进社代表没有作为正式代表出席会议,而全国体育协进会代表则没有列名会议。

各省区代表是全国教育会联合会的基本细胞和实体部分。他们人数众多,广泛分布于全国各地和教育界的各个领域。正是得益于他们的努力,全国教育会联合会的各种议决案才能伸向教育界各个领域。正是通过他们的实践,全国教育会联合会才可能影响到全国各地教育的发展。由各省区教育会推举参加全国教育会联合会的代表,保证了代表来源的广泛性,为全国教育会联合会对全国教育进行通盘考虑提供了可能。但各省区教育会推选每次年会的代表往往与上一次年会的人选不同,以致前后两次年会的会务难以衔接,因此1923年全国教育会联合会第九次年会时又通过决议要求各省区在推举代表时至少有上届代表一人连续担任,保证了全国教育会联合会衔接前后各次年会会务的便利。⑤

---

① 《全国教育会联合会第二次开会记》,《教育杂志》1916年8卷12号,特别记事第63页。
② 《第十一届全国教联会消息 解释代表职权》,《申报》1925-10-13(7)。
③ 《第十一届全国教联会在湘开会纪(二) 十日之职员代表联席会议》,《申报》1925-10-16(6)。
④ 《第十一届全国教联会昨日在湘开幕 开幕前之各代表协议会》,《申报》1925-10-15(7)。
⑤ 《增进本联合会效能案》,见邰爽秋等合选:《历届教育会议议决案汇编》,上海:教育编译馆,1935年,第九届全国教育会联合会议决案第39页。

第二节　全国教育会联合会的组织架构

完备的组织架构是任何一个团体得以正常运作的基础,组织架构的完善程度是衡量该团体是否成熟的重要标志。作为中国最重要的现代教育会社之一,全国教育会联合会有着较为完备的组织架构。主席、副主席、常任委员、审查会、事务所和各种特设委员会,为全国教育会联合会会务的顺利运作提供了有力的保障。全国教育会联合会之所以能够对中国现代教育的发展起到重要作用,与其内部组织架构的完善不无关系。

一、主席、副主席和常任委员

主席和副主席是全国教育会联合会各次年会的负责人。《全国教育会联合会章程》第五章"主席及副主席"规定:"本会设主席副主席各一人,由会场所在地之教育会代表中推定之","主席有维持会场秩序之责","主席有事故时副主席代行其职务"。[①]全国教育会联合会历次年会的主席及副主席名单如下(表2-2)。

表2-2　全国教育会联合会历次年会主席及副主席名录

届次	主席及副主席		时任职务
一	主席	张佐汉	直隶省教育会会长
	副主席	刘续曾	直隶省教育会副会长
二	主席	陈宝泉	北京教育会副会长
	副主席	梁锡光	北京教育会评议员
三	主席	经亨颐	浙江省教育会会长
	副主席	孙增大	浙江省教育会副会长
四	主席	沈恩孚	江苏省教育会驻会干事员
	副主席	庄　俞	江苏省教育会干事

---

① 全国教育会联合会:《首次全国教育会联合会会务纪要》,天津:全国教育会联合会,1915年,全国教育会联合会会章第2页。

续表

届次	主席及副主席		时任职务
五	主席	冯司直	山西省教育会会长
	副主席	张秀升	山西省教育会副会长
六	主席	黄炎培	江苏省教育会副会长
	副主席	沈恩孚	江苏省教育会驻会干事员
七	主席	汪精卫	广东省教育会会长
	副主席	金曾澄	广东省教育会副会长
八	主席	许名世	山东省教育会会长
	副主席	郭葆珍	山东省教育会副会长
九	主席	由云龙	云南省教育会会长
	副主席	王予用	云南省教育会副会长
十	主席	陶怀琳	河南省教育会会长
	副主席	陆松	河南省教育会副会长
十一	主席	向玉楷	湖南省教育会会长
	副主席	张锦云	湖南省教育会副会长

资料来源:根据全国教育会联合会历次《会务纪要》《申报》《教育杂志》相关资料整理

从名单中可以看出,全国教育会联合会历次年会主席和副主席大多为承办年会省区教育会的领导人。第四次年会主席和第六次年会副主席由江苏省教育会驻会干事员沈恩孚担任、第四次年会副主席由江苏省教育会干事庄俞担任是缘于开会地点临时变更在上海,而江苏省教育会推选的代表没有会长。只有第二次年会副主席由北京教育会评议员梁锡光担任。承办年会省区教育会的领导人往往在当地有着巨大的影响力和威望,担任主席和副主席有助于协调全国教育会联合会的相关事务,对于全国教育会联合会会务的顺利开展有莫大的帮助。应该指出,主席、副主席的设置主要是为了负责全国教育会联合会开会期间的会务。全国教育会联合会在年会闭幕后,会务往往无人负责,多有不便。全国教育会联合会在开封举行第十次年会时,各省区代表为此又议决全国教育会联合会应设常任委员三人,以开会所在地之教育会出席代表充任,执行本年度关于全国教育会联合会的各项事务。①因此,河南省代表陶怀琳、陆松和文缉熙成为1924年度的全国教育会联合会常任委员,湖南省代表向玉楷、张锦云和罗传矩则成为1925年度的全国教育会联合会常任委员。常任委员制度的出台,为全国教育会联合会议决案的执行提供了保证。

二、审查会

民初通信方式极其落后,各省区教育会提交议案之前往往未能与其他各省区教育会互通有无。各省区教育会提交的议案纷繁复杂,有些只是地方个别问题,有些则是全国性的共同问题。虽然与会代表皆为教育专家,然亦非精通所有领域。另外,全国教育会联合会的会期较短,而各省区教育会的提案却为数不少。如果所有提案都由大会讨论,则会期将大大延长。全国教育会联合会的会员均非专职,会期过长势必影响本职工作。设立相关的审查机构,由相关专家事先将各项提案分门别类进行审查,合并重复的提案,更正或废除不合理的意见,可以保证大会在最短时间内将提案付之表决。正因如此,全国教育会联合会大会开会时设立有审查会对各省区代表提交的提案进行审核。

《全国教育会联合会章程》第八章规定,"本会开会时应设审查会","审查会会员由主席临时指定","审查会设主任一人,由审查员公推之"。②事实上,各省区提交的议案实在太多,议题涉及范围又五花八门,审查会不得不扩大组织以便加快审查进度,因此审查会的组织与会章规定略有出入。第一次年会时,审查会分为甲乙两组,并没有推举审查会主任。③第二次年会时,则是先组织议题审查会审查议题是否成立,报告大会通过,再分甲乙两组进行审查。④第三次年

---

① 《追加增进本联合会效能案第四条》,见邰爽秋等合选:《历届教育会议议决案汇编》,上海:教育编译馆,1935年,第十届全国教育会联合会议决案第31页。
② 全国教育会联合会:《首次全国教育会联合会会务纪要》,天津:全国教育会联合会,1915年,全国教育会联合会会章第3页。
③ 全国教育会联合会:《首次全国教育会联合会会务纪要》,天津:全国教育会联合会,1915年,审查会之编制第1—2页。
④ 《全国教育会联合会第二次开会记》,《教育杂志》1916年8卷12号,特别记事第59—65页。

会时,除了甲乙两组外,还设有特组审查会。[①]正因为前三次年会审查会的组织都与《全国教育会联合会章程》不符,因此各省区代表认为有必要对审查会的设置修订专门条例。在这次年会上,各省区代表通过了《全国教育会联合会议事细则》,规定"审查会之分组,由主席酌定之","各组审查主任由该组审查员推定之"。[②]该细则弥补了《全国教育会联合会章程》的不足,大大增强了审查会设置的灵活性,审查会的组织架构至此正式完备。

各审查会的组织,原先大多以甲组审查会审查小学教育、中学教育、师范教育及其他关于普通教育事项,以乙组审查会审查实业教育、专门教育、社会教育、教育行政及其他关于教育法则事项,如某议题特别重大则组织特组审查会进行审查。第四次年会后,又有合组审查会或联席审查会出现,负责审查与甲、乙两组均有关系或特别重大的议题。但随着各省区提案的日渐复杂,审查会的分组多视实际情况而定,并无一定规律。(表2-3)

表2-3 全国教育会联合会历次年会审查会组织简况表

届次	分组	主任	审查内容
一	甲组审查会	未设	小学教育、中学教育、师范教育事项
	乙组审查会	未设	实业教育、专门教育、社会教育、关系教育行政要件
二	议题审查会	沈恩孚	议题是否成立
	甲组审查会	沈恩孚	小学教育、中学教育、师范教育相关事项
	乙组审查会	黄炎培	实业教育、专门教育、社会教育、教育行政事项
三	特组审查会	沈恩孚	关于本会组织法各案
	甲组审查会	张秀升	小学教育、中学教育、师范教育及其他关于普通教育事项
	乙组审查会	黄炎培	专门教育、实业教育、社会教育、教育行政及其他关于法则事项
四	甲组审查会	陈宝泉	小学教育、中学教育、师范教育及其他关于普通教育事项
	乙组审查会	李播荣	专门教育、实业教育、社会教育、教育行政及其他关于法则事项
	合组审查会	经亨颐	战后教育三案

---

① 全国教育会联合会:《第三次全国教育会联合会会务纪要》,杭州:全国教育会联合会,1917年,审查会之组织第1—2页。
②《全国教育会联合会议事细则》,见邰爽秋等合选:《历届教育会议议决案汇编》,上海:教育编译馆,1935年,第三届全国教育会联合会大会议决案第4页。

续表

届次	分组	主任	审查内容
五	甲组审查会	不详	小学教育、中学教育、师范教育、一般学校教育各事项
	乙组审查会	不详	实业教育、专门教育、社会教育、教育行政各事项
	合组审查会	沈恩孚	议案性质有连带关系者
六	特组审查会	李杰	请愿国会删除众议院议员选举法第八条第一项案、小学教员不宜停止被选举权案
	甲组审查会	邓萃英	小学教育、中学教育、师范教育及其他关于普通教育事项
	乙组审查会	沈恩孚	专门教育、实业教育、社会教育、教育行政及其他关于法则事项
	合组审查会	沈恩孚	甲乙两组均有关系或特别重大的议题
七	特组审查会	未设	安徽教育界屡被人摧残事宜及北京教育会选举不公问题
	甲组审查会	袁希涛	第一案至第七案
	乙组审查会	金曾澄	第八案至第十四案
	合组审查会	黄炎培	学制系统改革各案
八	甲组审查会	袁希涛	学制范围以内之事
	乙组审查会	朱正均	其他各案
九	甲组审查会	袁希涛	教育经费、优待学校教职员、西北大学、社会教育、教育行政、职业教育
	乙组审查会	由云龙	义务教育、童子军、教科、国语、科学教育、性育、新设施
	联席审查会	由云龙	庚子赔款、女子教育、教育行政、会务
十	甲组审查会	陶怀琳	庚子赔款、外人设学、大学教育、中学教育、会务、教育法规、教育行政及其他
	乙组审查会	陆松、文缉熙	女子教育、职业教育、乡村教育、义务教育及社会教育、教科书审查
	联席审查会	陶怀琳	庚子赔款、会务、教育法规
十一	甲组审查会	张锦云	庚子赔款、科学教育、行政、法规、教育宗旨
	乙组审查会	罗传矩	平民教育、社会教育、师范教育、小学教育、中学教育、义务教育、华侨教育、蒙藏教育或其他
	联席审查会	向玉楷	庚子赔款、废止教育宗旨、宣布教育本义案

资料来源：根据全国教育会联合会历次《会务纪要》《申报》《教育杂志》相关资料整理

三、事务所

为了完成全国教育会联合会历次年会的筹备事宜,负责办理的省区教育会大都会设立相关的机构筹划一干事务。直隶省教育会在筹备全国教育会联合会时,曾经在会内设立全国教育会联合会的筹备处,[①]主办第二次年会的北京教育会和主办第三次年会的浙江省教育会则未见有设立专门办事机构的记载。全国教育会联合会第三次年会通过了《全国教育会联合会办事细则》,规定全国教育会联合会的事务所设于会场所在地的教育会,主办每次年会的教育会必须在开会期五个月之前设立事务所,成立后应立即呈报教育部并通告各省区教育会,[②]以后各次年会均遵此执行。事务所的组织由主办该次年会的省区教育会自行确定,并无一定规例。下面是全国教育会联合会大部分年会的事务所机构设置表(表2-4):

表2-4　全国教育会联合会各次年会事务所机构设置表

年会	机构及职员设置								
三	主干	副主干	文牍	招待	缮校	速记	轮值招待员		
五	主任干事		文牍股	招待股	编辑股			庶务股	
六	主任干事					速记员	书记员	干事兼招待	庶务员	会计员
七	主任干事		文牍股	招待股	编辑股				庶务股	会计
八			文牍股	招待股	编辑股				庶务股	
九	主任	副主任	文书股	招待股	编辑股	速记	书记		庶务股	议案股

---

① 全国教育会联合会:《首次全国教育会联合会会务纪要》,天津:全国教育会联合会,1915年,文件摘要第8页。
② 《全国教育会联合会办事细则》,见邰爽秋等合选:《历届教育会议议决案汇编》,上海:教育编译馆,1935年,第三届全国教育会联合会大会议决案第1页。

续表

年会	机构及职员设置								
十			文牍股	招待股	编辑股	速记	书记		庶务股	议案股
十一	正主任	副主任	文书股	招待股	编辑股			庶事股	议事股

资料来源：根据全国教育会联合会历次《会务纪要》《申报》《教育杂志》相关资料整理

由于材料的缺乏，未能对全国教育会联合会历次年会的事务所组织一一进行分析。但从各次年会事务所的机构设置状况来看，当时事务所已经具备一定规模，组织结构较为完善，分工亦比较合理。事务所的设立可以联络各省区教育会，使各省区教育会能够互通信息，保证年会筹备工作的顺利进行。

四、特设委员会

除常设机构外，全国教育会联合会曾设立过多种特设委员会以办理特定事宜。虽然北京教育会曾在全国教育会联合会第八次年会上提出"修改全国教联会会章案"，希望设立长期委员会，但"主席付表决，赞成设立者五人，否决"[①]，因此特设委员会都属于临时性机构。全国教育会联合会历年来设立的特设委员会，主要有新学制课程标准起草委员会、新学制师范及职业科课程标准起草委员会、退还庚子赔款事宜委员会和庚子赔款事宜委员会。

1922年10月，在济南举行的全国教育会联合会第八次年会在议定学制系统案后，还讨论了落实新学制课程标准的问题。当时负责审查该项提案的甲组审查会主任袁观澜（即袁希涛）主张"须推五人组织'新学制课程标准起草委员会'，以四月为期，经费各省教育会各担任五十元，区教育会减半"[②]。对于袁希涛的主张，山东代表朱正均要求名称上加临时二字，而浙江代表许倬云则认为期限定明为四个月，不必加临时字样。经过与会代表表决，"赞成加临时者九

[①]《第八届教育联合会纪事（五）》，《申报》1922-10-25(7)。
[②]《第八届教育联合会纪事（四）》，《申报》1922-10-24(7)。

人,少数否决"①。至于新学制课程标准起草委员会五名人选的产生办法,"袁观澜主张票选,胡墨仙主张推举,以省时间,主席以维持原案付表决,赞成者二十二人,多数通过"②。另外,"经费办法,袁观澜主张未来省分愿担任与否,听其自便","张竹溪主张委员会起草结果,不能直接送教部,须交事务所,以教联会名义送部公布","刘郁周主张五人之产出,以谈话会解决之","众赞成"。③同日下午,全国教育会联合会第八次年会再开茶话会,"决定课程起草委员会用票选"④。根据这个决定,"选课程起草委员,分票唱票结果,袁观澜得二十五票,金曾澄得十九票,黄任之(即黄炎培)得十一票,经子渊(即经亨颐)得十票,胡适得十四票,以上五人票数最多,当选"⑤。同时,大会还制定了新学制课程标准起草委员会简则四条:

一、组织　由大会推选五人组织委员会酌请专家拟订之

二、期限　以四个月为准

三、经费　省教育会各担任五十元,区教育会减半

四、办法　由本联合会将提出课程各案交由委员会审订标准通信各省区征求意见定期函复,复到后再加厘订送交联合会事务所陈送教育部并通告各省区。(本联合会到会会员如有意见均得开送委员会)⑥

1923年10月,全国教育会联合会在昆明召开第九次年会。由于上次年会成立的新学制课程标准起草委员会只制定了普通科的课程标准,师范科和职业科的课程标准还没有来得及制定,因此全国教育会联合会第九次年会决定成立新学制师范及职业科课程标准起草委员会。新学制师范及职业科课程标准起草委员会"设委员会五人","投票当选者,段育华、袁希涛、黄炎培、金曾澄、王希

---

① 《第八届教育联合会纪事(四)》,《申报》1922-10-24(7)。
② 《第八届教育联合会纪事(四)》,《申报》1922-10-24(7)。
③ 《第八届教育联合会纪事(四)》,《申报》1922-10-24(7)。
④ 《第八届教育联合会纪事(四)》,《申报》1922-10-24(7)。
⑤ 《第八届教育联合会纪事(四)》,《申报》1922-10-24(7)。
⑥ 全国教育联合会新学制课程标准起草委员会:《新学制课程标准纲要》,上海:商务印书馆,1925年,新学制课程标准纲要之缘起第1页。

禹五君","并公推段育华君为本委员会干事"。①同时,全国教育会联合会还议定了新学制师范及职业科标准起草委员会简则四条:

一、组织　由大会选举五人组织之;

二、期限　以六个月为准;

三、经费　省教育会各担任五十元,区教育会减半;

四、办法　由委员会延请专家,(职业课程一部分可与中华职业教育社合作)拟订函寄各省区征求意见,定期函复,到后再加厘订,送交联合会事务所,陈送教育部,并通函各省区。(本联合会会员如有意见均得开送委员会)②

在全国教育会联合会第九次年会上成立的还有退还庚子赔款事宜委员会,"每省区委员三人,内设干事五人","袁希涛、黄炎培、由云龙、文绶熙、金曾澄五君,投票当选"。③同时,退还庚子赔款事宜委员会又"公推袁观澜(即袁希涛)君为干事会主任"④,并修订了组织大纲:

(一)名称　本委员会经第九次全国教育会联合会设立,定名为退还庚子赔款事宜委员会。

(二)委员　本委员会委员名额,定为每省区三人以内,以全国教育会联合会每届到会代表充任。

(三)干事　本委员会设干事会,每届由委员会互选干事五人,组织干事会,细则由干事会自定之。其未推代表到会,及到会代表未足三人者,得补推加入。

(四)职权　本委员会之职权及其进行程序,根据第九届全国教育会联合会之议决案办理。

---

① 《第九届全国教育会联合会始末记》,《北京大学日刊》1923年1357号,第2版。
② 《续组委员会草拟师范及职业科课程标准案》,见邰爽秋等合选:《历届教育会议决案汇编》,上海:教育编译馆,1935年,第九届全国教育会联合会议决案第40页。
③ 《第九届全国教育会联合会始末记》,《北京大学日刊》1923年1357号,第2版。
④ 《第九届全国教育会联合会始末记》,《北京大学日刊》1923年1357号,第2版。

（五）经费　本委员会经费，每省教育会各担任三十元，区教育会减半。临时委员会委员赴会费用，由各省区教育会任之。其干事赴干事会之费用，由干事所在之省区教育会筹之。①

1924年10月，全国教育会联合会在开封举行第十次年会。全国教育会联合会第十次年会将上次年会组建的退还庚子赔款委员会改组为庚子赔款事宜委员会，又改订简章七则：

（一）名称　全国教育会联合会庚款事宜委员会。
（二）地点　北京　设事务(所)于北京教育会内。
（三）组织　各省区教育会，推举代表一人，(以开会能出席者为要)但在未推出以前，暂由第十届教联会到会代表中就省区各推定一人代理。
（四）职权　执行第十届全国教育会联合会议决关于庚款一切事宜。
（五）任期　任期一年。
（六）经费　各省区均等担任，会费以三十元为定额，如不足用时，得由本会通知各省区教育会，再行分摊，委员会委员赴会费用，由各省区教育会任之。
（七）集会　关于集会之一切事务，由所在省区之本会委员担任之。②

当时推定的委员有："北京姚金绅、京兆张鹤浦、直隶张棣诚、陕西李博、山西李尚仁、山东孙俊卿、湖南张锦云、湖北任启珊、江西程其保、甘肃张文蔚、浙江许倬云、江苏朱经农、广西谢起文、云南秦光华、贵州周昌寿、绥远赵允义、四

---

① 《全国教育会联合会退还庚子赔款事宜委员会组织大纲》，见邰爽秋等合选：《历届教育会议议决案汇编》，上海：教育编译馆，1935年，第九届全国教育会联合会议决案第38—39页。
② 《全国教育会联合会庚款事宜委员会简章》，见邰爽秋等合选：《历届教育会议议决案汇编》，上海：教育编译馆，1935年，第十届全国教育会联合会议决案第36—37页。

川王兆荣、察哈尔张杰、河南文缉熙"①,实际上皆就本次年会参会代表中推选。此次年会终结之时,外界又有传闻"各省代表,为督促教育部施行议案起见,决定在北京成立全国教育联合会议案实施委员会,以每省公举一委员组织之,闻不日即可成立"②。其实全国教育会联合会第十次年会并无成立议案实施委员会的决定,传闻中的议案实施委员会不过是庚子赔款事宜委员会的误传。

第三节　全国教育会联合会的议决程序

作为全国教育会联合会影响中国现代教育进程的基本形式,议决案的出台程序一直受到重视。为了最大限度地保证议决案的合理性和科学性,全国教育会联合会所形成的各项议决案,从来源、审查、通过到执行都有一套相应的程序来保障。

一、对提案的来源范围和提交时间的规定

全国教育会联合会乃联络组织,与会代表都有本职工作,不可能长时间驻会,每次年会会期不过短短十余天,即使延期也不会超过二十天。中国幅员辽阔,当时的交通和通信设施也甚为落后。若非提前准备,则与会代表不可能在短时间内对非自身熟悉领域的提案有深刻思考。直隶省教育会在筹办全国教育会联合会之时,适逢浙江省教育会副会长黄炎培到访。黄炎培得知筹备消息后,"以为各省省教育会宜先提出问题,用通信方法互相研究,略有端绪,届时开会讨论,自易获正确圆满之结果,各省教育会当不河汉"③。当时还有人议论说:"抱一君(即黄炎培)谓各省教育会当先提出问题,用通信方法预为研究,裨益于将来之大会良多。江苏教育会素以提倡教育为职志,其果将首先发起乎?"④黄

---

① 公洞:《全国教育会联合会通讯》,《教育与人生周刊》1924年2卷55期,第744页。
② 《国内之部　全国教育会联合会》,《来复报》1924年324期,第7页。
③ 抱一:《教育进行之又一动机》,《申报》1914-10-29(6)。
④ 讱:《希望于教育会》,《申报》1914-10-29(10)。

炎培的建议没有得到各省区教育会的重视,提案多在到会时才被交给大会,致使与会代表在讨论提案时常有力不从心之感。另外,各提案来源十分复杂,既有以各省区教育会名义提交的,也有以与会代表名义提交的,还有以其他团体的名义提交的,不利于会议讨论。为了解决这些问题,新制定的《全国教育会联合会章程》规定,会员提案要以所代表教育会的名义提出,且须于开会两个月以前分送各省区教育会先行讨论。①这项规定得到了严格的执行,第二次年会上又有北洋大学提交的意见书一件和林传甲提交的议案一册,即被大会拒绝,"原案归审查会参考,不必提出大会讨论"②。

按照《全国教育会联合会章程》的要求,负责筹备第二次年会的北京教育会在筹备过程中曾致函各省区教育会要求"所有各处提出议案,自应于明年二月以前,由各处教育会逐行分送联合之各教育会,以便先期讨论"③。同时,北京教育会还事先拟定了议题范围,分送各省区教育会作为提案参考。④这是一种新的做法,而且由承办年会的教育会先行拟定范围似乎不尊重其他省区教育会。到第三次年会筹备时,主办方浙江省教育会认为北京教育会此举主要是为了避免各地的提案违反《教育会规程》中"教育会不得干涉教育行政及教育以外之事"的规定,而此规定已经获得教育部的明白解释,故无须再预拟范围而致使各省区提案自生狭隘。⑤浙江省教育会的做法在第三次年会上引起争议,与会代表经过协商后同意恢复北京教育会的做法。但预拟议题范围的确存在瑕疵,因此大会对此亦作了一点变通,议题范围不再由主办年会的教育会拟定,而是在每次年会闭会以前就必须决定下次年会议题的范围。⑥从此以后,下次年会议题方针就成了每次年会的必然讨论内容。此外,各省区的提案也不再自行分送,而是寄交举办该次年会事务所统一分寄各省区教育会。各省区教育会对于其他省区教育会的提

---

① 全国教育会联合会:《首次全国教育会联合会会务纪要》,天津:全国教育会联合会,1915年,全国教育会联合会会章第2页。
②《全国教育会议议案》,《教育周报》1916年138期,中央纪闻第33页。
③《北京教育会来书》,《教育研究》1915年26期,会报第6页。
④《北京教育会来书》,《教育研究》1915年26期,会报第6页。
⑤ 全国教育会联合会:《第三次全国教育会联合会会务纪要》,杭州:全国教育会联合会,1917年,文牍第1页。
⑥ 全国教育会联合会:《第三次全国教育会联合会会务纪要》,杭州:全国教育会联合会,1917年,纪事第2页。

案,经过讨论后可以将自己的主张附入各原案寄交该次年会事务所。如果在年会上突然发现有重大事件需要动议,则需会员九人以上同时附议方可提出。[①]这样的规定,改变了以往各自为战的局面,使各省区提案有序可循。

二、对提案的审查和议决制度

为了防止少数人把持会务,《全国教育会联合会章程》规定会议非有到会代表过半数出席不得开议,表决议案时少数服从多数,可否同数时则取决于主席。[②]虽然讨论会章时,"以此会为教育界研究性质,应悉心讨论,必无无谓之争竞,故议决不定议事细则"[③],但第一次和第二次年会讨论和表决时已经在执行三读制度。在第三次年会上,全国教育会联合会通过的《全国教育会联合会议事细则》对提案的审查和议决进行了严格的规定:

第一章 通则
第一条 会员位次,以投到时日之顺序,编定号数,按号列坐。
第二条 会议时间,每日以三小时为限。但主席认为必要时,得宣告展会。
第三条 会议事件,应先期印刷分送各会员。由主席编列议事日程,依次开议。
第四条 会议时主席,副主席,并有事故时,应推举临时主席代理之。
第二章 会议
第五条 各省区教育会提议事件,有相类或关联者,得并案会议。
第六条 凡发言者,须先起立报告号数。
第七条 同时不得有二人以上之发言,其同时报告者,由主席指定

[①]《全国教育会联合会议事细则》,见邰爽秋等合选:《历届教育会议议决案汇编》,上海:教育编译馆,1935年,第三届全国教育会联合会大会议决案第4页。
[②] 全国教育会联合会:《首次全国教育会联合会会务纪要》,天津:全国教育会联合会,1915年,全国教育会联合会会章第2页。
[③] 记者:《全国省教育会第一次联合会记略》,《教育杂志》1915年7卷6号,特别记事第37页。

先后,依次发言。

第八条 讨论不得涉于议题之外。

第九条 同一议题,发言不得逾二次;但质疑,答辩,或唤起注意时,不在此限。

第十条 主席欲自行讨论时,得退就议席发言,但须委托副主席代理职务。

第十一条 会议时,主席得宣告讨论终止。

第十二条 会议分初读,再读,三读。初读时,讨论大体,决定本案成立与否;再读时,逐条评议;三读时,修正文字,议案完全成立。但由主席或会员认为可省略读会时,得公决省略之。

第十三条 会员提出修正案,限于初读或审查时行之,并须有三人以上之赞成。

第十四条 三读会除修正文外,非见议案前后矛盾,或与现行法令抵触时,不得提议修改。

第三章 临时动议

第十五条 除会章规定外,凡会员遇有重大问题,得临时动议,但须有出席会员九人以上之附议。

第四章 审查

第十六条 议案付审查者,于初读会决定,成立时,由主席宣告之。

第十七条 审查会之分组,由主席酌定之。

第十八条 各组审查主任,由该组审查员推定之。

第十九条 审查会开会时间,由审查主任临时酌定通知,但不得与会议时间冲突。

第二十条 审查会审查结果,应具报告书,交由主席付印,分送各会员,并由审查主任于会议时报告。

凡审查员出席数及表决,法参照会章第十一、十二条,及本细则第二十二条办理。

第五章 表决

第二十一条 当表决时,主席须先将应付表决之议案,明白宣告,即付表决,表决后,会员不得再就本议案发言。

第二十二条 表决方法,分举手,起立二种,由主席临时定之。

第六章 纪律

第二十三条 凡会员入场时,须填注出席簿。

第二十四条 会员入场后,非宣告散会,或休息,及声请主席允准者,不得无故退席。

第二十五条 会员遇有事故或疾病不能到会者,须声明事由告假。

第七章 附则

第二十六条 本细则有应行规定,为会章所已载者,均依会章办理。

第二十七条 本细则未尽事宜,得由大会时提议修改。①

《全国教育会联合会议事细则》详细规定了审查和议决的程序。按照规定,初读时主要讨论大体,以决定提案成立与否。如果提案成立,就要按照会章的要求对提案进行审查。除非得到与会代表过半数同意,否则各种提案非经审查会审查不得议决。与会代表提出修正案限于初读或审查的时候,并要有三名以上代表赞成。审查会的开会时间由审查主任决定,其结果要印成报告书分送各代表,并由审查主任在议决时报告。审查结束后,就进入再读和三读程序。再读时逐条讨论,三读时修正文字。三读会除了修正文字外,如果不是发现议案前后矛盾或者与现行法令相抵触的,就不得提议修改。三读表决通过,议案即行成立,与会代表不得再就本议案发言。完善的审查和议决制度保证了议决案的严密性,为其能够得到实施提供了保证。

三、对议决案执行的监督措施

在第三次年会上,全国教育会联合会通过的《全国教育会联合会办事细则》规定每次年会开会时各代表要向大会报告该省区的教育状况。除口头报告外,

---

① 《全国教育会联合会议事细则》,见邰爽秋等合选:《历届教育会议议决案汇编》,上海:教育编译馆,1935年,第三届全国教育会联合会大会议决案第3—5页。

还应提出书面报告于事务所,其范围之一就是上次年会各议决案的实施状况。①在第四次年会上,与会代表认为"惟一会会务之进行,求贯彻一切之主张,仍不专在集会之日,尤贵平时之研讨与督促"②,于是制定了办法五则:

(一)议决案件,于开会后一个月以内,缮备正式公文,呈送教育部,并印刷各件,分致各省区教育会。

(二)各地教育会对于议决案,凡由各教育会自行办理者,有何进行方法,应函达主办之教育会,(即事务所所在地之教育会)通函各地教育会共同进行。

(三)各教育会对于建议案有何督促实行之方法,应函达主办之教育会,通函各地教育会,征求意见,为再度之陈请。

(四)二三两项当下届联合会事务所未成立以前,仍由上届事务所办理,下届联合会事务所报告成立后,即改归新事务所办理。

(五)每届开会伊始,各省区代表宜首先详晰报告该省区对于上届议决案实行状况,所得报告结果如有多数省区对于某某案均因滞碍难以实行,应将滞碍之点提出研究,务求解除困难,全国一致进行。③

这些应对措施出台以后,全国教育会联合会议决各案中由教育部采择施行或各省区教育会敦促实施者固占多数,但未能完全见诸实行或未能普遍施行者也有不少,故各省区代表在第六次年会上纷纷要求改善这种状况。各省区代表意识到,全国教育会联合会的很多议决案因为当事者未能尽力提倡或时局纠纷而被迫放弃。长此以往,势必使议决各案尽同纸上谈兵,于是再度拟定了《促进本会议决案件实行案》,要求各省区教育会应加强与本省区教育机关人员、各学校和各县教育会的联系以推动议决案的实行:

---

① 《全国教育会联合会办事细则》,见邰爽秋等合选:《历届教育会议议决案汇编》,上海:教育编译馆,1935年,第三届全国教育会联合会大会议决案第2页。
② 《每届联合会议决事项仍宜随时互相研讨共策进行案》,见邰爽秋等合选:《历届教育会议议决案汇编》,上海:教育编译馆,1935年,第四届全国教育会联合会大会议决案第13页。
③ 《每届联合会议决事项仍宜随时互相研讨共策进行案》,见邰爽秋等合选:《历届教育会议议决案汇编》,上海:教育编译馆,1935年,第四届全国教育会联合会大会议决案第13—14页。

（一）各省区教育会，对于本会议决各案，应由各省区代表开会报告，并筹议进行方法。

（二）每届议决各案，凡经教育部采择，及已函各省区教育会者，应由各省区教育会于适当期内，集该省教育机关人员，依据原案开一实施研究会。并将所得结果，函知各县教育机关，及本会事务所。

（三）各省区教育会，应于每年本会开会前三月，通函各该省区学校，及各县教育会，征求本会上届各案之实施状况，及本届会议之提案。

（四）各省区教育会，应派定干事，担任通信联络事宜。所有本会议决各案进行状况，每三个月应报告本会事务所及各省区教育会一次。[1]

第九次年会时，与会代表又再次强调各省区教育会负有督促实行之责，而主办本次年会的教育会必须在下次年会开会之前随时函询教育部及各省区施行议决之状况，以便报告于下次年会。[2]众多的监督措施在制度层面保证了全国教育会联合会各项议决案的实施效果，大大提高了全国教育会联合会的效能。

综上所述，全国教育会联合会的会务运作已经具有相当程度的规范性。完备的组织机构是一个组织顺利运作的基本前提，拥有主席、副主席、常任委员、审查会、事务所和各种特设委员会的全国教育会联合会在这方面已达到相对完善的程度。除了相对完善的组织机构外，全国教育会联合会在制度建设方面也走在其他教育会社前面，各种章程、议事细则和办事细则一应俱全。最为重要的是，从清末各省教育总会联合会开始实行的代议制度被全国教育会联合会继承下来。各省区教育会每年推选一次代表参加全国教育会联合会，可谓集合了全国教育精英来商议全国教育事宜，最大限度保证了提案来源的广泛性和议决案的专业性。正因如此，全国教育会联合会才能在十余年动乱中从未间断地活动，为中国现代教育事业添砖加瓦。

---

[1]《促进本会议决案件实行案》，见邰爽秋等合选：《历届教育会议议决案汇编》，上海：教育编译馆，1935年，第六届全国教育会联合会大会议决案第18页。

[2]《增进本联合会效能案》，见邰爽秋等合选：《历届教育会议议决案汇编》，上海：教育编译馆，1935年，第九届全国教育会联合会议决案第39页。

全国教育会联合会的发展历程

第三章

教育人士共聚一堂进行交流是全国教育会联合会创建的原动力,而每年度一次的年会正是提供这种交流的合适平台。在全国教育会联合会的历次年会上,来自全国各地的教育专家就各种教育问题进行了激烈的讨论,成为教育界关注的焦点动向。回顾全国教育会联合会的历史,其成就实际上就是各种思想火花不断碰撞所结出的累累硕果。

第一节　全国教育会联合会第一次年会

直隶省教育会筹组全国教育会联合会的请求得到教育部批准后,遂向全国各省区教育会发出参会邀请。1915年4月21日至5月12日,由直隶省教育会主办的全国教育会联合会第一次年会在天津举行。本次年会历时共22日,"除贵州广西两省未派代表外,其他各省及察哈尔绥远各代表,均陆续到会"[①],中央政府各部门代表和直隶地区社会各界相关人士也参加了这场盛会,场面相当热烈。

---

① 记者:《全国省教育会第一次联合会记略》,《教育杂志》1915年7卷6号,特别记事第37页。

一、与会代表

出席全国教育会联合会第一次年会的有四川省教育会代表王蜀琼,黑龙江省教育会代表马庶蕃,福建省教育会代表刘以钟、邓萃英,安徽省教育会代表江谦、方新,江苏省教育会代表袁希涛、沈恩孚、郭秉文,绥远教育会代表王徵善,京兆教育会代表李搢荣、王桂照、蔡以观,察哈尔教育会代表李杏田,江西省教育会代表周尔璧、程臻,河南省教育会代表王卓午、董景常,云南省教育会代表周钟岳、杨润兰,新疆省教育会代表杨增炳,北京教育会代表佟永元、梁锡光、刘潜,浙江省教育会代表经亨颐、张世杓、蔡敦辛,广东省教育会代表廖道传、曹冕,直隶省教育会代表张佐汉、刘绩曾、李云锦,甘肃省教育会代表李鋿,吉林省教育会代表杨作舟、聂树滋、刘哲,奉天省教育会代表关海青、魏福锡、曾有翼,湖南省教育会代表符定一、熊非龙、易克皋、蒋谦孙,山东省教育会代表张介礼、许名世、鞠承颖、周树桢,陕西省教育会代表苏宝侠,山西省教育会代表兰承荣、张秀升和湖北省教育会代表牟鸿勋、范鸿勋、张祝南。[①]其中湖南省教育会和山东省教育会各有4人参会,江苏省教育会、京兆教育会、北京教育会、浙江省教育会、直隶省教育会、吉林省教育会、奉天省教育会和湖北省教育会各有3人参会,福建省教育会、安徽省教育会、江西省教育会、河南省教育会、云南省教育会、广东省教育会和山西省教育会各有2人参会,四川省教育会、黑龙江省教育会、绥远教育会、察哈尔教育会、新疆省教育会、甘肃省教育会和陕西省教育会各有1人参会,共53人代表24省区参加了此次年会。(表3-1)

表3-1 全国教育会联合会第一次年会参会代表情况分析表

教育背景		名单	人数	百分比
中国	传统教育	马庶蕃、江谦、方新、沈恩孚、袁希涛、李搢荣、刘潜、佟永元、梁锡光、聂树滋、蒋谦孙、张介礼、鞠承颖、范鸿勋	14	26%
	新式学堂	王蜀琼、王徵善、王桂照、蔡以观、李杏田、周尔璧、董景常、王卓午、杨润兰、杨增炳、蔡敦辛、廖道传、李云锦、李鋿、刘哲、杨作舟、关海青、魏福锡、曾有翼、熊非龙、符定一、易克皋、许名世、张秀升、苏宝侠、牟鸿勋、张祝南	27	51%

---

① 全国教育会联合会:《首次全国教育会联合会会务纪要》,天津:全国教育会联合会,1915年,会员录第1—11页。

续表

教育背景	名单	人数	百分比
留日	邓萃英、刘以钟、程臻、周钟岳、经亨颐、张世杓、张佐汉、刘续曾、周树桢、兰承荣	10	19%
留美	郭秉文、曹冕	2	4%

资料来源：根据《首次全国教育会联合会会务纪要》(会员录)、《教育杂志》第7卷第6号和《申报》的相关报道整理

全国教育会联合会第一次年会的参会代表中,出身于中国传统教育的代表有14人,占总人数的26%;在国内新式学堂接受过教育的代表有27人,占总人数的51%;曾留学日本的代表有10人,留学美国的代表有2人,分别占总人数的19%和4%。从总体上看来,在本土接受教育的代表占77%的多数,留学海外的代表则居23%的少数;但接受过新式教育的代表占74%,远较传统教育出身的代表占26%的比例高。

二、会议议程及议决案

为筹备全国教育会联合会,直隶省教育会早早就成立了事务所,"派定文牍庶务招待书记多人,襄办事务"①。1915年4月21日下午,来自各省区的代表齐集天津,"以公园内顺直省议会为会场"②。是日下午2时,全国教育会联合会先开预备会讨论章程。4月23日下午3时,全国教育会联合会开成立会,"已到十八处代表列席者二十九人"③。成立会上,"直隶省教育会会长张佐汉君致开会词","教育部特派员许寿裳天津警察厅长杨以德演说",④并公推直隶省教育会会长张佐汉为临时主席。《全国教育会联合会章程》通过后,全国教育会联合会宣告成立,第一次年会进入正式议程,随即推举直隶代表张佐汉和刘续曾分别为正副主席。

4月24日下午1时,全国教育会联合会第一次年会开会组织审查会,沈恩

---

① 《全国教育会联合会开会记》,《教育周报》1915年80期,专件第35页。
② 记者：《全国省教育会第一次联合会记略》,《教育杂志》1915年7卷6号,特别记事第37页。
③ 记者：《全国省教育会第一次联合会记略》,《教育杂志》1915年7卷6号,特别记事第37页。
④ 记者：《全国省教育会第一次联合会记略》,《教育杂志》1915年7卷6号,特别记事第37页。

孚、张介礼、江谦、邓萃英、李鈵、王蜀琼、佟永元、董景常、李撂荣、经亨颐、李杏田、曾有翼、周钟岳、廖叔度(即廖道传)、熊非龙、张秀升、曹冕、杨作舟、刘续曾、周树桢和牟鸿勋为甲组审查员,袁希涛、张世杓、马庶蕃、李云锦、郭秉文、刘哲、程臻、杨润兰、关海清、刘潜、魏福锡、杨增炳、符定一、梁锡光、刘以钟、蔡敦辛、苏宝侠、兰承荣、聂树滋、王桂照、蔡以观、范鸿勋、张祝南、王卓午和鞠承颖为乙组审查员,两组均未设主任。① 续到会员杨作舟和曹冕分在甲组审查会,而许名世和王徽善到会时审查已经结束,苏宝侠则到后"即声明不与大会"②,因此三人均未分组。甲组审查会负责审查小学教育、中学教育、师范教育事项,乙组审查会审查实业教育、专门教育、社会教育事项和关系教育行政要件。审查会成立后,先后对各方递交的72件提案进行分组审查和联合审查。最后,"经审查会修正付讨论者二十件,经大会成立者十三件"③,分别呈请宪法起草会及国民会议、大总统、教育部和通告各省区教育会。议决案具体目录如下:

(1)请将义务教育列入宪法案(呈请宪法起草会及国民会议)

(2)请设各省教育厅案(呈大总统并呈教育部)

(3)军国民教育施行方法案(呈教育部)

(4)请改三学期为二学期案(呈教育部)

(5)拟请修改师范课程案(呈教育部)

(6)实业教育进行计划案(呈教育部)

(7)社会教育进行计划案(呈教育部)

(8)拟设教育讲演会案(呈教育部)

(9)学校教员宜专任案(呈教育部)

(10)小学教育注意要项案(通告各省区教育会)

(11)各学校宜利用日耀日讲演道德激励人心案(通告各省区教育会)

---

① 全国教育会联合会:《首次全国教育会联合会会务纪要》,天津:全国教育会联合会,1915年,审查会之编制第1—2页。

② 记者:《全国省教育会第一次联合会记略》,《教育杂志》1915年7卷6号,特别记事第38页。

③ 记者:《全国省教育会第一次联合会记略》,《教育杂志》1915年7卷6号,特别记事第39页。

（12）征集义务教育意见案(通告各省区教育会)

（13）征集学校系统应否改革意见案(通告各省区教育会)

三、会议期间的活动

在全国教育会联合会第一次年会期间,先后有教育部特派员许寿裳和教育总长汤化龙发表了关于教育的演说。著名教育家严修也宴请了参加全国教育会联合会第一次年会的各省区代表,使会议期间的活动丰富多彩。

在4月23日下午举行的全国教育会联合会成立会上,教育部参事许寿裳作为教育部特派员进行了演说。演说开始前,许寿裳即"略谓各省教育代表雅负声望,以教育上之热心,远道来此,鄙人得与诸君相见一堂,不胜荣幸"①。许寿裳在演说中指出,"一国教育关系繁复,彼此各地均有钩联,非仅仅部分研究所克有济,必待相互研究、共同讨论方足以图全体之发达"②。在许寿裳看来,"吾国教育从前未有长足进步者,此其一大原因"③。同时,许寿裳还认为国民教育是中国发达的基础,因此希望全国教育会联合会能对国民教育"格外注重,共商善法,以补政府之所不逮"④。

教育总长汤化龙在全国教育会联合会成立时没有莅会,但在全国教育会联合会第一次年会闭会之时到场发表了意见。全国教育会联合会第一次年会闭会之前,正好碰上日本发出要求中国政府答复青岛问题的最后通牒。汤化龙对此事件十分失望,表示"嗣后谋富强只可在教育上想办法"⑤。他指出"各国之成

---

① 《全国教育会联合会开会记》,《教育周报》1915年80期,专件第36页。

② 全国教育会联合会:《首次全国教育会联合会会务纪要》,天津:全国教育会联合会,1915年,教育部参事许寿裳先生演说辞第1页。

③ 全国教育会联合会:《首次全国教育会联合会会务纪要》,天津:全国教育会联合会,1915年,教育部参事许寿裳先生演说辞第1页。

④ 全国教育会联合会:《首次全国教育会联合会会务纪要》,天津:全国教育会联合会,1915年,教育部参事许寿裳先生演说辞第4页。

⑤ 全国教育会联合会:《首次全国教育会联合会会务纪要》,天津:全国教育会联合会,1915年,教育部总长汤济武先生演说辞第1页。

功,实教育之成功也","吾国之失败,实教育之失败也"。①汤化龙认为,"从前教育系一般人材的,今日实要国民的"②,所以"既知从前失败原因,即宜提振新精神,洗除旧教育而为此新教育"③。而教育注重的要点,"千言万语予目的总不外于平民教育四字而已"④。

教育部方面对全国教育会联合会如此重视,直隶省教育界自然不甘落后。对于参加全国教育会联合会第一次年会的各省区代表,直隶省教育界极表欢迎。著名教育家严修因外出未能出席全国教育会联合会的成立会,因此于4月29日晚7时"假座青年会,公宴各代表"⑤。大家在公宴中"谈论研究,俱属教育上重要问题"⑥,宾主之间尽兴而归。

至5月12日,全国教育会联合会第一次年会宣布闭会。全国教育会联合会第一次年会闭会时,社会各界对其寄望甚大:"今教育联合会已闭会,所议决之重要各案,苟能举全国之教育界凝神一志,以谋力行,则将来必能与世界一战也。"⑦究其原因,则在于"自此次集会之后,吾全国教育将有一致进行之望,且日进月强影响于国家前途者甚深"⑧。闭会后,参加全国教育会联合会第一次年会的代表合影纪念,"复由直隶省教育会会长张佐汉刘续曾诸人招待公宴"⑨,会议遂在各界期望中宣告结束。

---

① 全国教育会联合会:《首次全国教育会联合会会务纪要》,天津:全国教育会联合会,1915年,教育部总长汤济武先生演说辞第1页。
② 全国教育会联合会:《首次全国教育会联合会会务纪要》,天津:全国教育会联合会,1915年,教育部总长汤济武先生演说辞第1页。
③ 全国教育会联合会:《首次全国教育会联合会会务纪要》,天津:全国教育会联合会,1915年,教育部总长汤济武先生演说辞第1页。
④《汤总长主张平民教育》,《申报》1915-6-7(6)。
⑤《直隶钜绅对于教育会联合之热忱》,《教育周报》1915年84期,各省纪闻第15页。
⑥《直隶钜绅对于教育会联合之热忱》,《教育周报》1915年84期,各省纪闻第15页。
⑦ 讷:《教育联合会》,《申报》1915-5-17(11)。
⑧ 远生:《全国教育会联合会开会纪事》,《申报》1915-5-23(6)。
⑨ 记者:《全国省教育会第一次联合会记略》,《教育杂志》1915年7卷6号,特别记事第40页。

第二节　全国教育会联合会第二次年会

按照全国教育会联合会第一次年会的决定,第二次年会"会所定于北京,会期定于每年五月九日,以为此次中日交涉国耻之纪念"[①]。本来这次由北京教育会主办的年会定在1916年5月9日开幕,但碰上袁世凯上演帝制闹剧,"政局纷扰,人心不定,公议延缓,既而共和再造,国是大定"[②],直到1916年10月10日才举行会议。

一、与会代表

出席全国教育会联合会第二次年会的有京兆教育会代表刘濬清、曹殿林、蔡以观,直隶省教育会代表张佐汉、刘炯文、刘秉鉴、杨桂山,奉天省教育会代表董宝麟、魏福锡、孙其昌,吉林省教育会代表刘哲、韩锐,黑龙江省教育会代表马庶蕃、耿之光,山东省教育会代表董毓璹、周树桢、赵同源、张岩南[③]、叶春墀、金朝珍,广东省教育会代表周溥、黎惠中,湖北省教育会代表余德元、郑江灏、董祖椿,江西省教育会代表符鼎升、吴士材、陈衡恪,河南省教育会代表张云如、赵济亚,热河教育会代表沈静、葛秀、胡家鼐,浙江省教育会代表叶谦、经亨颐,江苏省教育会代表黄炎培、庄俞、沈恩孚,北京教育会代表陈宝泉、梁锡光、孟心违、文斌,陕西省教育会代表王兆离,察哈尔教育会代表袁其祓、吴天澈,四川省教育会代表杨赞贤,山西省教育会代表张秀升、兰承荣,安徽省教育会代表向道成、杨佩璋,福建省教育会代表刘以钟、邓萃英,甘肃省教育会代表水梓,云南省教育会代表李厚本、夏瑞庚,湖南省教育会代表朱剑帆,绥远教育会代表李景

[①] 全国教育会联合会:《首次全国教育会联合会会务纪要》,天津:全国教育会联合会,1915年,会场纪事第5页。

[②]《全国教育会联合会第二次开会记》,《教育杂志》1916年8卷12号,特别记事第59页。

[③] 全国教育会联合会的会务纪要中没有山东省教育会代表张岩南,见全国教育会联合会:《中华民国五年十月第二次全国教育会联合会会务纪要》,北京:全国教育会联合会,1916年,会员录第1—15页。《教育杂志》的相关报道中有山东省教育会代表张岩南,见《全国教育会联合会第二次开会记》,《教育杂志》1916年8卷12号,特别记事第64页。

泉。[①]其中山东省教育会有6人出席,直隶省教育会和北京教育会各有4人出席,京兆教育会、奉天省教育会、湖北省教育会、江西省教育会、热河教育会和江苏省教育会各有3人出席,吉林省教育会、黑龙江省教育会、广东省教育会、河南省教育会、浙江省教育会、察哈尔教育会、山西省教育会、安徽省教育会、福建省教育会和云南省教育会各有2人出席,陕西省教育会、四川省教育会、甘肃省教育会、湖南省教育会和绥远教育会各有1人出席,共57人代表24省区参加了这次年会。(表3-2)

表3-2 全国教育会联合会第二次年会参会代表情况分析表

教育背景		名单	人数	百分比
中国	传统教育	曹殿林、沈静、胡家鼐、庄俞、沈恩孚、文斌、王兆离、夏瑞庚、李景泉	9	16%
	新式学堂	刘濬清、蔡以观、刘炯文、刘秉鉴、杨桂山、董宝麟、魏福锡、刘哲、马庶蕃、耿之光、董毓璿、赵同源、金朝珍、周溥、黎惠中、吴士材、张云如、赵济亚、葛秀、黄炎培、梁锡光、袁其祓、吴天澈、杨赞贤、张秀升、向道成、杨佩璋、水梓	28	49%
留日		张佐汉、孙其昌、韩锐、周树桢、张岩南、叶春墀、余德元、郑江灏、董祖椿、符鼎升、陈衡恪、叶谦、经亨颐、陈宝泉、孟心违、兰承荣、刘以钟、邓萃英、李厚本、朱剑帆	20	35%

资料来源:根据《中华民国五年十月第二次全国教育会联合会会务纪要》(会员录)、《教育杂志》第8卷第12号和《申报》的相关报道整理

在参加全国教育会联合会第二次年会的参会代表中,出身于中国传统教育的代表有9人,占总人数的16%;在国内新式学堂接受过教育的代表有28人,占总人数的49%;曾留学日本的代表有20人,占总人数的35%。从总体上看来,在本土接受教育的代表占65%的多数,留学海外的代表则居35%的少数;但接受过新式教育的代表占84%,远较传统教育出身的代表占16%的比例高。

[①] 全国教育会联合会:《中华民国五年十月第二次全国教育会联合会会务纪要》,北京:全国教育会联合会,1916年,会员录第1—15页。

二、会议议程及议决案

此次年会会场"即教育部之东会场,昔清季之中央教育会议、民国元年之临时教育会议,均开会于此"①。北京教育会为迎接全国教育会联合会第二次年会的召开,"先行筹备亦甚周"②,并早早"拟定民国五年全国教育会联合会议题范围"③。10月10日下午2时,各省区到会代表20余人先开预备会,公推北京教育会代表陈宝泉为临时主席,报告北京教育会筹备情形和会议延缓的原因。经过协商,各省区教育会代表决定在10月12日开成立大会,并决定根据上次年会决议案由各省区教育会在每天的大会上轮流报告各省区教育状况。10月12日下午1时,成立大会开幕,推举北京教育会代表陈宝泉为主席、梁锡光为副主席,"旋由陈宝泉致开会词","次由教育次长袁希涛演说",④又有"交通部参事陆梦熊演说"⑤。

10月13日午后1时半开会,"先由广东代表周溥报告广东教育状况,湖北代表余德元报告湖北教育状况"⑥。报告完毕,各省区代表商议组织审查会,成员有周溥、余德元、张云如、沈静、经亨颐、黄炎培、沈恩孚、张秀升、兰承荣、魏福锡、刘哲、向道成、邓萃英、刘潘清、梁锡光、张佐汉、王兆离、耿之光、袁其彼和董毓璿,先审查议题存废问题,再付审查会修正。10月14日午后2时半开会,"先由江西代表吴士材报告江西教育状况,直隶代表张佐汉报告直隶教育状况"⑦。报告完毕,依去年成例组织分组审查会。沈恩孚为甲组审查会主任,成员有黎惠中、余德元、董祖椿、张佐汉、刘炯文、符鼎升、陈衡恪、张云如、沈静、胡家鼐、经亨颐、庄俞、张秀升、董宝麟、魏福锡、韩锐、向道成、刘以钟、刘潘清、曹殿林、文斌、梁锡光、马庶蕃、袁其彼、董毓璿、周树桢和水梓,审查小学教育、中学教育和师范教育相关事项。黄炎培为乙组审查会主任,成员有周溥、郑江灏、刘秉

---

① 《全国教育会联合会第二次开会记》,《教育杂志》1916年8卷12号,特别记事第59页。
② 《全国教育会联合会第二次开会记》,《教育杂志》1916年8卷12号,特别记事第59页。
③ 《拟定民国五年全国教育会联合会议题范围》,《教育研究》1915年26期,会报第7—8页。
④ 《全国教育会联合会第二次开会记》,《教育杂志》1916年8卷12号,特别记事第60页。
⑤ 《全国教育会联合会第二次开会记》,《教育杂志》1916年8卷12号,特别记事第61页。
⑥ 《全国教育会联合会第二次开会记》,《教育杂志》1916年8卷12号,特别记事第61页。
⑦ 《全国教育会联合会第二次开会记》,《教育杂志》1916年8卷12号,特别记事第62页。

鉴、杨桂山、吴士材、赵济亚、葛秀、叶谦、兰承荣、孙其昌、刘哲、杨佩璋、邓萃英、蔡以观、孟心违、王兆离、耿之光、叶春墀、杨赞贤、赵同源、吴天澈、金朝珍、李厚本、夏瑞庚和朱剑帆,审查实业教育、专门教育、社会教育和教育行政事项。[①]从10月16日至10月23日每天午后,除10月19日为总统黎元洪生日停止办公外,均有各省区代表报告本省区教育状况,然后由审查会审查相关提案。此次年会共收到提案68件,其中甲组审查会"审查案二十四件,修正成立者三件"[②],乙组审查会"通过者凡八件"[③]。所通过的15件议决案,除"学校宜注重体育案(仍取上年军国民教育施行方法案)、社会教育进行计划案、学校宜用专任教员案三件业经上届联合会呈请在案,惟各省尚多未能实行"[④]而继续呈教育部通令办理外,其余12件议决案分别呈大总统、国务院、教育部,请愿国会,通告各省区教育会,通知各商业专门学校和函达各书肆。议决案具体目录如下:

(1)请速设各省区教育厅案(呈大总统国务院教育部并请愿国会)

(2)地方教育经费规划案(呈教育部并通告各省区教育会)

(3)请颁行县知事办学惩劝条例案(呈国务院教育部)

(4)请速颁优待小学教员规程案(呈教育部)

(5)请设女子高等师范学校案(呈教育部)

(6)中学校改良办法案(呈教育部并通告各省区教育会)

(7)各特别区域应速设实业学校案(呈教育部)

(8)注意贫民教育案(呈教育部并通告各省区教育会)

(9)请颁国歌案(呈教育部)

(10)请解释教育会规程第七条条文案(呈教育部)

(11)函商减少商业专门学校教授科目案(通知各商业专门学校)

(12)国民学校教科书宜用本国造纸案(函达各书肆)

---

① 全国教育会联合会:《中华民国五年十月第二次全国教育会联合会会务纪要》,北京:全国教育会联合会,1916年,审查会之组织第1—2页。

②《全国教育会联合会第二次开会记》,《教育杂志》1916年8卷12号,特别记事第62—63页。

③《全国教育会联合会第二次开会记》,《教育杂志》1916年8卷12号,特别记事第63页。

④ 全国教育会联合会:《中华民国五年十月第二次全国教育会联合会会务纪要》,北京:全国教育会联合会,1916年,文牍第8页。

三、会议期间的活动

对于各省区代表的到来,北京教育界反应热烈。与会代表到后不久,北京教育会即"假定青年会开欢迎全国教育联合会代表"[1]。另外,北京高等师范学校、京师公立中小各学校和中华书局等均曾开欢迎会招待与会代表,教育次长袁希涛也在教育部中公宴与会代表。[2]

10月12日的成立大会上,教育次长袁希涛即席发表演说。袁希涛认为,"教育关系于国家、于社会极大,将来养成人格,养成生活的能力,养成种种政治上进化的根源,养成高深学术以开展国家之力量、开展社会上一切的事业"[3]。他将当时教育上存在的种种问题归咎于"现在各省教育主管机关缺如,财政上非常困难,以致办事上种种不能应手,所以办教育者精神上颇有一种颓丧的现象"[4]。同时,袁希涛还对现行学制问题发表了意见,主张"教育事业为精神上之事业,非是学制规定就可完事,所以对于现在的学制不宜徒事纷扰、轻率更张,惟就其最紧要者提出修改"[5]。

10月13日下午,教育总长范源濂莅会演讲。范源濂演说开首即感叹"凡行政必求适应时势,今日之教育行政尤觉非能适应时势不可"[6]。他指出"教育事业关系于国家社会者,至为重要","吾辈须先有一种切实计划"[7]。范源濂认为政治、财政、经济和外交等种种问题,根本救济途径在于教育。在范源濂眼中,"国务上不能解决者,总怀着希望求于教育上解决之","将来十年或二十年以后

---

[1]《欢迎教育会联合会代表》,《申报》1916-10-21(6)。
[2] 全国教育会联合会:《中华民国五年十月第二次全国教育会联合会会务纪要》,北京:全国教育会联合会,1916年,纪事第3—6页。
[3] 全国教育会联合会:《中华民国五年十月第二次全国教育会联合会会务纪要》,北京:全国教育会联合会,1916年,教育次长演说词第4—5页。
[4] 全国教育会联合会:《中华民国五年十月第二次全国教育会联合会会务纪要》,北京:全国教育会联合会,1916年,教育次长演说词第5页。
[5] 全国教育会联合会:《中华民国五年十月第二次全国教育会联合会会务纪要》,北京:全国教育会联合会,1916年,教育次长演说词第7页。
[6] 全国教育会联合会:《中华民国五年十月第二次全国教育会联合会会务纪要》,北京:全国教育会联合会,1916年,教育总长演说词第1页。
[7] 全国教育会联合会:《中华民国五年十月第二次全国教育会联合会会务纪要》,北京:全国教育会联合会,1916年,教育总长演说词第1页。

终有补救之一日",①因此"思觉得自己责任非常重大,教育行政不敢不努力进行"②。

除袁希涛和范源濂两人外,还有交通总长代表陆梦熊、美国勃林斯顿大学(今译普林斯顿大学)(Princeton University)历史政治科主任麦顾黎博士(Mc Groy)、西人卫西琴博士(Alfred Westharp)和前任教育总长汤化龙等人在会议期间做特别演说,给全国教育会联合会第二次年会参会代表和北京教育界人士带来了不少知识。

10月25日,全国教育会联合会第二次年会举行闭幕式。此次年会的参会代表,"俱系各省区教育之领袖,学问经验海内同钦","一旦萃集都门共相盘桓旬有余日,获益匪浅"。③特别是从此次年会开始,各省区代表均向大会报告本省区教育状况,使全国教育界得以沟通交流。在闭幕式上,全国教育会联合会第二次年会副主席梁锡光根据会章宣告明年开会地点及日期并致闭会词,随即全体代表摄影闭会。

第三节　全国教育会联合会第三次年会

全国教育会联合会第二次年会闭会时,"议决明年开会系在浙江举行,仍以十月十日为期"④。虽然当时南北当局军事对峙,但国内政治局面相对稳定,这次年会并没有经历太大波折。1917年10月10日下午3时,由浙江省教育会承办的全国教育会联合会第三次年会准时在杭州召开。

---

① 全国教育会联合会:《中华民国五年十月第二次全国教育会联合会会务纪要》,北京:全国教育会联合会,1916年,教育总长演说词第3页。

② 全国教育会联合会:《中华民国五年十月第二次全国教育会联合会会务纪要》,北京:全国教育会联合会,1916年,教育总长演说词第3页。

③ 全国教育会联合会:《中华民国五年十月第二次全国教育会联合会会务纪要》,北京:全国教育会联合会,1916年,毕会词第2页。

④ 全国教育会联合会:《中华民国五年十月第二次全国教育会联合会会务纪要》,北京:全国教育会联合会,1916年,文牍第9页。

一、与会代表

出席全国教育会联合会第三次年会的有湖南省教育会代表朱剑帆、孔昭绶,江西省教育会代表吴树栩、邱璧,陕西省教育会代表李博、李协,山西省教育会代表兰承荣、张秀升,江苏省教育会代表黄炎培、郭秉文、沈恩孚,河南省教育会代表王法岐、何钺、赵济亚,北京教育会代表梁锡光、岑履信,山东省教育会代表朱汉章、郭葆珍,浙江省教育会代表经亨颐、孙增大、罗赓良,湖北省教育会代表邹镇治、刘泽沛,京兆教育会代表李擂荣、段茂森,奉天省教育会代表魏福锡、范先炬,福建省教育会代表王修、林元乔、陈曾亮,安徽省教育会代表汪淮、徐传友、向道成,广东省教育会代表程祖彝,直隶省教育会代表刘炯文,吉林省教育会代表王世选、黄书绅,察哈尔教育会代表郑钦,黑龙江省教育会代表王宾章,南洋华侨学务总会代表黄炎培。[①]其中江苏省教育会、河南省教育会、浙江省教育会、福建省教育会和安徽省教育会各有3人出席,湖南省教育会、江西省教育会、陕西省教育会、山西省教育会、北京教育会、山东省教育会、湖北省教育会、京兆教育会、奉天省教育会和吉林省教育会各有2人出席,广东省教育会、直隶省教育会、察哈尔教育会、黑龙江省教育会和南洋华侨学务总会各有1人出席,共39人代表19省区和南洋华侨学务总会参加了这次年会。(表3-3)

表3-3 全国教育会联合会第三次年会参会代表情况分析表

教育背景		名单	人数	百分比
中国	传统教育	邱璧、沈恩孚、李擂荣	3	7.5%
	新式学堂	吴树栩、李博、张秀升、黄炎培、王法岐、何钺、赵济亚、梁锡光、朱汉章、郭葆珍、孙增大、刘泽沛、段茂森、魏福锡、范先炬、陈曾亮、汪淮、徐传友、向道成、刘炯文、黄书绅、郑钦、王宾章	23	59%
	留日	朱剑帆、孔昭绶、兰承荣、岑履信、经亨颐、罗赓良、邹镇治、王修、林元乔、王世选	10	26%

[①] 全国教育会联合会:《第三次全国教育会联合会会务纪要》,杭州:全国教育会联合会,1917年,会员录第1—10页。另外,江苏省教育会代表黄炎培兼任南洋华侨学务总会代表。

续表

教育背景	名单	人数	百分比
留美	郭秉文、程祖彝	2	5%
留德	李协	1	2.5%

资料来源：根据《第三次全国教育会联合会会务纪要》(会员录)、《教育杂志》第9卷第11号和《申报》的相关报道整理

在参加全国教育会联合会第三次年会的参会代表中，出身于中国传统教育的代表有3人，占总人数的7.5%；在国内新式学堂接受过教育的代表有23人，占总人数的59%；曾留学日本的代表有10人、留学美国的代表有2人、留学德国的代表有1人，分别占总人数的26%、5%和2.5%。从总体上看来，在本土接受教育的代表占66.5%的多数，留学海外的代表则居33.5%的少数；但接受过新式教育的代表占92.5%，与传统教育出身的代表(占7.5%)相比处于绝对优势。

二、会议议程及议决案

全国教育会联合会第三次年会"会场在新造之浙江省教育会，地近西湖，得湖山之秀"[1]。10月10日午后1时，全国教育会联合会第三次年会准时开幕。浙江省教育会会长经亨颐"陈述本届双十节在浙江开会理由"[2]，浙江省教育会"主干李杰报告本届筹备经过情形及各省区会员到会人数姓名"[3]，"督军署代表张锐如君、省长署代表罗飚伯君致颂词"[4]，并推举浙江省教育会代表经亨颐和孙增大为大会正副主席。同日午后4时，全国教育会联合会第三次年会开第一次谈话会，决定"报告各省区教育状况限于一年以内之事项，自十二日起用口头报告，每日二人以席次先后为序，其报告时间定在大会中上午八时三十分起至十

---

[1] 梦麟：《全国教育会联合会第三届开会记略》，《教育杂志》1917年9卷11号，特别记事第108页。
[2] 全国教育会联合会：《第三次全国教育会联合会会务纪要》，杭州：全国教育会联合会，1917年，纪事第1页。
[3] 全国教育会联合会：《第三次全国教育会联合会会务纪要》，杭州：全国教育会联合会，1917年，纪事第1页。
[4] 梦麟：《全国教育会联合会第三届开会记略》，《教育杂志》1917年9卷11号，特别记事第108页。

时止行之"①。

10月16日开始组织审查会,分为特组审查会、甲组审查会和乙组审查会。特组审查会以沈恩孚为审查主任,成员包括朱剑帆、吴树枡、李博、张秀升、黄炎培、王法岐、梁锡光、郭葆珍、孙增大、刘泽沛、李擂荣、魏福锡、王修、陈曾亮、徐传友、程祖彝、刘炯文、王世选、郑钦、邱璧、王宾章和向道成,负责审查关于本会组织法各案。甲组审查会以张秀升为审查主任,成员包括孔昭绶、李协、郭秉文、何钺、赵济亚、岑履信、朱汉章、孙增大、邹镇治、段茂森、魏福锡、陈曾亮、林元乔、汪淮、黄书绅和范先炬,负责审查小学教育、中学教育、师范教育及其他有关普通教育事项。乙组审查会以黄炎培为审查主任,成员包括朱剑帆、吴树枡、李博、兰承荣、沈恩孚、王法岐、梁锡光、郭葆珍、罗赓良、刘泽沛、李擂荣、王修和徐传友,负责审查专门教育、实业教育、社会教育、教育行政及其他关于法则事项。②此次年会共收到提案43件,经过审查和大会讨论后,共通过16件议决案,分别呈教育部和函各省区教育会。议决案具体目录如下:

(1)第四次全国教育会联合会提案之方针(函各省区教育会)
(2)全国教育会联合会办事细则(函湖南省教育会即第四届会场所在地)
(3)全国教育会联合会议事细则(函湖南省教育会即第四届会场所在地)
(4)请从速划定大学区添设大学案(呈教育部)
(5)请划一科学名词案(呈教育部)
(6)请划分各省官产公产充作教育基金案(呈教育部)
(7)组织教材调查会案(函各省区教育会)
(8)职业教育进行计划案(呈教育部)
(9)请定国语标准,并推行注音字母以期语言统一案(呈教育部)

---

① 全国教育会联合会:《第三次全国教育会联合会会务纪要》,杭州:全国教育会联合会,1917年,纪事第1页。
② 全国教育会联合会:《第三次全国教育会联合会会务纪要》,杭州:全国教育会联合会,1917年,审查会之组织第1—2页。

（10）请规定学界团体乘坐火车划一减价办法案（呈教育部）

（11）推广女子教育案（呈教育部）

（12）请速设各特别区域教育厅案（呈教育部）

（13）请在察哈尔筹设国立农业专门学校并由察绥热垦务局酌拨荒地充各区学校经费案（呈教育部）

（14）请教育部通咨各省区实行知事办学考成条例案（呈教育部）

（15）请促行义务教育案（呈教育部）

（16）整顿县教育行政案（呈教育部）

三、会议期间的活动

浙江省教育界对全国教育会联合会第三次年会的召开，均抱十分欢迎之态度。浙江省教育会"日来筹备会场及一切事宜"①，早已做好开会的准备。与会期间，浙江省教育会于本会"开欢迎代表大会"②，杭州商务印书馆则"宴请本会会员职员于西湖之烟霞洞"③，浙江省立中等以上各学校校长也在"本会开欢迎代表茶话会"④。各省区代表曾两次游览杭州西湖美景⑤，并参观了杭州女子职业学校⑥，宾主之间乐也融融。会议结束后，"各省教育会联合会代表会竣过沪"⑦，中华职业教育社还在江苏省教育会会场中组织了欢迎会。

在浙江省教育会的公宴中，蒋梦麟和金泯澜先后发表演说。蒋梦麟在演说伊始即指出，"教育之道首重精神，精神之运用，谓之自动"⑧。他分析，"西洋之

---

① 《全国教育联合会之近讯》，《教育杂志》1917年9卷10号，记事第78页。
② 全国教育会联合会：《第三次全国教育会联合会会务纪要》，杭州：全国教育会联合会，1917年，纪事第5页。
③ 全国教育会联合会：《第三次全国教育会联合会会务纪要》，杭州：全国教育会联合会，1917年，纪事第6页。
④ 全国教育会联合会：《第三次全国教育会联合会会务纪要》，杭州：全国教育会联合会，1917年，纪事第6页。
⑤ 《教育联合会代表二次游湖记》，《申报》1917-10-25(7)。
⑥ 《联合会代表参观女子职业学校纪略》，《申报》1917-10-24(7)。
⑦ 《本社欢迎各省教育会联合会代表纪要》，《教育与职业》1917年2期，社务丛刊第3页。
⑧ 惟心：《全国教育会联合会开会之第六日》，《申报》1917-10-19(7)。

进步,以能自动也","吾国之退步,以不能自动也"。①因此,蒋梦麟认为"吾国今日而言教育,当首重自动主义"②,而"教育之精神在自动,自动之基础为个人主义,测量自动主义之标准为进步"③。蒋梦麟演说完毕,金泯澜则"以反语作诙谐之谈,席中闻之莫不大笑称善"④。在浙江省立中等以上各学校校长的欢迎茶话会上,又有张羽、王卓夫、朱文圆发表演说。

第三次年会为期17天,开正式会13次、谈话会2次,"会中精神奋发,秩序井然,一切讨论,均从良心上发现,平心静气研究各种问题之真相"⑤,因此"各省代表均十分满意"⑥。此外,全国教育会联合会第三次年会有"南洋华侨学务总会亦派代表加入会议"⑦,又拟定下届提案方针,"议事及办事细则较前益加完备"⑧。为了纪念此次年会,各省区代表还决定"醵资建碑,藉留纪念"⑨。10月27日上午8时,全国教育会联合会第三次年会举行闭幕式,教育部代表赵次原和北京教育会代表岑履信、江苏省教育会代表兼南洋华侨学务总会代表黄炎培发表演说,大会主席经亨颐致闭会词,会议宣告结束。⑩

---

① 惟心:《全国教育会联合会开会之第六日》,《申报》1917-10-19(7)。
② 惟心:《全国教育会联合会开会之第六日》,《申报》1917-10-19(7)。
③ 惟心:《全国教育会联合会开会之第六日》,《申报》1917-10-19(7)。
④ 惟心:《全国教育会联合会开会之第六日》,《申报》1917-10-19(7)。
⑤ 梦麟:《全国教育会联合会第三届开会记略》,《教育杂志》1917年9卷11号,特别记事第111页。
⑥ 梦麟:《全国教育会联合会第三届开会记略》,《教育杂志》1917年9卷11号,特别记事第111页。
⑦ 峄闻:《论全国教育会联合会》,《教育周报》1917年181期,感言24页。
⑧ 峄闻:《论全国教育会联合会》,《教育周报》1917年181期,感言24页。
⑨ 全国教育会联合会:《第三次全国教育会联合会会务纪要》,杭州:全国教育会联合会,1917年,纪事第9页。
⑩ 全国教育会联合会:《第三次全国教育会联合会会务纪要》,杭州:全国教育会联合会,1917年,纪事第10—11页。

第四节　全国教育会联合会第四次年会

全国教育会联合会第四次年会原定由湖南省教育会在长沙举行，"仍以双十节（十月十日）为开会日期"[①]。但开会前夕"南北军事骤兴，长沙为战争区域"[②]。无奈之下，此次年会改由江苏省教育会在上海举办。1918年10月10日，全国教育会联合会第四次年会在上海宣布开幕。

一、与会代表

出席全国教育会联合会第四次年会的有北京教育会代表陈宝泉、梁锡光，江西省教育会代表项廷云，安徽省教育会代表钟鼎、孙毓琨、赵纶士，湖南省教育会代表朱剑帆、孔昭绶，京兆教育会代表李搢荣，直隶省教育会代表刘炯文、孙松龄，湖北省教育会代表张准，江苏省教育会代表沈恩孚、郭秉文、庄俞，浙江省教育会代表陈纯、叶谦、经亨颐，山东省教育会代表许名世、郭葆琳，吉林省教育会代表王世选、韩锐，山西省教育会代表苏体仁、张直生，河南省教育会代表王卓午、张金镐，福建省教育会代表郑贞文，广东省教育会代表金曾澄，奉天省教育会代表孙其昌、梁成柏、石玉璞，黑龙江省教育会代表刘凤池，南洋荷属华侨学务总会代表赵正平。[③]其中安徽省教育会、江苏省教育会、浙江省教育会和奉天省教育会各有3人出席，北京教育会、湖南省教育会、直隶省教育会、山东省教育会、吉林省教育会、山西省教育会和河南省教育会各有2人出席，江西省教育会、京兆教育会、湖北省教育会、福建省教育会、广东省教育会、黑龙江省教育会和南洋荷属华侨学务总会各有1人出席，共33人代表17省区及南洋荷属华侨学务总会参加了这次年会。（表3-4）

[①] 全国教育会联合会：《第三次全国教育会联合会会务纪要》，杭州：全国教育会联合会，1917年，文牍第11页。
[②] 《全国教育会联合会第四次开会记要》，《教育杂志》1918年10卷11号，特别记事第23页。
[③] 全国教育会联合会：《全国教育会联合会会务纪要（中华民国七年十月第四次）》，上海：全国教育会联合会，1918年，会员录第1—7页。

表3-4　全国教育会联合会第四次年会参会代表情况分析表

教育背景		名单	人数	百分比
中国	传统教育	李播荣、沈恩孚、庄俞、	3	9%
	新式学堂	梁锡光、项赓云、孙毓琨、赵纶士、刘炳文、陈纯、许名世、王卓午、梁成柏、刘凤池、钟鼎、张直生、张金镐、石玉璞	14	42.5%
留日		陈宝泉、朱剑帆、孔昭绶、孙松龄、叶谦、经亨颐、郭葆琳、王世选、韩锐、苏体仁、郑贞文、金曾澄、孙其昌、赵正平	14	42.5%
留美		张准、郭秉文	2	6%

资料来源：根据《全国教育会联合会会务纪要（中华民国七年十月第四次）》（会员录）、《教育杂志》第10卷第11号和《申报》的相关报道整理

在参加全国教育会联合会第四次年会的参会代表中，出身于中国传统教育的代表有3人，占总人数的9%；在国内新式学堂接受过教育的代表有14人，占总人数的42.5%；曾留学日本的代表有14人、留学美国的代表有2人，分别占总人数的42.5%和6%。从总体上看来，在本土接受教育的代表占51.5%，略高于留学海外的代表（占48.5%）；但接受过新式教育的代表占91%，与传统教育出身的代表（占9%）相比处于绝对优势。

二、会议议程及议决案

江苏省教育会接到举办全国教育会联合会第四次年会的任务时，"距会期不足两月矣"[1]，但江苏省教育会"当即着手组织联合会事务所，通告成立，准期十月十日开会"[2]，并呈请教育部"届时派员莅会"[3]。10月10日午后2时，全国教育会联合会第四次年会举行开会式。江苏代表沈恩孚致开会辞，"次即推举主席，众推沈恩孚为主席，庄俞为副主席，教育部秘书胡家祺代表教育总长致训

---

[1]《全国教育会联合会第四次开会记要》，《教育杂志》1918年10卷11号，特别记事第23页。
[2]《呈齐省长陈明第四次全国教育会联合会移沪开会请拨补助费文》，《江苏省教育会月报》1918年8月，文牍第8页。
[3]《呈教育部请于全国教育会联合会开会时派员莅会文》，《江苏教育会月报》1918年8月，文牍第9页。

词,江苏教育厅长符鼎升及福建林传甲先后致颂词"①。随后召开的谈话会决定,"十一日起,每日午后一时半开会审查"②。另外,"大会期以一小时报告各省区教育会状况,其报告期以星期一日开始"③。

受战争因素影响,各省区代表中有许多人到年会开幕后方到会,因此没有参加审查会。甲组审查会成员有陈宝泉、项赓云、钟鼎、孔昭绶、刘炯文、张准、郭秉文、叶谦、许名世、经亨颐、王世选、苏体仁、王卓午、金曾澄、孙其昌、刘凤池,推陈宝泉为审查主任,负责审查小学教育、中学教育、师范教育及其他关于普通教育事项。乙组审查会成员有孙毓琨、赵纶士、朱剑帆、梁锡光、李揩荣、孙松龄、庄俞、陈纯、郭葆琳、韩锐、张直生、张金镐、郑贞文、梁成柏、石玉璞,推李揩荣为审查主任,负责审查专门教育、实业教育、社会教育、教育行政及其他关于法则事项。合组审查会为全体代表,推经亨颐为审查主任,负责审查战后教育三案。④本次年会共收到提案54件,第一次大会时"成立付审查者九件,备参考者二件"⑤,第二次大会时"成立付审查者十件,备参考者一件"⑥,第三次大会时"成立付审查者四件"⑦,第四次大会最后通过了议决案15件,分别电北京广州当局,呈国务院、教育部,函各省区教育会,致书业商会、日报公会及各报馆和南洋各埠华侨教育总会。议决案具体目录如下:

(1)请续设各省区教育厅案(呈教育部)
(2)今后我国教育之注重点案(呈教育部并函各省区教育会)
(3)每届联合会议决事项仍宜随时互相研讨共策进行案(函各省区教育会)
(4)推广体育计划案(呈教育部)

---

① 《全国教育会联合会第四次开会记要》,《教育杂志》1918年10卷11号,特别记事第24页。
② 《全国教育会联合会第四次开会记要》,《教育杂志》1918年10卷11号,特别记事第24页。
③ 《第四次全国教育会联合会纪事》,《教育周报》1918年218期,各省纪闻第12页。
④ 全国教育会联合会:《全国教育会联合会会务纪要(中华民国七年十月第四次)》,上海:全国教育会联合会,1918年,审查员分组名单第1页。
⑤ 《全国教育会联合会第四次开会记要》,《教育杂志》1918年10卷11号,特别记事第24页。
⑥ 《全国教育会联合会第四次开会记要》,《教育杂志》1918年10卷11号,特别记事第24页。
⑦ 《全国教育会联合会第四次开会记要》,《教育杂志》1918年10卷11号,特别记事第24页。

(5)请速办全国联合运动会及各省区运动会案(呈教育部)
(6)推广中华新武术案(函各省区教育会)
(7)各省区每年派员考察国外教育案(呈教育部)
(8)请维持被灾各省区教育案(呈教育部)
(9)致书业商会日报公会及各报馆函
(10)致南洋各埠华侨教育总会函
(11)中等以上各校学生应于假期内实行调查案(呈教育部)
(12)请励行教育政策案(呈国务院及教育部)
(13)提倡青年团案(函各省区教育会)
(14)改进理化教授案(呈教育部并函各省区教育会)
(15)电请解决内争案(电黎宋卿、冯华甫两先生并请转北京广州各当局)

尚有意见书二件刊入会务纪要内：

(1)推广职业教育意见书(广东代表金曾澄提出)
(2)研究言文接近方法意见书(福建代表郑贞文提出)

除此以外,全国教育会联合会第四次年会还决定下一次年会的提案方针为"除认定道德教育义务教育体育职业教育为紧要问题外,(一)注重学生毕业后前途;(二)言文接近之方法"[①]。

三、会议期间的活动

对于各省区代表的到来,江苏省教育会和上海各机关"招待颇极周致"[②]。在会议期间,江苏省教育会"设席都益处宴请各代表"[③],又"至沪南半淞园开茶

[①]《各国教育会联合会纪事(续)》;《教育周报》,1918年第220期,各省纪闻第10—11页。
[②]《全国教育会联合会开会纪事》,《江苏省教育会月刊》1918年10月,会务纪要第11页。
[③]《全国教育会联合会第二日开会纪》,《申报》1918-10-12(10)。

话会,并游览"①。商务印书馆"邀请各代表宴会"②,并"参观商务书馆印刷所"③。此外,寰球中国学生会曾宴请与会代表,中华职业教育社和中国青年会也开欢迎会欢迎与会代表,甚至连上海滩著名犹太裔富商哈同都"赠各代表仓圣纪念章一枚"④。在会议期间,有"刘百铭君演讲德育方法之商榷,蔡乐尔君演讲体育设施方法"⑤,又有"各省区代表陈宝泉、朱剑帆、郭秉文、孙松龄、庄俞、郭葆琳、苏体仁、赵正平等演说"⑥。最为精彩的要数金曾澄和胡玉孙两人的演说。

广东代表金曾澄在寰球中国学生会的宴请中演说,就中国学生留学海外问题进行了探讨。金曾澄在演讲开始提问:"吾国派赴外洋留学,年盛一年,然远涉重洋,求学千万里外,究竟有何目的?"⑦在金曾澄眼中,中国学生留学海外,"实欲挽救中国转弱为强","故游学海外,微特专在学术一方面,且注意各国之良社会及其所设之种种实业,取与吾国比较之,有何异点,待归国后,出其所学以贡献于国家,则中国不难强盛"。⑧金曾澄认为,"游学回国,日见其多,特未闻有游学生为国家建设一种大事业"⑨的原因,在于"游学之士,大半其希望太高,而能力则多薄弱"⑩,因此希望海外留学生能苦学本领为国效力。

教育部特派员胡玉孙则在闭会式上进行了演说,并自称是"第一次全国教育会联合会发起人之一员,故精神上与联合会会务之关系,颇觉密切"⑪。胡玉孙在演说中指出,"教育部之主张,以为欲教育发达,须先使部颁之命令有效,欲使部颁之命令有效,须先使所发之命令与各地之实情相结合",但"各省悬隔,动在数千里外,其地之情状,教育部又乌从知之"。⑫他认为"联合会集全国教育代表于一处,其所讨论暨报告,必多适合于各地方之实情,故议决之案,教育部非

---

① 《全国教育会联合会开会纪事》,《江苏省教育会月刊》1918年10月,会务纪要第11页。
② 《全国教育会联合会开会纪事》,《江苏省教育会月刊》1918年10月,会务纪要第11页。
③ 《全国教育会联合会开会纪事》,《江苏省教育会月刊》1918年10月,会务纪要第11页。
④ 《全国教育会联合会开会纪事》,《江苏省教育会月刊》1918年10月,会务纪要第12页。
⑤ 《全国教育会联合会第四次开会记要》,《教育杂志》1918年10卷11号,特别记事第25页。
⑥ 《全国教育会联合会第四次开会记要》,《教育杂志》1918年10卷11号,特别记事第26页。
⑦ 《全国教育会联合会代表之演说》,《教育周报》1918年221期,中央纪闻第14—15页。
⑧ 《全国教育会联合会代表之演说》,《教育周报》1918年221期,中央纪闻第15页。
⑨ 《全国教育会联合会代表之演说》,《教育周报》1918年221期,中央纪闻第15页。
⑩ 《全国教育会联合会代表之演说》,《教育周报》1918年221期,中央纪闻第15页。
⑪ 《各国教育会联合会纪事(续)》,《教育周报》1918年220期,各省纪闻第12页。
⑫ 《各国教育会联合会纪事(续)》,《教育周报》1918年220期,各省纪闻第12页。

常重视"[1]。最后,胡玉孙还表示可以"负向教育部口头陈述之义务"[2]以弥补议决案书面报告之不足,可以"负先向教育部用口头报告之义务"[3]以补救议决案上报速度之不足。

10月25日下午,全国教育会联合会第四次年会举行闭会式。此次年会,"历十有六日,凡开大会八次"[4]。在闭会式之前,各省区代表"即于午后在本会会所摄影,以志纪念"[5]。闭会式开始后,"先由主席沈信卿君(即沈恩孚)报告本届议决案","次教育部代表胡玉孙君演说",[6]各省区代表也陆续发表了自己的意见,最后"主席致闭会词,宣告闭会"[7]。

第五节　全国教育会联合会第五次年会

根据全国教育会联合会第四次年会闭会时的决定,第五次年会定于1919年10月10日在太原召开,举办单位为山西省教育会。本年国内局势相对平静,没有发生上年度因战乱而移址开会的事情。1919年10月10日,"第五次全国教育会联合会开会于山西省城"[8]。

一、与会代表

出席全国教育会联合会第五次年会的有江苏省教育会代表沈恩孚、庄俞,广东省教育会代表叶觉迈,安徽省教育会代表江辛、马德骥、章浑,直隶省教育

---

[1]《各国教育会联合会纪事(续)》,《教育周报》1918年220期,各省纪闻第12页。
[2]《各国教育会联合会纪事(续)》,《教育周报》1918年220期,各省纪闻第12页。
[3]《各国教育会联合会纪事(续)》,《教育周报》1918年220期,各省纪闻第13页。
[4]《全国教育会联合会第四次开会记要》,《教育杂志》1918年10卷11号,特别记事第23页。
[5]《全国教育会联合会开会纪事》,《江苏省教育会月刊》1918年10月,会务纪要第12页。
[6]《全国教育会联合会第十四日开会纪》,《申报》1918-10-26(10)。
[7]《全国教育会联合会第十四日开会纪》,《申报》1918-10-26(10)。
[8]《第五次全国教育会联合会开会志要》,《教育杂志》1919年11卷12号,特别记事第17页。

会代表杨桂山、刘炯文、刘绶曾,北京教育会代表陈宝泉、孙壮,浙江省教育会代表经亨颐、计宗型,江西省教育会代表符鼎升、吴树枏,京兆教育会代表王苪、蔡以观,吉林省教育会代表叶翰卿、吴玉琛、奚国钧,陕西省教育会代表康耀宸、王震良,山西省教育会代表张秀升、冯司直、苏体仁,热河教育会代表沈默、宣本荣,奉天省教育会代表敦享文、李树滋、李端、吴景福,云南省教育会代表丁其彦、顾品端,山东省教育会代表贾迺宽、郭葆珍、邹宝庚,福建省教育会代表林炯、邓萃英、郑贞文,黑龙江省教育会代表王福维,湖南省教育会代表朱剑帆、方克刚,甘肃省教育会代表水梓、裴正端、王天柱,河南省教育会代表王维翰、何日章,绥远教育会代表任秉钧、荣祥,广西省教育会代表叶光亹,察哈尔教育会代表吴德镇。[①]其中奉天省教育会有4人出席,安徽省教育会、直隶省教育会、吉林省教育会、山西省教育会、山东省教育会、福建省教育会和甘肃省教育会各有3人出席,江苏省教育会、北京教育会、浙江省教育会、江西省教育会、京兆教育会、陕西省教育会、热河教育会、云南省教育会、湖南省教育会、河南省教育会和绥远教育会各有2人出席,广东省教育会、黑龙江省教育会、广西省教育会和察哈尔教育会各有1人出席,共51人代表23省区参加了这次年会。(表3-5)

表3-5 全国教育会联合会第五次年会参会代表情况分析表

教育背景		名单	人数	百分比
中国	传统教育	沈恩孚、叶觉迈、江辛、庄俞	4	8%
	新式学堂	孙壮、王苪、叶翰卿、杨桂山、刘炯文、张秀升、沈默、吴树枏、敦享文、丁其彦、马德骥、贾迺宽、郭葆珍、王福维、水梓、宣本荣、李树滋、李端、王震良、蔡以观、刘绶曾、方克刚、邹宝庚、王维翰、裴正端、王天柱、吴景福、任秉钧、何日章、奚国钧、荣祥、顾品端、叶光亹	33	65%
留日		吴德镇、陈宝泉、经亨颐、符鼎升、康耀宸、林炯、计宗型、吴玉琛、冯司直、苏体仁、郑贞文、章浑、朱剑帆、邓萃英	14	27%

资料来源:根据《第五次全国教育会联合会会务纪要(民国八年十月)》(会员录)、《教育杂志》第11卷第12号和《申报》的相关报道整理

---

① 全国教育会联合会:《第五次全国教育会联合会会务纪要(民国八年十月)》,太原:全国教育会联合会,1919年,会员录第1—18页。

在参加全国教育会联合会第五次年会的参会代表中，出身于中国传统教育的代表有4人，占总人数的8%。在国内新式学堂接受过教育的代表有33人，占总人数的65%。曾留学日本的代表有14人，占总人数的27%。从总体上看来，在本土接受教育的代表人数占73%的多数，远远高于留学海外的代表人数（占27%）；但接受过新式教育的代表人数占92%，与传统教育出身的代表人数（占8%）相比处于绝对优势。

二、会议议程及议决案

为筹备全国教育会联合会第五次年会，山西省教育会早早就"筹设事务所"①，并去函各省区教育会要求"查照办事细则第五条于开会两个月以前提出议案"②。第五次年会"届期，各省区代表已到过半数，遂照章于国庆日行开会式"③。10月10日"午后一时半，各代表咸集，会场在省城海子边山西省教育会"④。开会式开始后，"首由山西省教育会会长冯振邦（即冯司直）先生报告本届在晋开会原因及一切筹备经过情形"，"次由督军兼省长阎百川（即阎锡山）先生致词"，"次教育部张司长报告部中对于上届议决各案，分别采择暨进行经过情形"，"次教育部邓参事演说部中此后对于教育行政进行之方针"，"次教育厅长虞和钦先生介绍美国谭唐先生演说"，"次由江苏代表沈信卿先生致答谢词"，⑤整个开会式"颇极一时盛况"⑥。

10月11日下午开会，"首照章公推山西省教育会会长冯振邦先生为主席、副会长张兰亭先生为副主席"，"次议决各事"。⑦当时决定，每天下午"一时半至二时半为报告时间，三时至五时半由会议时间"，"并议决各省区所提交之议案，

---

① 《山西省教育会来函（为征集本年全国教育会联合议案事）》，《教育潮》1919年1卷2期，会报第103页。
② 《山西省教育会来函（为征集本年全国教育会联合议案事）》，《教育潮》1919年1卷2期，会报第103页。
③ 《第五次全国教育会联合会开会志要》，《教育杂志》1919年11卷12号，特别记事第17页。
④ 《第五次全国教育会联合会开会志要》，《教育杂志》1919年11卷12号，特别记事第17页。
⑤ 《第五次全国教育会联合会开会志要》，《教育杂志》1919年11卷12号，特别记事第17—18页。
⑥ 《第五次全国教育会联合会开会志要》，《教育杂志》1919年11卷12号，特别记事第18页。
⑦ 《第五次全国教育会联合会开会志要》，《教育杂志》1919年11卷12号，特别记事第18页。

以十五日为截止收受议案期限,逾期提交者,作为会务报告"。①紧接着,各省区代表又"再讨论审查会之组织","决定依照第四次联合会组织法,分为甲组审查、乙组审查,其议案性质有联带关系者,交由合组审查"。②甲组审查会审查员包括奚国钧、江辛、经亨颐、叶觉迈、林炯、方克刚、水梓、沈恩孚、顾品端、刘炯文、荣祥、孙壮、沈默、叶光霱、敦享文、李树滋、吴树枬、贾迺宽、王福维、张秀升、裴正端、计宗型,乙组审查会审查员包括章浑、马德骥、郑贞文、王天柱、庄俞、丁其彦、杨桂山、刘绶曾、陈宝泉、邓萃英、宣本荣、吴景福、李端、任秉钧、郭葆珍、邹宝庚、苏体仁、符鼎升,两组均未正式推选审查主任。③合组审查会则由甲乙两组联合组成,历次会议均推沈恩孚为审查主任。从10月13日起,各省区代表先后报告本省区教育状况,并审查各项议案。

本次年会共收到各省区教育会提案62件,另有临时动议案1件,"结果议决案二十八件,否决案九件,撤回案四件,审查会取消案五件,归并案十六件,作为下届提案方针案一件"④,分别电中央,呈南北当局、教育部和函各省区教育会。议决案具体目录如下:

  (1)请裁兵兴学案(呈南北当局)
  (2)请废止教育宗旨宣布教育本义案(呈教育部)
  (3)改革女学制度案(呈教育部)
  (4)改进学校体育案(呈教育部)
  (5)推行义务教育案(呈教育部)
  (6)中等以下教育宜注重工艺案(呈教育部)
  (7)各省区设立教育行政人员讲习会案(呈教育部)
  (8)请速设国立陕西高等师范学校案(呈教育部)
  (9)请设国立学术研究会议案(呈教育部)
  (10)请分区筹设国立农业专门学校案(呈教育部)

---

① 《第五次全国教育会联合会开会记》,《新中国》1919年1卷7期,第48页。
② 《第五次全国教育会联合会开会记》,《新中国》1919年1卷7期,第48页。
③ 《续纪山西之两大会　全国教育联合会》,《申报》1919-10-19(7)。
④ 《第五次全国教育会联合会开会记》,《新中国》1919年1卷7期,第47页。

(11)各特别区应设专管教育机关案(呈教育部)
(12)请变通规程选派女子留学案(呈教育部)
(13)请修正教育会规程第八条丙项案(呈教育部)
(14)请简任教育厅长不必限定他省人案(呈教育部)
(15)蒙藏教育应注重国语案(呈教育部)
(16)推行国语以期言文一致案(呈教育部并函各省区教育会)
(17)组织体育委员会案(呈教育部并函各省区教育会)
(18)革新学校教育方案(函各省区教育会)
(19)退还庚子赔款专办教育案(函各省区教育会)
(20)推广童子军案(函各省区教育会)
(21)中小学校教科书应即改编案(函各省区教育会)
(22)编定公民教材案(函各省区教育会)
(23)教育会应联络农工商会以期教育实业并进案(函各省区教育会)
(24)普通教育应注重职业科目及实施方法案(函各省区教育会)
(25)改良戏剧以重社会教育案(函各省区教育会)
(26)调查中小学校毕业学生状况案(函各省区教育会)
(27)失学人民补习教育办法案(函各省区教育会)
(28)为湖南省教育会改选违法致中央电

除28件议决案中,全国教育会联合会第五次年会还决定第六次年会的提案方针"除照前届各条外,加入修改学制之研究一项"[①]。

三、会议期间的活动

10月14日午后10时,"山西省教育会开欢迎会,并会宴摄影"[②]。10月16日晚,"督署五时招宴"[③]。10月18日午时,山西"省议会省农会商务总会在省议会

---

① 《第五次全国教育会联合会开会志要》,《教育杂志》1919年11卷12号,特别记事第22页。
② 《第五次全国教育会联合会开会志要》,《教育杂志》1919年11卷12号,特别记事第21页。
③ 《第五次全国教育会联合会开会记》,《新中国》1919年1卷7期,第51页。

合开欢迎会"①。10月21日,各省区代表"全体在议场前摄影,阎督军兼省长复偕至文瀛湖影翠亭上摄影,午时军政各领袖在傅公祠合开欢迎会"②。各省区代表"自开会之日起,每日上午八时至十二时,偕往省城各学校参观,星期日往榆次实地考察县教育状况"③。在会议期间,各界人士争相演讲,为全国教育会联合会第六次年会添色不少,其中山西省督军兼省长阎锡山、教育部参事邓萃英和美国杜威博士(John Dewey)的演讲最为引人注目。

作为东道主的阎锡山是山西省军政领导,对于全国教育会联合会第五次年会的召开十分热情,并在开会式上发表了演说。演说伊始,阎锡山即表示"吾人群今日已陷于最危险之地位,生命所系,不绝如缕"④。出现这种局面的最主要原因,"政治程度越出教育程度太远所致,反言之,政体已成民主而民实无主之之智能",因此"主之者既非民,即失却民主之精神"。⑤为解决"无民主精神而民主"⑥的问题,阎锡山认为"惟有积极发达教育之一端耳"⑦,而"欲求教育之发达,其教育之制度及管理教授之方法必须适合促进吾人群现在智能之程度乃克有济"⑧。在阎锡山眼中,"教育联合会即为讨论此程度与方法之会","此会之结果必能于教育界中放许多光明,于行政界中开许多办理教育之路径也"。⑨

教育部参事邓萃英也在全国教育会联合会第五次年会开会式上发表了演说。在演说中,邓萃英指出"教育事业严格言之,无政府与社会之分"⑩。就手续上言,"政府乃集社会之公意,立一大体法则,为进行标准","至行之有无其效,

---

① 《第五次全国教育会联合会开会志要》,《教育杂志》1919年11卷12号,特别记事第22页。
② 《第五次全国教育会联合会开会志要》,《教育杂志》1919年11卷12号,特别记事第22页。
③ 江辛,章浑,马德骥:《代表赴第五次全国教育会联合会会议报告》,《安徽省教育会季报》1919年冬季,报告第1页。
④ 《督军兼省长莅全国教育会联合会参观之演说词(十月十日)》,《来复报》1919年80号,论坛第29页。
⑤ 《督军兼省长莅全国教育会联合会参观之演说词(十月十日)》,《来复报》1919年80号,论坛第29页。
⑥ 《督军兼省长莅全国教育会联合会参观之演说词(十月十日)》,《来复报》1919年80号,论坛第29页。
⑦ 《督军兼省长莅全国教育会联合会参观之演说词(十月十日)》,《来复报》1919年80号,论坛第29页。
⑧ 《督军兼省长莅全国教育会联合会参观之演说词(十月十日)》,《来复报》1919年80号,论坛第29页。
⑨ 《督军兼省长莅全国教育会联合会参观之演说词(十月十日)》,《来复报》1919年80号,论坛第29—30页。
⑩ 邓萃英:《现代教育思潮与教育行政方针(在第五次全国教育会联合会演说稿)》,《教育丛刊》1920年3集,现代教育思潮与教育行政方针第1页。

何者宜补充,何者宜改革,亦惟社会之实际的经验是赖",[1]而"社会乃政府之指导者,又为法令之实验者","指导结果,为之实验","实验结果,复出以指导",[2]政府不过是中间的经手人。因此邓萃英认为,"言教育行政方针,非先合政府与社会为一体不可"[3]。

1919年5月,美国著名教育家杜威博士应中国教育界邀请访华。在这次访华期间,杜威也参加了这场盛会。10月12日适逢星期日休会,全国教育会联合会在下午2时邀请杜威在会场演说"教育上的试验态度"。在演说中,杜威指出"中国当今之时代,人人以为无齐一政策、一致方针,甚抱悲观"[4]。在杜威看来,"中国民族之习惯,历史之习惯,并不齐一,亦不一致"[5],因此他认为"不特不必悲观,未始不可乐观"[6]。杜威建议,"中国各地方正可乘此机会,实行试验""教育家尤可利用此时代,以试验种种适于地方之活动法制"。[7]至于"如何可乘此时代试验活动法制"[8],杜威则给出了大学校、师范学校、女学校和试验学校四个方向。

10月25日,全国教育会联合会第五次年会举行闭会式。此次年会"自十月十号开会,至二十五号闭会,延会一日","会议十一次,各省区代表与会者五十一人,连日审查报告会议讨论,各代表甚形忙碌,莫不竭全副精神以赴之"。[9]闭会式上,首先由全国教育会联合会第五次年会主席冯司直报告本次年会概况。冯司直报告完毕,"次由省议会议长崔文徵、旅长兼国民师范学校校长赵次陇、教育厅长虞和钦、江苏代表沈信卿、庄百俞(即庄俞)、湖南代表朱剑帆等演说",

---

[1] 邓萃英:《现代教育思潮与教育行政方针(在第五次全国教育会联合会演说稿)》,《教育丛刊》1920年3集,现代教育思潮与教育行政方针第1页。
[2] 邓萃英:《现代教育思潮与教育行政方针(在第五次全国教育会联合会演说稿)》,《教育丛刊》1920年3集,现代教育思潮与教育行政方针第1页。
[3] 邓萃英:《现代教育思潮与教育行政方针(在第五次全国教育会联合会演说稿)》,《教育丛刊》1920年3集,现代教育思潮与教育行政方针第1页。
[4] 我一:《教育上的试验态度》,《武进月报》1919年2卷10号,第1页。
[5] 我一:《教育上的试验态度》,《武进月报》1919年2卷10号,第1页。
[6] 我一:《教育上的试验态度》,《武进月报》1919年2卷10号,第1页。
[7] 我一:《教育上的试验态度》,《武进月报》1919年2卷10号,第1页。
[8] 我一:《教育上的试验态度》,《武进月报》1919年2卷10号,第1页。
[9]《全国教育会联合会闭会报告》,《教育杂志》1919年11卷11号,记事第108页。

"后由冯主席致闭会词","楼上下来宾甚盛,五时半始散"。①

第六节　全国教育会联合会第六次年会

全国教育会联合会第五次年会本打算将下次年会地点定在安徽,但安徽省教育会以"改建会场来年势难竣工筹备不反,恐误事机"②为由婉拒,最后改为由广东省教育会举办。只是会期将近之际,"广州军事上猝生变更,各省区代表到沪者,不复前进"③。虽然广东省教育会表示"现仍积极筹备,依期举行,断不因局部一时战事停止开会"④,但各省区代表对此持观望态度。江苏省教育会设在上海,于是由其致电广东省教育会询问详情。当得知广东省教育会打算"实行延期,俟粤事平定再议"⑤的时候,各省区代表便主张由有临时举办第四次年会经验的江苏省教育会接办此次年会。几经周折,全国教育会联合会第六次年会最终由江苏省教育会于1920年10月20日在上海举办。

一、与会代表

出席全国教育会联合会第六次年会的有甘肃省教育会代表刘濴,黑龙江省教育会代表朱殿文,湖南省教育会代表方克刚,北京教育会代表梁锡光,山东省教育会代表朱汉章、李含芳,山西省教育会代表张秀升、张履寿,江苏省教育会代表黄炎培、沈恩孚、郭秉文,河南省教育会代表鲍乃渥、李显荣、王寿芝,直隶

---

① 《第五次全国教育会联合会开会志要》,《教育杂志》1919年11卷12号,特别记事第23页。
② 《太原代表来电(为第六届联合会决定在皖乞电示遵由)(十月十二日)》,《安徽省教育会季刊》1919年冬季,公文第3页。
③ 庄俞:《第六次全国教育会联合会记略》,《教育杂志》1920年12卷12号,特别记事第1页。
④ 全国教育会联合会:《全国教育会联合会会务纪要(九年十月第六次)》,上海:全国教育会联合会,1920年,文牍第1页。
⑤ 全国教育会联合会:《全国教育会联合会会务纪要(九年十月第六次)》,上海:全国教育会联合会,1920年,文牍第6页。

省教育会代表刘炯文、杨桂山、齐世铭,安徽省教育会代表徐方汉、赵纶士,广东省教育会代表李伯贤,吉林省教育会代表吴玉琛、季宗鲁,京兆教育会代表李揩荣,福建省教育会代表邓萃英、郑贞文、黄琬,浙江省教育会代表何绍韩、徐晋麒、李杰,绥远教育会代表马建功、阎肃,奉天省教育会代表栗宗周、吴景福,江西省教育会代表龙钦海、吴树枥,热河教育会代表王玉树。[①]其中江苏省教育会、河南省教育会、直隶省教育会、福建省教育会和浙江省教育会有3人出席,安徽省教育会、山东省教育会、山西省教育会、绥远教育会、奉天省教育会、江西省教育会和吉林省教育会各有2人出席,甘肃省教育会、黑龙江省教育会、湖南省教育会、北京教育会、京兆教育会、广东省教育会和热河教育会各有1人出席,共36人代表19省区出席了第六次年会。(表3-6)

表3-6　全国教育会联合会第六次年会参会代表情况分析表

教育背景		名单	人数	百分比
中国	传统教育	沈恩孚、李伯贤	2	5%
	新式学堂	刘澂、朱殿文、方克刚、梁锡光、黄炎培、鲍乃湿、李显荣、王寿芝、刘炯文、杨桂山、齐世铭、赵纶士、朱汉章、李含芳、张秀升、张履寿、黄琬、马建功、阎肃、栗宗周、吴景福、何绍韩、徐晋麒、李杰、吴树枥、季宗鲁、王玉树	27	75%
留日		徐方汉、李揩荣、郑贞文、邓萃英、龙钦海、吴玉琛	6	17%
留美		郭秉文	1	3%

资料来源:根据《全国教育会联合会会务纪要(九年十月第六次)》(会员录)、《教育杂志》第12卷第12号和《申报》的相关报道整理

在参加全国教育会联合会第六次年会的参会代表中,出身于中国传统教育的代表有2人,占总人数的5%。在国内新式学堂接受过教育的代表有27人,占总人数的75%。曾留学日本的代表有6人、留学美国的代表有1人,分别占总人数的17%和3%。从总体上看来,在本土接受教育的代表人数占80%,远远高于留学海外的代表人数(占20%);但接受过新式教育的代表人数占95%,与传统教育出身的代表人数(占5%)相比处于绝对优势。

---

① 庄俞:《第六次全国教育会联合会记略》,《教育杂志》1920年12卷12号,特别记事第4页。

二、会议议程及议决案

江苏省教育会接手全国教育会联合会第六次年会筹办工作后,迅速"组织事务所"[1],"一面通知各省区代表速到,一面通知广东省教育会代表携带案卷来沪"[2]。1920年10月20日上午10时,全国教育会联合会第六次年会"在江苏省教育会内,举行开会式"[3]。时间仓促加之会址变更,使得当时到会代表只有区区13人。开会式上,"先由江苏代表黄任之君致词","次由江苏代表沈信卿君报告本届联合会移沪开会缘由及筹备经过情形"。[4]经过协商,各省区代表推举江苏代表黄炎培为主席、沈恩孚为副主席,并决定待到会代表满足法定人数时即开大会。随后官长训词,"首由黎籽训君代表教育总长致词,次胡教育厅长代表齐省长致词","次护军使代表陆达权致词"[5]。官长训词结束后,又有"江苏代表郭秉文致词"[6]。

10月23日,各省区到沪代表已达19人,满足法定人数,于是召开第一次大会。10月25日,各省区到沪代表已有32人,决定组织审查会。特组审查会由李杰任审查主任,成员有李杰、刘炯文、方克刚、赵纶士、邓萃英、张秀升、沈恩孚和李伯贤,负责请愿国会删除众议院议员选举法第八条第一项案和小学教员不宜停止被选举权案的审查。甲组审查会由邓萃英任审查主任,成员有刘澂、方克刚、郭秉文、李显荣、刘炯文、杨桂山、赵纶士、朱汉章、李撂荣、马建功、邓萃英、栗宗周、何绍韩、李伯贤、吴树枏、张秀升、黄琬和吴玉琛,审查小学教育、中学教育、师范教育及其他普通教育事项。乙组审查会由沈恩孚任审查主任,成员有朱殿文、梁锡光、沈恩孚、鲍乃渥、王寿芝、徐方汉、李含芳、张履寿、郑贞文、徐晋麒、李杰、阎肃、吴景福、龙钦海、季宗鲁,审查专门教育、实业教育、社会教育、教育行政及其他关于法则事项。合组审查会由沈恩孚任审查主任,成员为全体代

---

[1]《全国教育会联合会今日开会》,《申报》1920-10-20(10)。
[2] 庄俞:《第六次全国教育会联合会记略》,《教育杂志》1920年12卷12号,特别记事第1页。
[3]《全国教育会联合会开会纪》,《教育杂志》1920年12卷11号,记事第7页。
[4]《全国教育会联合会开会纪》,《申报》1920-10-21(10)。
[5]《全国教育会联合会开会纪》,《申报》1920-10-21(10)。
[6]《全国教育会联合会开会纪》,《申报》1920-10-21(10)。

表,审查与甲乙两组均有关系或特别重大的议题。[①]直隶代表齐世铭和热河代表王玉树因迟到,后来加入乙组审查会。[②]除审查议案外,全国教育会联合会第六次年会也遵循以往历次年会惯例,由各省区代表先后报告本省区教育状况。

全国教育会联合会第六次年会"收到议案五十七件,交审查者三十五,原文呈部者一,迳电中央者二,邮代电各省区者一,因提出逾期交审查会参考者二,否决者十一,撤回修改者三,临时提出供参考者二,议决案二十四件"[③],分别电中央和各省区、各公团,呈国务院、内务部、教育部,函各省区教育会。议决案具体目录如下:

(1)请从速恢复地方自治以固教育根本案(呈国务院、内务部、教育部)

(2)小学教员不宜停止被选举权案(呈内务部、教育部)

(3)推广蒙养园案(呈教育部)

(4)促进男女同学以推广女子教育案(呈教育部)

(5)教育经费独立案(呈教育部)

(6)各省区教育行政机关宜联合本省区教育会组织评议会以谋教育进行案(呈教育部)

(7)请设国立体育学校案(呈教育部)

(8)请修改学校及教育团体公文书式案(呈教育部)

(9)请修改选派留学生条例并增定各区留学专额案(呈教育部)

(10)任用校长应注重相当资格案(呈教育部)

(11)请速增设国立大学案(呈教育部)

(12)请定北京音为国音并颁国音字典案(呈教育部)

(13)请修正学校学年学期及休业日规程案(呈教育部)

(14)请速设各特别区教育厅案(呈教育部)

---

① 全国教育会联合会:《全国教育会联合会会务纪要(九年十月第六次)》,上海:全国教育会联合会,1920年,第六次全国教育会联合会职员表第1页。

② 庄俞:《第六次全国教育会联合会记略》,《教育杂志》1920年12卷12号,特别记事第2页。

③ 《全国教育会联合会记事》,《教育潮》1920年1卷9期,第79页。

(15)改革学制系统案(函各省区教育会)

(16)学生自治纲要案(函各省区教育会)

(17)省区教育会应提倡设立儿童研究会案(函各省区教育会)

(18)促进本会议决案件实行案(函各省区教育会)

(19)民治教育设施标准案(呈教育部)

(20)提倡小图书馆案(函各省区教育会)

(21)教材要目案(函各省区教育会)

(22)电请废督裁兵的节饷兴学案(迳电中央)

(23)电请政府实行法治案(迳电中央)

(24)通电各省区实行法治案(电告各省区各公团)

同时,全国教育会联合会第六次年会还决定"第七次全国教育会联合会,应先将学制系统案议决,再议其他各案"[①],实际上就是全国教育会联合会第七次年会的提案方针。

三、会议期间的活动

全国教育会联合会第六次年会开会期间,上海社会各界颇尽地主之谊。10月21日晚,"江苏省教育会在一品香欢迎已到各代表"[②]。10月24日午后,"江苏省教育会招待各代表到半淞园开园游会"[③]。10月28日晚,"上海劝学所县教育会省立第二师范学校第一商业学校在公共体育场开欢迎会"[④]。10月29日上午,全体代表"游览爱俪园"[⑤],晚上"少年宣讲团在大东旅社开欢迎会"[⑥]。10月30日上午9时,"全体参观商务印书馆总公司印刷制造总厂"[⑦],晚上"江苏省教

---

① 《第七届全国教育会联合会纪略》,《教育杂志》1922年14卷1号,第七届全国教育会联合会纪略第1—2页。

② 庄俞:《第六次全国教育会联合会记略》,《教育杂志》1920年12卷12号,特别记事第1页。

③ 庄俞:《第六次全国教育会联合会记略》,《教育杂志》1920年12卷12号,特别记事第1页。

④ 庄俞:《第六次全国教育会联合会记略》,《教育杂志》1920年12卷12号,特别记事第2页。

⑤ 庄俞:《第六次全国教育会联合会记略》,《教育杂志》1920年12卷12号,特别记事第2页。

⑥ 庄俞:《第六次全国教育会联合会记略》,《教育杂志》1920年12卷12号,特别记事第2页。

⑦ 庄俞:《第六次全国教育会联合会记略》,《教育杂志》1920年12卷12号,特别记事第2页。

育会在也是园开欢迎会"①。10月31日上午,"全体在公共体育场参观上海童子军会操,午刻童子军造饭供客,午后技击部等四团体奏技,四时家庭日新会开欢迎会"②,晚上"中华书局开欢迎会"③。11月1日上午10时,"参观中华职业学校,在校午餐"④,晚上"新教育共进社中华职业教育社华商纱厂联合会在香港路十号开欢迎会"⑤。11月2日晚上,"商务印书馆在东亚旅馆开欢迎会"⑥。11月3日晚上7时,"青年会开欢迎会,毕德辉君演讲卫生,佐以活动影片"⑦。11月4日下午4时,"上海县视学学务委员县市立全体小学校小学教职员联合会在县教育会开欢迎会"⑧,晚上"科学仪器馆在倚虹楼开欢迎会"⑨。11月7日,"精武体育会开纪念会,并欢迎各省区代表,全体赴会,并午餐"⑩。11月8日下午,"全体赴半淞园,应何护军使王道尹沈县知事之欢宴"⑪,晚上"高丽旅沪教育界士女,假大东旅社,欢宴第六届全国(中国)教育会联合会各省区代表"⑫。会议期间,有不同教育名家在不同场合演说,其中三名外国教育家罗素(Bertrand Russell)、麦克乐(Charles Harold McCloy)和贾斐烈的演说尤为精彩。

在10月21日晚江苏省教育会欢迎各代表的宴席上,还有英国教育家罗素在席。罗素应中国公学的邀请于1920年10月12日来到上海,适逢全国教育会联合会第六次年会开会,江苏省教育会因而邀请罗素发表演讲。甫一开始,罗素即直言"现在中国有最大之需要为提倡新的教育"⑬。罗素认为,"世界进步无止境,人之希望亦无穷","能有新的教育,则不但应用便利,而人生观亦可较高尚,精神上亦活泼愉快也。"⑭在罗素看来,"中国欲建设新教育,真有绝妙好机

---

① 庄俞:《第六次全国教育会联合会记略》,《教育杂志》1920年12卷12号,特别记事第2页。
② 庄俞:《第六次全国教育会联合会记略》,《教育杂志》1920年12卷12号,特别记事第2页。
③ 庄俞:《第六次全国教育会联合会记略》,《教育杂志》1920年12卷12号,特别记事第2页。
④ 庄俞:《第六次全国教育会联合会记略》,《教育杂志》1920年12卷12号,特别记事第2页。
⑤ 庄俞:《第六次全国教育会联合会记略》,《教育杂志》1920年12卷12号,特别记事第2页。
⑥ 庄俞:《第六次全国教育会联合会记略》,《教育杂志》1920年12卷12号,特别记事第2页。
⑦ 庄俞:《第六次全国教育会联合会记略》,《教育杂志》1920年12卷12号,特别记事第2页。
⑧ 庄俞:《第六次全国教育会联合会记略》,《教育杂志》1920年12卷12号,特别记事第2页。
⑨ 庄俞:《第六次全国教育会联合会记略》,《教育杂志》1920年12卷12号,特别记事第2页。
⑩ 庄俞:《第六次全国教育会联合会记略》,《教育杂志》1920年12卷12号,特别记事第3页。
⑪ 庄俞:《第六次全国教育会联合会记略》,《教育杂志》1920年12卷12号,特别记事第3页。
⑫《高丽教育界宴各教育会代表》,《申报》1920-11-9(10)。
⑬《省教育会宴客纪》,《申报》1920-10-21(10)。
⑭《省教育会宴客纪》,《申报》1920-10-21(10)。

会,因政府尚不来压迫,人民得以自由发展也"①。在演说中,罗素还指出"现在中国对于欧美文化,乐于研究,中西文化,日形接近,将来必生出一种最佳之变化"②,但罗素不主张"绝对西洋文化,并不愿任何一国文化,单独输入中国"③。

10月26日下午2时,"美国麦克乐博士演讲体育为教育系统的一部份"④。麦克乐指出,"吾人研究体育,当知其弊之所在而改良之"⑤。他认为,"体育之所以不能进步者"⑥,主要在于"不知体育在教育上之价值""徒尚表面""无兴趣""不能籍兴趣发达其良好之习惯""教材不适于实用""与德育智育及社会不能连络"六个方面⑦。10月27日下午2时,全国教育会联合会"续请美国麦克乐先生讲演体育"⑧。麦克乐"先讲实用教材,分运动、游戏、武术、跳舞、游泳、改正身体姿势、战地实用之活动等七种","次讲教授法,分全体同时教授法及分队教授法两种",⑨最后又提出"组织体育委员会,募款办理进行事宜""审定体育会名词""专请一人主持其事""旧历年终后,召集体育专家会议,共订体育教授细目与统系""募款发行体育专报,及其他体育印刷品"和"制定个人体育成绩统计表"六条意见,希望全国教育会联合会采纳⑩。

10月28日5时,"美国贾斐烈博士演讲美国教育新趋势"⑪。贾斐烈"首述中国民族之优点,援引种种事实,以为证据"⑫。贾斐烈认为,"美国人种复杂,统一极难,今美国教育之新趋势有数端,其首要为力图美化,次注重卫生,次为商业教育,次为补习教育,次为职业教育,次为改良乡村学校、注重家庭园艺及培养师资,次推广蒙养园,而尤注重于学校与社会接近"⑬。贾斐烈又介绍了纽约华

---

① 《省教育会宴客纪》,《申报》1920-10-21(10)。
② 《省教育会宴客纪》,《申报》1920-10-21(10)。
③ 《省教育会宴客纪》,《申报》1920-10-21(10)。
④ 庄俞:《第六次全国教育会联合会记略》,《教育杂志》1920年12卷12号,特别记事第2页。
⑤ 《全国教育会联合会消息》,《申报》1920-10-27(10)。
⑥ 《全国教育会联合会消息》,《申报》1920-10-27(10)。
⑦ 《全国教育会联合会消息》,《申报》1920-10-27(10)。
⑧ 《全国教育联合会消息》,《申报》1920-10-28(10)。
⑨ 《全国教育联合会消息》,《申报》1920-10-28(10)。
⑩ 《全国教育联合会消息》,《申报》1920-10-28(10)。
⑪ 庄俞:《第六次全国教育会联合会记略》,《教育杂志》1920年12卷12号,特别记事第2页。
⑫ 《全国教育会联合会消息》,《申报》1920-10-29(10)。
⑬ 《全国教育会联合会消息》,《申报》1920-10-29(10)。

盛顿欧文女学"除通常各课外,有饮食一课,讲授饮食之原理,并实习烹饪"①,据之"以为今之学校偏重理论,离开生活,实为通病"②。最后,贾斐烈还讲述了"基督教教育会在中国发展之状况","并陈列书籍图画数种"。③

全国教育会联合会第六次年会"开会自十月二十日至十一月十日止,大会十一次,审查会十一次,谈话会八次"④。11月10日下午2时,全国教育会联合会第六次年会举行闭会式。各代表团座茶话,黄炎培、李杰、庄俞、张秀升、邓萃英、沈恩孚和龙钦海等演说,"六时始欢呼而散"。⑤

第七节 全国教育会联合会第七次年会

广东省教育会为举办全国教育会联合会第六次年会筹备已久,却因战乱移沪举办,因此全国教育会联合会第六次年会"议定明年开会地点在广东"⑥。在全国教育会联合会第七次年会开会前,"适全国商会联合会在沪开会,而全国教育会联合会赴粤代表大多数又多路出上海,故由上海总商会,及江苏省教育会发起开商教两联合会联席会议"⑦。商教联合会召开的主要原因是"太平洋会议开会在即,对内对外皆有表示国民公意之必要"⑧。全国教育会联合会第七次年会本定于1921年10月10日开幕,但"以先在上海开全国商教联席会议,故展缓至十月二十七日在广州开会"⑨。

---

① 《全国教育会联合会消息》,《申报》1920-10-29(10)。
② 《全国教育会联合会消息》,《申报》1920-10-29(10)。
③ 《全国教育会联合会消息》,《申报》1920-10-29(10)。
④ 《全国教育会联合会记事》,《教育潮》1920年1卷9期,第79页。
⑤ 庄俞:《第六次全国教育会联合会记略》,《教育杂志》1920年12卷12号,特别记事第3页。
⑥ 《教育会联合会十一次大会纪》,《申报》1920-11-10(10)。
⑦ 《第七届全国教育会联合会纪略》,《教育杂志》1922年14卷1号,第七届全国教育会联合会纪略第1页。
⑧ 《第七届全国教育会联合会纪略》,《教育杂志》1922年14卷1号,第七届全国教育会联合会纪略第1页。
⑨ 《第七次全国教育会联合会始末记》,《教育杂志》1921年13卷12号,学事一束第2—3页。

一、与会代表

出席全国教育会联合会第七次年会的有云南省教育会代表刘钟华、李琛，广东省教育会代表汪兆铭、金曾澄、钟荣光，江苏省教育会代表沈恩孚、黄炎培、袁希涛，河南省教育会代表刘维藩、齐真如、王继贤，京兆教育会代表武恒、邰兰波，安徽省教育会代表江辛、高语罕，山东省教育会代表谷振东、郭葆珍，福建省教育会代表郑贞文、林炯、吴宾驺，湖南省教育会代表方克刚，北京教育会代表徐汝梅，浙江省教育会代表王荦、胡炳旎、许倬云，吉林省教育会代表奚国钧，江西省教育会代表蔡漱芳、龙钦海、吴树枏，山西省教育会代表张秀升、冀贡泉，绥远教育会代表于效仁、赵瑞年，广西省教育会代表雷沛鸿，直隶省教育会代表杨桂山。[①]其中广东省教育会、江苏省教育会、河南省教育会、福建省教育会、浙江省教育会和江西省教育会各有3人出席，云南省教育会、京兆教育会、安徽省教育会、山东省教育会、山西省教育会和绥远教育会各有2人出席，湖南省教育会、北京教育会、吉林省教育会、广西省教育会和直隶省教育会各有1人出席，共35人代表17省区出席了此次年会。（表3-7）

表3-7 全国教育会联合会第七次年会参会代表情况分析表

教育背景		名单	人数	百分比
中国	传统教育	沈恩孚、袁希涛、高语罕	3	8%
	新式学堂	李琛、黄炎培、刘维藩、齐真如、王继贤、武恒、邰兰波、江辛、谷振东、郭葆珍、吴宾驺、方克刚、徐汝梅、王荦、奚国钧、吴树枏、张秀升、胡炳旎、许倬云、于效仁、赵瑞年、杨桂山	22	63%
留日		刘钟华、汪兆铭、金曾澄、郑贞文、林炯、蔡漱芳、龙钦海、冀贡泉	8	23%
留美		钟荣光、雷沛鸿	2	6%

资料来源：根据《第七次全国教育会联合会会务纪要》、《教育杂志》第13卷第12号和《申报》的相关报道整理

---

① 全国教育会联合会：《第七次全国教育会联合会会务纪要》，广州：全国教育会联合会，1921年，第15—22页。

在参加全国教育会联合会第七次年会的参会代表中,出身于中国传统教育的代表有3人,占总人数的8%。在国内新式学堂接受过教育的代表有22人,占总人数的63%。曾留学日本的代表有8人、留学美国的代表有2人,分别占总人数的23%和6%。从总体上看来,在本土接受教育的代表人数占71%,远远高于留学海外的代表人数(占29%);但接受过新式教育的代表人数占92%,与传统教育出身的代表人数(占8%)相比处于绝对优势。

二、会议议程与议决案

为举办全国教育会联合会第七次年会,广东省教育会早早便致函各省区教育会,表示"自应依章及时在敝会内设立事务所以资筹备"①。因为举行全国商教联合会议的缘故,许多省区的代表都先赴上海,并在上海举行了四次预备会议。预备会议主要为全国商教联合会议服务,当时"推举全国教育会联合会在沪开议临时主席,多数仍推江苏省教育会代表担任,请黄任之君主席"②。商教联合会议结束后,各省区代表随即乘船前往广州开会。10月26日上午9时,"由全国教育会联合会事务所函请各省区代表莅会开谈话会,磋商此次会议一切事宜"③,并按惯例分别推广东代表汪兆铭和金曾澄为正副主席。10月27日,全国教育会联合会正式开幕。开会式上,首先"汪兆铭君(广东代表)致开会辞"④,次"开会所在地长官致词,致词者有广东省长代表朱念慈君、广东全省教育委员会委员长陈伯华君、广州市长代表陈伯庄君、广州市教育局局长许崇清君等"⑤,最后"各省区代表演说,演说者有山西代表张秀升君、江苏代表沈恩孚君、京兆代

---

① 《关于第七次全国教育会联合会在粤开会来往文电一束》,《广东省教育会杂志》1921年1卷3号,会务474页。
② 《全国教育会联合会预备会纪》,《申报》1921-10-7(14)。
③ 《第七届全国教育会联合会纪略》,《教育杂志》1922年14卷1号,第七届全国教育会联合会纪略第1页。
④ 《第七届全国教育会联合会纪略》,《教育杂志》1922年14卷1号,第七届全国教育会联合会纪略第1页。
⑤ 全国教育会联合会:《第七次全国教育会联合会会务纪要》,广州:全国教育会联合会,1921年,第121页。

表邰兰波君、浙江代表王荸君等"①。

当天下午1时30分,全国教育会联合会第七次年会开第一次大会,"议决将昨今两年各省区提出关于改革学制系统各案合并付讨论,并以此案关系重大应即日开全体会员审查会交付审查,限期三天审查完竣"②。为了审查学制系统各案,全国教育会联合会组织了合组审查会,由全体代表充当审查员,并推举黄炎培为审查主任。③11月2日上午9时,全国教育会联合会第七次年会举行第四次大会。大会决定组织甲组审查会和乙组审查会,甲组审查会负责审查第一案至第七案,乙组审查会负责审查第八案至第十四案。④刘钟华、王继贤、方克刚、冀贡泉、雷沛鸿、汪兆铭、邰兰波、王荸、许倬云、杨桂山、钟荣光、高语罕、蔡漱芳、赵瑞年、袁希涛、郭葆珍和吴树枬为甲组审查员,推袁希涛为审查主任。李琛、齐真如、郑贞文、张秀升、龙钦海、金曾澄、武恒、徐汝梅、胡炳旒、沈恩孚、江辛、奚国钧、于效仁、黄炎培和谷振东为乙组审查员,推金曾澄为审查主任。⑤同时,大会还根据安徽代表江辛的临时动议组织了特组审查会,"由主席指定江辛、郑贞文、张秀升三君为审查员"⑥,专门审查安徽教育界屡被人摧残事宜。在11月1日的第三次会议上,大会又因北京教育会选举不公问题而再组特组审查会,仍由主席指定江辛、郑贞文、张秀升三人为审查员。⑦

本次年会"收到议案共三十件,除否决缓议自请撤回等外,计通过十五

---

① 全国教育会联合会:《第七次全国教育会联合会会务纪要》,广州:全国教育会联合会,1921年,第121页。

② 全国教育会联合会:《第七次全国教育会联合会会务纪要》,广州:全国教育会联合会,1921年,第121页。

③ 全国教育会联合会:《第七次全国教育会联合会会务纪要》,广州:全国教育会联合会,1921年,第122页。

④ 全国教育会联合会:《第七次全国教育会联合会会务纪要》,广州:全国教育会联合会,1921年,第124页。

⑤ 全国教育会联合会:《第七次全国教育会联合会会务纪要》,广州:全国教育会联合会,1921年,第25页。

⑥ 全国教育会联合会:《第七次全国教育会联合会会务纪要》,广州:全国教育会联合会,1921年,第121页。

⑦ 全国教育会联合会:《第七次全国教育会联合会会务纪要》,广州:全国教育会联合会,1921年,第123页。

件"①,分别通告(函)各省区教育会、各高等教育机关、全国各报馆、各教育杂志社、书肆、教育行政机关、省议会、各师范学校、北京总税务司、银行公会、整理外债委员会和驻英国公使。议决案具体目录如下:

(1)学制系统草案(通告各省区教育会、各高等教育机关、全国各报馆、各教育杂志社)

(2)组织客观测验方法研究会案(通告各省区教育会)

(3)推行小学设计教学法案(通函各省区教育会)

(4)暂行限制课本采用名词及度量衡案(通函各省区教育会及书肆)

(5)编辑地理教科书应将本国流域改为四大流域案(通函各省区教育会及书肆)

(6)拟定儿童发育标准案(通函各省区教育会)

(7)倡办职工教育案(通函各省区教育会)

(8)将年来国耻事项插入国民学校三四年级教材案(通函各省区教育会)

(9)改革地方教育行政制度案(通函各省区教育会及教育行政机关)

(10)增加小学教员薪俸案(通函各省区教育行政机关及教育会)

(11)学校经济公开案(通函各省区教育行政机关及教育会)

(12)促进教育经费实行独立案(通函各省区教育行政机关、省议会、教育会)

(13)将世界语一科正式加入师范学校课程案(通函各省区教育会转各师范学校)

(14)以停付德俄赔款拨为教育专款案(发布宣言及致函北京总税务司、银行公会、整理外债委员会)

(15)援助华侨教育案(致函驻英国公使及通函各省区教育会)

---

① 《第七次全国教育会联合会始末记》,《教育杂志》1921年13卷12号,学事一束第3页。

另外,还有作为参考资料者两件,分别是《请维护皖省教育以免再被摧残案》(致电安徽省行政长官及各团体)和《日本长崎展览会本国各校无庸与会案》(通函各省区教育会)。本次年会的议决案,有通函各省区教育会者,有通函各省区行政机关者,有函驻外公使者,有发布宣言书者,有函书肆者、有函北京总税务司、银行公会及整理外债委员会者,"独无陈请政府施行之件"[①],可算本次年会议决案的一种特色。另外,"除停付赔款拨充教育专款案,系明确的决定外"[②],其余各案都抱着研究的态度并给实施机关留有讨论斟酌的余地,也是本次年会议决案的另一种特色。

三、会议期间的活动

广东地区对于全国教育会联合会第七次年会的召开反应热烈,社会各界纷纷招待前来与会的各省区代表。10月26日晚上,"广东省教育会假坐亚州酒店设宴欢迎各省区代表"[③]。10月28日下午,"广东高等师范学校开会欢迎会欢迎各代表前赴参观,是晚广东全省教育委员会设宴欢迎各代表"[④]。10月29日晚上,"广州青年会欢迎各省区代表到该会宴会"[⑤]。10月30日,由全国教育会联合会事务所招待股员"引导各代表前赴参观农林试验场、农业专门学校,随转赴黄花岗公祭诸烈士并勒石植树摄影纪念"[⑥]。11月1日下午,"广东省公立女子师范学校及公立法政专门学校分别开欢迎会欢迎各代表前赴参观"[⑦]。11月2

[①]《第七次全国教育会联合会始末记》,《教育杂志》1921年13卷12号,学事一束第3页。
[②]《第七次全国教育会联合会始末记》,《教育杂志》1921年13卷12号,学事一束第3页。
[③] 全国教育会联合会:《第七次全国教育会联合会会务纪要》,广州:全国教育会联合会,1921年,第121页。
[④] 全国教育会联合会:《第七次全国教育会联合会会务纪要》,广州:全国教育会联合会,1921年,第122页。
[⑤] 全国教育会联合会:《第七次全国教育会联合会会务纪要》,广州:全国教育会联合会,1921年,第122页。
[⑥] 全国教育会联合会:《第七次全国教育会联合会会务纪要》,广州:全国教育会联合会,1921年,第122页。
[⑦] 全国教育会联合会:《第七次全国教育会联合会会务纪要》,广州:全国教育会联合会,1921年,第123页。

日下午6时,"商务印书馆广州分馆及广州中华书局设宴欢迎各省区代表"①。11月3日下午1时半,"由招待股员引导各代表前赴广州市政厅改乘汽车驰行市内参观市政","是夕广州市孙市长雇珠江一叶电船泊石门返照处欢宴各代表"。②11月4日中午,"伍博士廷芳在大总统府欢宴各代表,谈话良久","下午二时,各代表始能出发参观南武中学校及洁芳女子师范学校,该两校分别开会欢迎","随即转赴广东省长所请之宴会"。③11月5日下午,"广州小学联合会在高等师范学校开游艺会请各代表前赴参观,三时各代表转赴广东总工会欢迎会,六时广州总商会亦设宴欢迎各代表莅临,下午八时广东省教育会在议事堂开音乐会及开影商务印书馆所制第五次远东运动会、浙江潮、赌之害等活动画片,请各代表到场参观,演毕茶会而散"④。11月6日上午11时,"由招待股员引导各代表游览五层楼、粤秀山、第一公园及赴执信女学校欢迎会,下午六时广东精武体育会备筵欢迎各代表到叙"⑤。社会各界的招待,使来自全国各地的代表应接不暇。

此次开会期间,全国教育会联合会第七次年会"特请美国孟禄博士来粤"⑥。10月30日晚上,全国教育会联合会第七次年会"请孟禄博士到会开第一次谈话会,讨论关于学制问题"⑦。10月31日下午1时半至4时,全国教育会联合会第七次年会"请孟禄博士到会讲演平民主义在教育上之应用"⑧。在演讲中,孟禄表示

---

① 全国教育会联合会:《第七次全国教育会联合会会务纪要》,广州:全国教育会联合会,1921年,第124页。
② 全国教育会联合会:《第七次全国教育会联合会会务纪要》,广州:全国教育会联合会,1921年,第124页。
③ 全国教育会联合会:《第七次全国教育会联合会会务纪要》,广州:全国教育会联合会,1921年,第125页。
④ 全国教育会联合会:《第七次全国教育会联合会会务纪要》,广州:全国教育会联合会,1921年,第126页。
⑤ 全国教育会联合会:《第七次全国教育会联合会会务纪要》,广州:全国教育会联合会,1921年,第126页。
⑥《第七次全国教育会联合会始末记》,《教育杂志》1921年13卷12号,学事一束第4页。
⑦ 全国教育会联合会:《第七次全国教育会联合会会务纪要》,广州:全国教育会联合会,1921年,第122页。
⑧ 全国教育会联合会:《第七次全国教育会联合会会务纪要》,广州:全国教育会联合会,1921年,第123页。

"平民主义在美国有百余年之经过,其应用实尚幼稚,远离吾人之理想"①。孟禄认为,"平民主义在人生实用上之应用,如政治上、工业上,其应用尚少,于教育上之应用尤为少见"②。为了解决这个问题,孟禄先后就"教育组织上之应用""教授方法上之应用"和"学校课程上之应用"三个方面对平民主义进行了介绍。③同日下午,全国教育会联合会第七次年会"复请孟禄博士到会开第二次谈话会,继续讨论关于学制改革问题"④。在粤期间,"所讨论者皆属根本重要问题,博士本教育行政专家,此会得其助力不少,尤为本届一大特色"⑤。

11月7日上午9时,"全国教育联合会行闭会礼,到会者有省长代表、教育局长、各省区教育会代表、本省教育会评议员等共五十余人"⑥。全国教育会联合会第七次年会从10月21日开始至11月7日止,历时共18日,"计开大会六次、审查会九次、谈话会五次、演讲会一次"⑦。闭会礼上,"由龙钦海、武桓、胡炳旎、奚国钧、高语罕等相继演说"⑧。而浙江代表王荦则表示,"今次开会于广东,承广东省教育会及各界竭诚招待,导引各地参观,精神活泼,成绩优美,极为满意,并荷各界欢迎,宠赐燕叙,指导一切,尤为感激"⑨,并希望各省区代表"将广东创办学校市政体育工会商业社会各种事业,所有自治能力,铁血精神,一一欢迎回到各省区,与议决教育案一同仿照实施起来"⑩。王荦演说完毕后,全国教育会联合会第七次年会宣告闭会,宾主"遂尽欢而散"⑪。

---

① 全国教育会联合会:《第七次全国教育会联合会会务纪要》,广州:全国教育会联合会,1921年,第145页。
② 全国教育会联合会:《第七次全国教育会联合会会务纪要》,广州:全国教育会联合会,1921年,第145页。
③ 全国教育会联合会:《第七次全国教育会联合会会务纪要》,广州:全国教育会联合会,1921年,第145页。
④ 全国教育会联合会:《第七次全国教育会联合会会务纪要》,广州:全国教育会联合会,1921年,第123页。
⑤《第七次全国省教育会联合会始末记》,《新教育》1922年4卷2期,第295页。
⑥《广东教育联合会闭幕》,《申报》1921-11-13(12)。
⑦《第七次全国教育会联合会始末记》,《教育杂志》1921年13卷12号,学事一束第3页。
⑧《广东教育联合会闭幕》,《申报》1921-11-13(12)。
⑨《广东教育联合会闭幕》,《申报》1921-11-13(12)。
⑩《广东教育联合会闭幕》,《申报》1921-11-13(12)。
⑪《广东教育联合会闭幕》,《申报》1921-11-13(12)。

第八节　全国教育会联合会第八次年会

根据全国教育会联合会第七次年会的决定,"本年第八届年会,在济南举行"[①]。1922年的山东并没有发生大型战事,因此全国教育会联合会第八次年会顺利在济南举行。全国教育会联合会第八次年会本应在1922年10月10日开会,但"是日该会庆祝双十节,故又改十一日下午二时举行"[②]。

一、与会代表

出席全国教育会联合会第八次年会的有江苏省教育会代表袁希涛、黄炎培、仇垺,浙江省教育会代表经亨颐、许倬云、胡炳虓,河南省教育会代表陆松、李惠、何日章,北京教育会代表胡适、姚金绅,安徽省教育会代表徐方汉、李盛豫,京兆教育会代表段茂森、张鹤浦,山西省教育会代表严慎修、李兴义、吴炳南,甘肃省教育会代表陈鸿模、水枥,江西省教育会代表程时煃、吴树枬、段育华,直隶省教育会代表杨欣密、李日纲、刘炯文,黑龙江省教育会代表苍明顺、孙树勋,陕西省教育会代表刘星涵,云南省教育会代表庆汝廉,绥远教育会代表赵国鼎、孟学孔,奉天省教育会代表王兴义、吴玉滨,湖南省教育会代表方克刚、李大梁、张锦云,广东省教育会代表汪兆铭、金曾澄、许崇清,察哈尔教育会代表张杰,湖北省教育会代表胡宗浚,山东省教育会代表许名世、郭葆珍、朱正均,吉林省教育会代表徐鸿泽。其中江苏省教育会、浙江省教育会、河南省教育会、山西省教育会、江西省教育会、直隶省教育会、湖南省教育会、广东省教育会和山东省教育会各有3人出席,北京教育会、安徽省教育会、京兆教育会、甘肃省教育会、黑龙江省教育会、绥远教育会和奉天省教育会各有2人出席,陕西省教育会、云南省教育会、察哈尔教育会、湖北省教育会和吉林省教育会各有1人出

---

① 新民:《全国教育会联合会在济之筹备》,《益世报》(天津)1922-8-25(6)。
②《全国教育联合会开幕》,《民国日报》1922-10-15(6)。

席，共46人代表21省区参加了第八次年会。① （表3-8）

表3-8 全国教育会联合会第八次年会参会代表情况分析表

教育背景		名单	人数	百分比
中国	传统教育	袁希涛、朱正均、张鹤浦、李日纲	4	9.5%
	新式学堂	黄炎培、许倬云、胡炳旎、何日章、李盛豫、段茂森、吴树枏、刘炯文、方克刚、许名世、郭葆珍、陆松、孟学孔、胡宗浚、李大梁、苍明顺、孙树勋、王兴义、赵国鼎、刘星涵、水枏、陈鸿模、庆汝廉、姚金绅、张锦云	25	59.5%
留日		仇埰、经亨颐、徐方汉、汪兆铭、金曾澄、徐鸿泽、许崇清、严慎修、李兴义、吴炳南	10	23.8%
留美		胡适、段育华、程时煃	3	7.2%
不详		李惠、杨欣密、吴玉滨、张杰	4	不计

资料来源：根据《历届全国教育会联合会议案分类汇编》、《申报》和《益世报》（天津）的相关报道整理

在参加全国教育会联合会第八次年会的参会代表中（资料不详者4人除外），出身于中国传统教育的代表有4人，占总人数的9.5%。在国内新式学堂接受过教育的代表有25人，占总人数的59.5%。曾留学日本的代表有10人、留学美国的代表3人，分别占总人数的23.8%和7.2%。从总体上看来，在本土接受教育的代表人数占69%，远远高于留学海外的代表人数（占31%）；但接受过新式教育的代表人数占90.5%，与传统教育出身的代表人数（占9.5%）相比处于绝对优势。

二、会议议程及议决案

全国教育会联合会开会式上，"首由东省教育会会长许名世致开会词"，"次

---

① 此项资料系根据第十一届全国教育会联合会事务所印制的《历届全国教育联合会议案分类汇编》整理，目前未发现其他相关史料互相印证。根据相关材料推测，广东省教育会推举的代表汪兆铭和许崇清很有可能并没有到会，因此本项资料存疑。见第十一届全国教育会联合会事务所：《历届全国教育会联合会议案分类汇编》，长沙：第十一届全国教育会联合会事务所，1925年，历届全国教育会联合会各省区代表姓名录第20—23页。

省长田中玉致词","次教育部特派员陈主素、胡家风二君,说明此次教育部特派来鲁与会情形,并教部组织学制会议,完全以全国教育会联合会在广东议决案为根据,参以现在情形,妥为拟订,并请各省区教育名流为会员,详加讨论,始有此草案,尚请诸公详细讨论,以便采择","次山东教育厅长谢学霖演论","次江苏省教育会代表袁希涛演说","次北京代表胡适之演说","次浙江代表经亨颐演说","次浙江代表许倬云演说",[1]最后摄影散会。

到10月12日,各省区代表到会人数已符合法定要求。全国教育会联合会第八次年会遂于下午1时半开第一次会议,并经大众推出山东代表许名世为正主席、郭葆珍为副主席。[2]主席就职后,即讨论组织审查会问题,"关于学制范围以内之事,属甲组审查会,其他各项议题悉归乙组审查会"[3]。当时由主席指定袁希涛、经亨颐、许倬云、何日章、李惠、徐方汉、陈鸿模、刘炯文、吴炳南、胡适、张鹤浦、赵国鼎、金曾澄、郭葆珍和王兴义为甲组审查员,[4]推袁希涛为审查主任;仇垛、胡炳疏、陆松、李盛豫、水枻、张杰、姚金绅、李兴义、严慎修、孟学孔、朱正均、许名世、李日纲和吴玉滨为乙组审查员,[5]推朱正均为审查主任。第一次会议结束后,"各省同人陆续到会者,已有八九位"[6],也分别分配于各组审查会。同时,"袁观澜主张各省区代表不用口头报告,但用文字报告,以免时间仓促之弊"[7],因此历次年会均用口头报告的各省区教育状况就改为了用文字报告。

本次年会"共提出议案三十三则"[8],经过审查和大会表决后,共有"议决案二十三件又临时动议发电一件"[9],分别请愿国会,电大总统、国务院及各省区教育机关,呈国务院、教育部,函各省区教育机关和教育会、各师范学校,交课程起草委员会。议决案具体目录如下:

---

[1]《全国教育会联合会开幕》,《南海教育会杂志》1922年1周3期,纪事第13—14页。
[2]《第八届教育联合会纪事(一)》,《申报》1922-10-15(10)。
[3]《第八届教育联合会纪事(一)》,《申报》1922-10-15(10)。
[4]《第八届教育联合会纪事(一)》,《申报》1922-10-15(10)。
[5]《第八届教育联合会纪事(一)》,《申报》1922-10-15(10)。
[6]《第八届教育联合会纪事(二)》,《申报》1922-10-22(10)。
[7]《全国教育联合会开会纪》,《大公报》1922-10-21(3)。
[8]《全国教育联合会开会纪》,《大公报》1922-10-21(3)。
[9]《第八次全国教育会联合会开会情形》,《江苏省教育会月报》1922年11月,会务纪录第8页。

(1)学制系统案(专案呈教育部)

(2)新学制课程案

小学和初级中学课程案(浙江省教育会提出)

新学制小学课程草案(山东省教育会提出)

拟定各级课程草案(广东省教育会提出)

(3)拟请建议国会将教育一项订入宪法定为专章案(请愿国会)

(4)实行教育经费独立案(呈教育部并函各省区)

附第六届议决教育经费独立办法

(5)推广社会教育案(呈教育部)

(6)二重学年制案(呈教育部)

(7)救济贫民教育会(函各省区教育会教育厅)

(8)促进女子教育案(函各省区教育机关)

(9)建设蒙藏回教育案(呈教育部)

(10)推广学校图书馆案(函各省区)

(11)请组织义务教育委员会(函各省区教育机关)

(12)拟请建议教育部从速规定优待教员条例案(暂不呈部理由详下)

附直隶优待教职员办法(十一年六月二十日公布施行)

附职教员子女入学免纳学费办法

附限制办法

附往来函件

附限期后接到函件

(13)各省区教育行政机关宜添聘中学各科教授临时辅导专员案(呈教育部)

(14)师范学校或中等学校附设之师范科须注意农村教育及幼稚教育案(函各省区教育会转知各师范学校)

(15)改革地方教育行政制度案(专案呈教育部)

(16)沟通大中小学案(函各省区教育会)

(17)筹集义务教育经费案(呈国务院并通函各省区)

(18)提倡农村教育案(函各省区并一二三四条交课程起草委员会)

(19)推行中等学校学生理科实验案(通函各省区教育会设暑期学校)

(20)中学校学生在学时期限制结婚案(呈教育部)

(21)试行新制学校宜联络讨论以利进行案(函各省区教育会)

(22)江苏省对于师范教育拟增加一年意见书(附学程标准草案)

(23)致电府院为邮政新章增加书籍寄费请仍照旧章案(电大总统及国务院)

(24)为书籍增加寄费致各省省议会商会教育会请一致力争电(电各省区教育机关)①

另外,全国教育会联合会第八次联合会决定组建新学制课程标准起草委员会,推袁希涛、金曾澄、黄炎培、经亨颐和胡适为委员,负责为即将颁行的新学制制定课程标准。②最后,全国教育会联合会第八次年会还决定下届提案方针为"(一)社会教育、(二)义务教育(此外兼注意赔款事项)"③。

三、会议期间的活动

全国教育会联合会第八次年会,"实山东未曾有之盛会也"④。为了迎接全国教育会联合会第八次年会的召开,山东省教育会"将会场修整一新,又

---

① 关于全国教育会联合会第八次年会的议决案,各种资料说法不一。大部分资料汇编认为议决案有32件,其资料来源为《第一次中国教育年鉴》。经核对《申报》相关记载,此32件议决案应为各省区教育会提交的议案,而非全国教育会联合会第八次年会的议决案,见《第八届教育联合会纪事(一)》,《申报》1922-10-15(10)。而邰爽秋等合选的《历届教育会议议决案汇编》则记载全国教育会联合会第八次年会仅有议决案八件。目前唯一可见的对全国教育会联合会第八次年会过程进行描述的史料记载,此次年会的议决案应为23件,外加通电1件,见《第八次全国教育会联合会开会情形》,《江苏省教育会月报》1922年11月,会务纪录第8页。但《历届全国教育会联合会议案分类汇编》则只统计第八次年会议决案22件,见第十一届全国教育会联合会事务所:《历届全国教育联合会议案分类汇编》,长沙:第十一届全国教育会联合会事务所,1925年,历届全国教育会联合会议案分类汇编目录第3—28页。经检索《申报》相关记载,所缺两件议决案应为推行中等学校学生理科实验案和中学校学生在学时期限制结婚案,见《第八届教育联合会纪事(五)》,《申报》1922-10-25(7)。

②《第八届教育联合会纪事(四)》,《申报》1922-10-24(7)。

③《第八次全国教育会联合会开会情形》,《江苏省教育会月报》1922年11月,会务纪录第8页。

④《全国教育会在鲁开会之预备》,《申报》1922-8-28(10)。

将学生会之会场借来,作为正式办公地点,派定事务员数人"①。筹备大会事务所成立后,山东省教育会"刻又通函各省区教育会,催早派代表莅会"②。同时,山东省教育会还预备"制造徽章,各省来济与会代表,照章每人发给徽章一枚,以为标志"③,又"曾决定请求当道转咨交通部,发予各省区赴会代表铁路免票"④。另外,山东省教育会"为招待各省代表,特在商埠预备旅馆,以便下榻"⑤。

全国教育会联合会第八次年会"自十月十一日至二十一日"⑥,其主要任务是议定新学制,每天会议气氛紧张,任务相当繁重。除了10月18日下午山东教职员联合会特邀各省代表赴公园开茶话会外⑦,各省区代表根本无暇应酬社会各界的招待,亦未邀请教育名家进行演讲,因此全国教育会联合会第八次年会会议期间的活动显得较为平淡。10月21日,全国教育会联合会第八次年会"上午开末次大会","下午即在楼上开谈话会闭会,即晚各省代表分途归去",⑧会议到此宣告结束。

第九节　全国教育会联合会第九次年会

全国教育会联合会第八次年会闭会时,议决下次年会开会地点在云南。⑨全国教育会联合会第九次年会的开会时间本来定在1923年10月10日,但云南远在边陲地区且交通极度不便,"除贵州代表先期到滇暨湘浙两省及本省代表

---

① 《全国教育联合会筹备开会》,《益世报》(天津)1922-9-4(6)。
② 《全国教育联合会筹备开会》,《益世报》(天津)1922-9-4(6)。
③ 新民:《全国教育联合会在济之筹备》,《益世报》(天津)1922-8-25(6)。
④ 《全国教育联合会筹备开会》,《益世报》(天津)1922-9-4(6)。
⑤ 《全国教育会联合会之鲁讯》,《申报》1922-10-4(6)。
⑥ 《第八次全国教育会联合会开会情形》,《江苏省教育会月报》1922年11月,会务纪录第8页。
⑦ 《第八届教育联合会纪事(二)》,《申报》1922-10-22(10)。
⑧ 《第八届教育联合会纪事(五)》,《申报》1922-10-25(7)。
⑨ 《第八届教育联合会纪事(五)》,《申报》1922-10-25(7)。

系已经在滇外,其余各省区代表均于十月十三日始陆续由滇越铁路抵省"①,故开会时间不得不延迟至10月22日。

一、与会代表

出席全国教育会联合会第九次年会的有贵州省教育会代表陈廷纲、田景奇,湖南省教育会代表唐启虞,江西省教育会代表段育华,山西省教育会代表李贵德、李尚仁,河南省教育会代表文缉熙,甘肃省教育会代表张文蔚、王遵先,江苏省教育会代表袁希涛、黄炎培,吉林省教育会代表王希禹,广东省教育会代表金曾澄、王仁宇,山东省教育会代表范予遂,安徽省教育会代表史毓琨,云南省教育会代表由云龙、王用予、吴琼,浙江省教育会代表许宝根,湖北省教育会代表彭绍夔,直隶省教育会代表王凤歧,广西省教育会代表黄尚钦和南洋华侨教育会代表黄炎培。②其中云南省教育会有3人出席,贵州省教育会、山西省教育会、甘肃省教育会、江苏省教育会和广东省教育会各有2人出席,湖南省教育会、江西省教育会、河南省教育会、吉林省教育会、山东省教育会、安徽省教育会、浙江省教育会、湖北省教育会、直隶省教育会、广西省教育会和南洋华侨教育会各有1人出席,共23人代表16省区和南洋华侨教育会出席了第九次年会。③(表3-9)

---

① 全国教育会联合会:《第九届全国教育会联合会会务纪要(民国十二年十月)》,昆明:全国教育会联合会,1923年,第85页。

② 全国教育会联合会:《第九届全国教育会联合会会务纪要(民国十二年十月)》,昆明:全国教育会联合会,1923年,第29—32页。

③ 全国教育会联合会第九次年会江苏省教育会代表黄炎培兼任南洋华侨教育会代表,当时南洋各埠教育会包括:菲律宾华侨教育会(住孟尼拉)、英属华侨教育会(住新加坡)、槟城华侨教育会(住槟榔屿)、荷属华侨教育会(住爪哇泗水)和缅甸华侨教育会(住仰光),见全国教育会联合会:《第九届全国教育会联合会会务纪要(民国十二年十月)》,昆明:全国教育会联合会,1923年,第101页。

表3-9 全国教育会联合会第九次年会参会代表情况分析表

教育背景		名单	人数	百分比
中国	传统教育	袁希涛、许宝根	2	9%
	新式学堂	陈廷纲、唐启虞、李贵德、文缉熙、张文蔚、王遵先、黄炎培、王希禹、范予遂、史毓琨、由云龙、王用予、彭绍夔、黄尚钦	14	61%
留日		田景奇、李尚仁、金曾澄、王仁宇、吴瑸、王凤歧	6	26%
留美		段育华	1	4%

资料来源:根据《第九届全国教育会联合会会务纪要(民国十二年十月)》和《申报》的相关报道整理

在参加全国教育会联合会第九次年会的参会代表中,出身于中国传统教育的代表有2人,占总人数的9%。在国内新式学堂接受过教育的代表有14人,占总人数的61%。曾留学日本的代表有6人、留学美国的代表有1人,分别占总人数的26%和4%。从总体上看来,在本土接受教育的代表人数占70%,大大高于留学海外的代表人数(占30%);但接受过新式教育的代表人数占91%,与传统教育出身的代表人数(占9%)相比有着绝对优势。

二、会议议程及议决案

1923年10月14日,全国教育会联合会第九次年会开第一次谈话会,商决未开会前事项,决定"十五日午前十时开谈话会商议整理各省提出议案"①。10月15日,全国教育会联合会第九次年会开第二次谈话会,由"主席报告各省提案"②,并决定开会日期,又"将全国教育会联合会章程及审查会议事细则油印分送各代表阅"③。10月22日上午10时,各省区到会代表已达法定人数,全国教育会联合会第九次年会遂举行开会式。开会式上,首先"由云南代表由云龙述开会词,随即推定由云龙为主席,省长及教育司长、省议会、实业改

---

① 《第九届全国教育会联合会记事》,《奉天教育杂志》1923年2卷8期,特载第6页。
② 《第九届全国教育会联合会记事》,《奉天教育杂志》1923年2卷8期,特载第7页。
③ 《第九届全国教育会联合会记事》,《奉天教育杂志》1923年2卷8期,特载第9页。

进会均有致词,江苏代表黄炎培,贵州代表田景奇、陈廷纲相继演说,然后奏乐摄影散会"①。

10月22日下午3时,全国教育会联合会第九次年会开第一次大会。会议首由江苏代表袁希涛"报告前届联会新学制课程标准起草委员会概况及经费",次"组织审查会"。②袁希涛、王仁宇、王用予、文缉熙、田景奇、李尚仁、吴瑸、范予遂、唐启虞、张文蔚、许宝根和彭绍夔为甲组审查员,推袁希涛为审查主任。由云龙、黄炎培、史毓琨、金曾澄、王遵先、李贵德、王希禹、陈廷纲、段育华、王凤歧和黄尚钦为乙组审查员,推由云龙为审查主任。③甲组审查会"大概以审查关于行政议案为主,其非行政之议案则归乙组审查"④。不过,因"照性质分归甲组者三十三案,归乙组者十六案,分量似不平均",最后"将甲组内关于义务教育四案及关于国语一案拨归乙组"。⑤同时,大会"并议决组织一联席审查会,察查关于两组有共通关系之议案"⑥,推由云龙为审查主任。另外,各省区代表又因开会式上只推选了主席,故"推定云南代表王用予为副主席"⑦。最后,全国教育会联合会第九次年会延续了上次年会书面报告各省区教育状况的做法,不设口头报告环节,以节省会议时间。

本次年会共收到各省区议案件数59件,其中付议者19件,合并者25件,缓议者8件,撤销者6件,参考者1件,经审查后付大会通过的议决案有30件,⑧分别呈教育部和函各省区教育会、教育行政机关、实业行政机关及国语统一筹备会。议决案具体目录如下:

---

① 《第九届全国教育会联合会记事》,《奉天教育杂志》1923年2卷8期,特载第10页。
② 《第九届全国教育会联合会记事》,《奉天教育杂志》1923年2卷8期,特载第20页。
③ 全国教育会联合会:《第九届全国教育会联合会会务纪要(民国十二年十月)》,昆明:全国教育会联合会,1923年,第33页。
④ 《第九届全国教育会联合会记事》,《奉天教育杂志》1923年2卷8期,特载第19页。
⑤ 《第九届全国教育会联合会记事》,《奉天教育杂志》1923年2卷8期,特载第28页。
⑥ 《第九届全国教育会联合会记事》,《奉天教育杂志》1923年2卷8期,特载第19页。
⑦ 《第九届全国教育会联合会记事》,《奉天教育杂志》1923年2卷8期,特载第19页。
⑧ 全国教育会联合会:《第九届全国教育会联合会会务纪要(民国十二年十月)》,昆明:全国教育会联合会,1923年,第37页。

(1)新制中学及师范学校宜研究试行道尔顿制案(呈教育部并函各省区教育厅、会)

(2)推行教育心理测验案(函各省区教育厅、会)

(3)扶助无力就学之优良学生使得受均等教育案(呈函各省区教育厅、会)

(4)各省区宜组织教育经费筹集委员会案(函各省区教育厅、会)

(5)推广童子军教育案(函各省教育厅、会)

(6)切实履行女子师范毕业生服务期限并推广女子师范教育案(呈教育部并函各省区)

(7)呈请教育部并函达各省区搜集古籍以保存国粹案(呈教育部并函各省区教育会厅、会)

(8)提倡科学教育案(呈教育部并函各省区教育会厅、会)

(9)请各省区切实推行国语促成语言统一案(函各省区教育会厅、会)

(10)请各省区教育实业官厅积极提倡职业教育并确定计划指拨专款组设全省区总机关案(函各省教育厅、会并实业官厅)

(11)促进全国义务教育计划案(呈教育部并函各省区教育厅、会)

(12)学校图书馆之图书购置费应于预算案内列为专项不得挪用案(呈教育部并函各省区教育厅、会)

(13)优待学校教员办法案(呈教育部并函各省区教育厅、会)

(14)请各省区推行平民教育案(函各省区教育厅、会)

(15)拟组织学业成绩考试委员会案(呈教育部并函各省区教育厅、会)

(16)改进与赛远东运动会之办法案(呈教育部并函各省区教育厅、会)

(17)各省区应规定校长资格案(呈教育部并函各省区教育厅、会)

(18)实施社会教育办法案(函各省区教育厅、会)

(19)分别调查小学教材以资编订案(函各省区教育厅、会)

(20)请慎重编审中小学教科书案(呈教育部并函各省区教育

厅、会）

（21）提倡设立公共图书馆与巡回文库案（函各省区教育厅、会）

（22）各学校宜利用星期日令学生为有益身心之修养案（呈教育部并函各省区教育厅、会）

（23）中等学校宜减少假期以利学生学业并宜将寒暑假酌量并合以利教员研究案（函各省区教育厅、会）

（24）创设国立高等教育图书编译馆案（呈教育部并函各省区教育厅、会）

（25）西北各省宜速设大学案（呈教育部并函各省区教育厅、会）

（26）函请国语统一筹备会从速编定国语词典及国语会话范本案（函各省区教育厅、会并国语统一筹备会）

（27）本会应加入万国教育会联合会案（函各省区教育会）

（28）对于各国退还庚子赔款问题之进行方法案（函各省教育会）

（29）增进本会效能案（函各省区教育会）

（30）续组委员会草拟师范及职业科课程标准纲要案（函各省区教育会）

同时，全国教育会联合会第九次年会决定组建新学制师范及职业科课程标准起草委员会和退还庚子赔款事宜委员会。新学制师范及职业科课程标准起草委员会选举段育华、袁希涛、黄炎培、金曾澄和王希禹五人为委员，而退还庚子赔款事宜委员会则选举袁希涛、黄炎培、由云龙、文缉熙和金曾澄五人为干事。[1]另外，全国教育会联合会第九次年会还决定下次年会的提案"以义务教育、职业教育及女子教育特别应行注意事项为提案方针"[2]。

---

[1] 范予遂：《第九届全国教育会联合会在滇开会记要》，《教育与人生》1923年7期，第5页。
[2] 范予遂：《第九届全国教育会联合会在滇开会记要》，《教育与人生》1923年7期，第4页。

三、会议期间的活动

全国教育会联合会第九次年会在昆明开会,"东北中各省区代表赴会,约于九月底以前齐集上海,由沪乘轮,经由安南赴滇"①。虽然路途遥远且需跨境,但"各省教育会代表不辞劳瘁、联翩而至"②,为云南这个偏远省份增添了不少光彩。为筹备这次年会,云南省教育会"业于五月十日将联合会事务所组织成立,积极筹备一切"③,并派员至上海"设立招待所"④招待由沪来滇代表。由于安南政府对入境外国人征收过境税和人头税,云南省教育会早"已请由唐督长向安南政府交涉,对于联合会代表经过,豁免各项税捐,并请招待参观学校游览名胜"⑤。当各省区代表在10月11日从安南入境抵达河口的时候,"由云南河口督办及滇省教育会特派招待员招待一切"⑥。11月12日,各省区代表抵达阿迷,"由滇越铁道军警总局及阿迷县却(知)事⑦,偕同教育机关及各公团领袖及县立各校学生到车站欢迎"⑧。11月13日,各省区代表到达昆明,"各界代表齐集赴车站欢迎,到省教育会晚餐,随即齐坐肩舆,赴昆明市公共礼堂下榻,所有饮食寝具等项,均由会招待极为周备"⑨。

云南省社会各界对于参加全国教育会联合会第九次年会代表的到来,也表示热烈欢迎。10月14日,各省区代表开第一次谈话会。在谈话会上,云南省教育会对云南省社会各界的招待做了周密安排。各省区代表在昆明开会期间社会各界的招待安排极为紧密,10月15日午后"赴省公署及省议会教育司市政公所会晤"⑩,10月16日"午前参观图书馆及书画展览会,午后参观东陆大学"⑪,10

---

① 《全国教育会联合会之筹备》,《爱国报》1923年2期,世界时事记第19页。
② 汝廉:《双十国庆九届全国教育会联合会在滇开会之感言》,《奉天教育杂志》1923年2卷8期,论著第42页。
③ 《全国教育会联合会之筹备》,《爱国报》1923年2期,世界时事记第19页。
④ 《全国省教育会联合大会消息 滇省派员来沪招待各省代表》,《申报》1923-9-20(14)。
⑤ 《全国教育会联合会之筹备》,《爱国报》1923年2期,世界时事记第19页。
⑥ 《教联合会代表抵滇》,《奉天教育杂志》1923年2卷8期,教育要闻第6页。
⑦ 原文为"县却事",应为"县知事"之误——编著者。
⑧ 《教联合会代表抵滇》,《奉天教育杂志》1923年2卷8期,教育要闻第6页。
⑨ 《教联合会代表抵滇》,《奉天教育杂志》1923年2卷8期,教育要闻第6页。
⑩ 《教联会本届在滇开会》,《大公报》1923-11-7(3)。
⑪ 《教联会本届在滇开会》,《大公报》1923-11-7(3)。

月17日云南省教育会请"游西山"①,10月18日"参观中等学校联合运动会"②,10月19日"参观市立小学运动会"③。10月22日,云南省教育界又请本次年会主席由云龙提出"请各代表参观省垣各学校"④。各省区代表经商议后,决定"先参观女中、省师、昆师、省中、成中、市立五小等六校,参观时间暂定为早餐后,每日到接近之二校"⑤。由于云南省社会各界热情难拒,各代表不得不"请主席转知各机关各法团,凡预备招待日程及招待次数请归并减少"⑥。虽然此后各界招待仍陆续不绝,但已大大减轻了各省区代表的精神负担。

云南地区远在边陲,平时难见教育名家,因此各省区代表多有在会议期间赴各学校和机关演说之举。在各代表演说之中,以"江苏黄炎培、河南文缉熙应云南省教育会之请就省议会议场公开讲演"⑦为最重要。

江苏代表黄炎培以职业教育为题进行了演说。黄炎培指出,职业教育的目的就是"一为个人生活准备","二为个人服务社会的准备","三为世界国家增进生产的力量"。⑧而职业教育的定义,就是"用教育方法,使获得生活上之供给和乐趣,同时尽他对于人情的义务"⑨。同时,黄炎培还将职业教育分为"一农业教育、二工业教育、三商业教育、四家事教育"和"五专门职业教育",⑩而职业教育机关则可分为"第一种农业、工业、商业、家事,及职业等学校","第二种农业工

---

① 《教联会本届在滇开会》,《大公报》1923-11-7(3)。
② 《教联会本届在滇开会》,《大公报》1923-11-7(3)。
③ 《教联会本届在滇开会》,《大公报》1923-11-7(3)。
④ 全国教育会联合会:《第九届全国教育会联合会会务纪要(民国十二年十月)》,昆明:全国教育会联合会,1923年,第88页。
⑤ 全国教育会联合会:《第九届全国教育会联合会会务纪要(民国十二年十月)》,昆明:全国教育会联合会,1923年,第88页。
⑥ 全国教育会联合会:《第九届全国教育会联合会会务纪要(民国十二年十月)》,昆明:全国教育会联合会,1923年,第88页。
⑦ 全国教育会联合会:《第九届全国教育会联合会会务纪要(民国十二年十月)》,昆明:全国教育会联合会,1923年,第95页。
⑧ 全国教育会联合会:《第九届全国教育会联合会会务纪要(民国十二年十月)》,昆明:全国教育会联合会,1923年,第179页。
⑨ 全国教育会联合会:《第九届全国教育会联合会会务纪要(民国十二年十月)》,昆明:全国教育会联合会,1923年,第180页。
⑩ 全国教育会联合会:《第九届全国教育会联合会会务纪要(民国十二年十月)》,昆明:全国教育会联合会,1923年,第180—181页。

业商业家事,或职业传习所,讲习所等","第三种设有农工商家事等科之高级中学,及设有职业科之初级中学校","第四种设有各种职业准备之小学校","第五种设有各种职业专修科之大学校,或专门学校","第六种农业工业商业家事或职业补习学校及补习科","第七种农业工业商业家事,或职业教师养成机关","第八种实业机关,附设之职业教育","第九种慈善性质,感化性质,各机关附设之职业教育"和"第十种军队附设之职业学校"。[1]

河南代表文缉熙则就社会教育问题进行了演说。文缉熙指出,讨论社会教育大概有两种问题:"第一为什么要有教育","第二为什么要有社会教育"。[2]关于第一个问题,文缉熙认为,"教育分知、德、体、美、群五育,而五育中最重要者即知识,设知识收得宏富,向知、德、体、美、群五育,即可渐次修养完备,故讲教育应先注重知识方面"[3]。关于第二个问题,文缉熙指出"家庭教育,甚为重要,其办法亦甚多,但非本问题范围",学校教育"办到普及固好,但仍须注重社会教育,方为完备","欲教育真正的普及,须特别注重社会教育"。[4]

12月5日,全国教育会联合会第九次年会举行闭会式,"各代表齐集会场,云南省长暨各机关长官、各学校校长、各公团领袖均临观礼"[5]。此次年会历时15日,加上前后预备时间,长达大半个月,共开谈话会两次、大会预备会一次、甲乙组审查会预备会各一次、大会十次、甲组审查会八次、乙组审查会七次、联席审查会四次。[6]为纪念此次年会,云南省长唐继尧还"亲赠各代表第九届全国教育会联合会在滇开会金色纪念章一座并附以证书"[7]。闭会式上,"云南代

---

[1] 全国教育会联合会:《第九届全国教育会联合会会务纪要(民国十二年十月)》,昆明:全国教育会联合会,1923年,第181页。
[2] 全国教育会联合会:《第九届全国教育会联合会会务纪要(民国十二年十月)》,昆明:全国教育会联合会,1923年,第173页。
[3] 全国教育会联合会:《第九届全国教育会联合会会务纪要(民国十二年十月)》,昆明:全国教育会联合会,1923年,第174页。
[4] 全国教育会联合会:《第九届全国教育会联合会会务纪要(民国十二年十月)》,昆明:全国教育会联合会,1923年,第174—175页。
[5] 全国教育会联合会:《第九届全国教育会联合会会务纪要(民国十二年十月)》,昆明:全国教育会联合会,1923年,第104页。
[6] 范予遂:《第九届全国教育会联合会在滇开会记要》,《教育与人生》1923年7期,第4页。
[7] 全国教育会联合会:《第九届全国教育会联合会会务纪要(民国十二年十月)》,昆明:全国教育会联合会,1923年,第91页。

表由云龙述闭会词,云南省长致词,云南教育司长致词,云南省议会致词,云南盐运使致词,河南代表文缉熙、江苏代表袁希涛相继演说"[1]。代表演说完毕后,与会人员摄影,云南省教育会"在本会宴会,列席百余人,八时散会"[2],全国教育会联合会第九次年会宣告结束。

第十节 全国教育会联合会第十次年会

全国教育会联合会第九次年会将"下届会地议决在河南,以吉林为预备地点"[3]。全国教育会联合会第十次年会会期原定自1924年10月10日始,"嗣以时局影响,延期至十五日乃成会"[4]。

一、与会代表

出席全国教育会联合会第十次年会的有陕西省教育会代表曹符乾、李博[5],甘肃省教育会代表陈泽世、李象德、张文蔚,绥远教育会代表赵允义、马定国、李蔚洙,湖北省教育会代表姚兆祯、任启珊、彭绍夔,江西省教育会代表程其保,山西省教育会代表李尚仁、张清源、赵启镕,湖南省教育会代表姚孟宗、唐梗献、张锦云,北京教育会代表姚金绅,京兆教育会代表张鹤浦,山东省教育会代表郭廷

---

[1] 全国教育会联合会:《第九届全国教育会联合会会务纪要(民国十二年十月)》,昆明:全国教育会联合会,1923年,第104页。
[2] 全国教育会联合会:《第九届全国教育会联合会会务纪要(民国十二年十月)》,昆明:全国教育会联合会,1923年,第104页。
[3]《第九届省教育会联合会开会纪录》,《教育杂志》1923年15卷12号,教育界消息第6页。
[4] 知非:《全国教育会联合会第十届年会概略》,《教育与人生周刊》1924年2卷55期,第740页。
[5] 据《申报》载,参加全国教育会联合会第十次年会第二次茶话会的陕西省教育会代表除曹福乾和李博外尚有雷溥,但根据《申报》后续所载审查会名单及其他报纸杂志所载代表名录则无此人,详见召:《全国教联会消息(三)》,《申报》1924-10-17(6)。

勋、胡子冲、孙俊卿①，直隶省教育会代表张棣诚，贵州省教育会代表陈廷纲、周昌寿，察哈尔教育会代表张杰，河南省教育会代表陶怀琳、陆松、文缉熙，浙江省教育会代表许倬云，云南省教育会代表秦光华，广西省教育会代表谢起文，江苏省教育会代表朱经农，四川省教育界公推代表王兆荣。②其中甘肃省教育会、绥远教育会、湖北省教育会、山西省教育会、湖南省教育会、山东省教育会和河南省教育会各有3人出席，陕西省教育会和贵州省教育会各有2人出席，江西省教育会、北京教育会、京兆教育会、直隶省教育会、察哈尔教育会、浙江省教育会、云南省教育会、广西省教育会、江苏省教育会和四川省教育界各有1人出席，共35人代表19省区出席了第十次年会。（表3-10）

表3-10　全国教育会联合会第十次年会参会代表情况分析表

教育背景		名单	人数	百分比
中国	传统教育	张鹤浦	1	3%
	新式学堂	曹符乾、李博、陈泽世、李象德、张文蔚、赵允义、李蔚洙、姚兆祯、彭绍夔、张清源、赵启镕、姚孟宗、张锦云、姚金绅、郭廷勋、陈廷纲、陶怀琳、陆松、文缉熙、许倬云、秦光华、谢起文、马定国	23	74%
留日		任启珊、李尚仁、张棣诚、周昌寿、王兆荣、朱经农	6	20%
留美		程其保	1	3%
未详		唐梗献、胡子冲、孙俊卿、张杰	4	不计

资料来源：根据《教育杂志》第16卷第12号和《申报》等相关报道整理

在参加全国教育会联合会第十次年会的参会代表中（资料未详者4人除外），出身于中国传统教育的代表有1人，占总人数的3%。在国内新式学堂接受过教育的代表有23人，占总人数的74%。曾留学日本的代表有6人、留学美国的代表有1人，分别占总人数的20%和3%。从总体上看来，在本土接

---

①《申报》曾载，参加全国教育会联合会第十次年会的山东代表为关式训、胡子冲和郭廷勋三人，但《申报》后续报道及其他报纸杂志所载山东代表均为孙俊卿、胡子冲和郭廷勋三人，见召：《全国教联会消息（六）》，《申报》1924-10-20(6)。

② 第十一届全国教育会联合会事务所：《历届全国教育联合会议案分类汇编》，长沙：第十一届全国教育会联合会事务所，1925年，历届全国教育会联合会各省区代表姓名录第24—27页。

受教育的代表人数占77%,远远高于留学海外的代表人数(占23%);但接受过新式教育的代表人数占97%,传统教育出身的代表人数所占比例几乎可以忽略。

二、会议议程及议决案

本次年会"会场为河南省教育会新建之会所"①。1924年10月15日,全国教育会联合会第十次年会举行开会礼,"由河南代表陶怀琳诵读开会词,众代表推陶怀琳为主席,又推河南代表陆松为副主席"②。陶怀琳就席后请各长官致词,"首由张子衡督理之代表读祝词,次李悼章省长之代表读祝词,次督署参谋长罗季余演说","次警务处长夏国祯演说毕,复读祝词","次开封道尹孟广澎,演说今日教育有三弊","次教育厅长王幼侨演说","此外省议会、全省商会联合会等法团,均派代表读祝词"。③长官致词毕,"次为来宾致词,因已经过二小时之久,来宾中仅教育会评议马叙五一人,会员演说,亦仅湖北代表任启珊、河南代表文缉熙二人"④。来宾演说完毕后奏乐闭会,因其时狂风疾雨以致光线不佳,因此未按秩序表摄影。

是日下午,全国教育会联合会第十次年会举行第一次全体会议。会议决定将议案分为十二类:(1)庚子赔款,(2)外人设学,(3)女子教育,(4)职业教育,(5)乡村教育,(6)大学教育,(7)中学教育,(8)义务教育及社会教育,(9)会务,(10)教科书审查,(11)教育法规,(12)教育行政及其他,并"分代表为两组审查之"⑤。各省区提交的议案,以(1)(2)(6)(7)(9)(11)(12)各类归甲组,以(3)(4)(5)(8)(10)各类归乙组。另外,(1)(9)(11)三类"关系重要,亦得联席审查"⑥。议案分类后,又组织审查会,"甲组审查员,为姚孟宗、郭廷勋、任启珊、张锦云、程其保、陶怀琳、曹符乾、张文蔚、唐梗献、彭绍夔、赵启镕、张杰、姚

---

① 知非:《全国教育会联合会第十届年会概略》,《教育与人生周刊》1924年2卷55期,第740页。
② 召:《全国教联会消息(五)》,《申报》1924-10-19(6)。
③ 召:《全国教联会消息(五)》,《申报》1924-10-19(6)。
④ 召:《全国教联会消息(五)》,《申报》1924-10-19(6)。
⑤ 《全国教育会联合会第十届年会概略》,《教育杂志》1924年16卷12号,教育界消息第1页。
⑥ 《全国教育会联合会第十届年会概略》,《教育杂志》1924年16卷12号,教育界消息第1页。

金绅等十三人,乙组审查员,为马定国、李尚仁、陈泽世、李象德、胡子冲、李博、赵允义、孙俊卿、张棣诚、张清源、陈廷纲、文缉熙、张鹤浦、陆松、姚兆祯、李蔚洙等十六人"①。联席审查会由全体代表组成,开会后续到之许倬云、王兆荣、周昌寿和朱经农则加入甲组审查会。同时,推举陶怀琳为甲组审查会审查主任,推举陆松(后为文缉熙)为乙组审查会审查主任,推举陶怀琳为联席审查会审查主任。

本次年会"各省提案共八十余起"②,自10月16日起,"按日开审查会","审查已有结果,则提交全体会议讨论",③最后通过了议决案46件,分别呈交教育部和通函各省区教育厅、教育会和课程起草委员会并电上海中华拒毒总会转日内瓦万国禁烟大会,议决案具体目录如下:

(1)请教育部严订大学设立标准案(呈教育部)
(2)催促各省区实施义务教育案(呈教育部)
(3)催促各省区按照上届议决成案组织全省区职业教育总管机关案(函各省区教育会)
(4)催请教育部将"扶助无力就学之优良学生使得受均等教育案"通令遵行案(呈教育部)
(5)催促各省区实行学校造林以谋殖学校基金案(函各省区教育厅、会)
(6)国立专门以上学校招生宜酌定各省区名额建议案(呈教育部)
(7)取缔外人在国内办理教育事业案(呈教育部函各省区教育厅、会)
(8)初级中学外国语应列为选修案(函各省区教育会并课程起草委员会)
(9)小学校应切实设施休闲教育案(函各省区教育厅、会)
(10)利用寒暑假期补授缺课案(函各省区教育厅、会)

---

① 召:《全国教联会消息(五)》,《申报》1924-10-19(6)。
② 知非:《全国教育会联合会第十届年会概略》,《教育与人生周刊》1924年2卷55期,第740页。
③ 知非:《全国教育会联合会第十届年会概略》,《教育与人生周刊》1924年2卷55期,第740页。

(11)女子学校应斟酌地方情形速加课职业科以增进生活能力案(呈教育部)

(12)否认所谓中华教育文化基金董事会案(函各省区教育会)

(13)各校女子应依章一律着用制服案(呈教育部)

(14)女子教育应特别注重家事实习案(呈教育部)

(15)各省区宜酌加省县视学名额案(呈教育部函各省教育厅、会)

(16)督促师范毕业生实行服务办法案(呈教育部)

(17)促进农村教育案(函各省区教育会)

(18)反对以俄国庚款百分之十五作为军事学校基金案(函国务院)

(19)实业学校宜与当地实业界切实联络以利进行案(函各省区教育会)

(20)各省区应酌设社会教育专管机关案(呈教育部)

(21)职业学校应注重实习案(函各省区教育会)

(22)各省区宜斟酌地方需用设小学职业教员养成所案(函各省区教育会)

(23)学校内不得传布宗教案(呈教育部并函各省区教育厅、会)

(24)请教育部从速颁布关于初等教育及中等教育各学校法令案(呈教育部)

(25)中等以上各学校升级留级应以各学科为单位案(函各省区教育厅、会)

(26)师范学校各科教育宜注重本科教学法以期增进毕业生之教学效能案(函各省区教育厅、会)

(27)男女合校之中小学应注意性别施教案(函各省区教育厅、教育会)

(28)促进各省区中小学校自然科学教育案(函各省区教育会)

(29)请将中小学师范职业课程标准草案送部采用案(呈教育部)

(30)中小学校应加重训育案(函各省区教育厅、会)

(31)中等学校宜采用弹性升级考试方法以宏造就而励自动教育案(呈教育部)

(32)请筹备参列世界教育联合会案(函各省区教育会)

(33)促进历届议决案件实行案(函各省区教育会)

(34)请提倡世界恩亲日案(呈教育部)

(35)改革教科书审订制度案(函各省区教育会)

(36)变通报告办法以便交换知识籍策进行案(函各省区教育会)

(37)乡村小学校宜注重农事实习案(函各省区教育厅、会)

(38)追加增进本联合会效能案(函各省区教育会)

(39)请教育部改组科学名词审查会案(呈教育部)

(40)请求美国优待我国留学生案(呈教育部)

(41)庚款分配标准及董事会组织原则案(呈教育部)

(42)请向教育部建议定四川大学区案(呈教育部)

(43)修改教育会会员资格案(函各省区教育会)

(44)请各省当局筹划留学生经费案(函各省区教育厅、会)

(45)各省区宜组织教育委员会案(呈教育部)

(46)请各省区教育会一致赞助拒毒运动案(电上海中华拒毒总会转日内瓦万国禁烟大会)

同时,全国教育会联合会第十次年会还决定将上次年会组建的退还庚子赔款事宜委员会改组为庚子赔款事宜委员会。委员人选的产生,"照案各省区选出,但在未选出以前,暂由此届出席代表代理"[①]。另外,经各省区代表表决,"结果以平民、义务、科学三项教育,为下届提案标准"[②]。

三、会议期间的活动

为准备全国教育会联合会第十次年会,河南省教育会会场"在四月间即招工修理,一圆式层场,场内可容千余人,楼下为旁听席,池子为各省代表席,刻已

---

① 召:《全国教联会消息(十七)》,《申报》1924-11-1(7)。
② 召:《全国教联会消息(十八)》,《申报》1924-11-2(7)。

修理完竣"①。同时,河南省教育会早早就将"第十届全国教育会联合会事务所组织成立"②。由于全国教育会联合会"业经会同教育改进社职业教育社中国科学社呈准交通部发给火车减价凭单"③,因此河南省教育会致函各省区教育会"先附陈履历表式"④,要求各省区教育会"推定代表,迅赐填寄"⑤。各省区教育会也积极派员参加,除了东三省的领袖,因东北战争的缘故,新疆因为路远的缘故,不能到会以外,"其余都能跋涉长途,按时出席"⑥。各代表在赴会期间还发生了种种奇闻,"贵州某君,为了那块地方土匪猖獗,省政府派了二营兵士,护送才得安然出境","浙江代表因被疑为间谍,拘留于南京两日,后来释放到会"。⑦各省区教育会的参会热情,由此可见一斑。

全国教育会联合会第十次年会开会前夕,"该联会事务所于前日起,于陇海路上,路东之郑州,路西之徐州,均派有招待员数人,手执欢迎旗,上面大书欢迎第十届全国教育会联合会赴会代表,故赴会代表,不感困难","招待所设于山货店街天台旅馆,中西旅馆亦为其预备之招待所,两处距省教育会甚近,招待颇为周到"。⑧河南省社会各界对参加全国教育会联合会第十次年会的代表,极尽地主之谊。10月11日上午,"由河南省图书馆长何日章,导引各代表至文庙,阅览去岁新郑县发现郑庄公墓旁各种古物"⑨。10月17日下午,"各代表应私立第一女子中学校之请,齐往参观。该校备具茶话,表示极诚恳欢迎之意"⑩。10月18日晚,"各代表于赴督理公署宴会后,又赴青年会之欢迎会,直至夜半十一时,始

---

① 《各省教育界杂讯　全国教育联合会之汇闻》,《申报》1924-9-7(10)。
② 《河南省教育会函知第十届全国教育会联合会事务所组织成立文(五月七日)》,《江苏省教育会月报》1924年5月,文牍第1页。
③ 《第十届全国教育会联合会事务所代电请推定代表于七月十日前复知文(六月十一日)》,《江苏省教育会月报》1924年6月,文牍第4页。
④ 《第十届全国教育会联合会事务所代电请推定代表于七月十日前复知文(六月十一日)》,《江苏省教育会月报》1924年6月,文牍第4页。
⑤ 《第十届全国教育会联合会事务所代电请推定代表于七月十日前复知文(六月十一日)》,《江苏省教育会月报》1924年6月,文牍第4页。
⑥ 朱经农:《对于第十届全国教育联合会的感想》,《天籁》1924年14卷5期,通论第3页。
⑦ 朱经农:《对于第十届全国教育联合会的感想》,《天籁》1924年14卷5期,通论第3页。
⑧ 召:《全国教联会消息》,《申报》1924-10-13(6)。
⑨ 召:《全国教联会消息(三)》,《申报》1924-10-17(6)。
⑩ 召:《全国教联会消息(八)》,《申报》1924-10-22(7)。

得返寓休息"①。各代表此后"又闻各官厅各学校各团体,均有备餐欢迎之说,实难应付,议决公推甘肃代表,商请河南代表代为婉谢,如不获已,则求减少或合并"②,社会各界之招待才略为减少。10月21日,"河南省长李倬章,特派政务厅长常秀山,是日午后五点钟,代表欢迎各省区代表于中西番菜馆,并请各厅道、各校长、各法团领袖作陪"③。10月24日,"河南省长李济臣(即李倬章),电令该省教育厅长王幼侨,代表欢宴各省区代表及教育部特派员,并赠送各代表及特派员字帖、古器照④片相片,并欢迎各代表到洛阳游览龙门"⑤。河南省社会各界的热情欢迎,使与会代表备受鼓舞。

全国教育会联合会第十次年会"计共开大会九次,联席审查会六次,分组审查会甲乙两组各六次"⑥。为了参加这次年会,"各省代表间关跋涉,不避艰辛而至"⑦。此次年会讨论问题极多,"其中若支配庚子赔款,若取缔外人设学,若改革教科书审定制,若设施休闲教育等均极重要之问题"⑧,因此"自十五日开会以来,除(二十一)日仅上午开会外,每日上午下午皆开会议,至五六小时之久,而昨日(二十六日)星期,下午亦开第六次联席审查会议,此不独为该会从来所未有,亦为他种会议所未见也"⑨。往次年会中所常有之学术演说,在此次年会中亦极少见。全国教育会联合会第十次年会历时14天,"至二十八日,议题均告解决,下次开会场所亦已决定,遂闭幕焉"⑩。

---

① 召:《全国教联会消息(九)》,《申报》1924-10-23(7)。
② 召:《全国教联会消息(九)》,《申报》1924-10-23(7)。
③ 召:《全国教联会消息(七)》,《申报》1924-10-21(6)。
④ 原文不清,疑为"照"字——编著者。
⑤ 召:《全国教联会消息(十四)》,《申报》1924-10-29(6)。
⑥ 知非:《全国教育会联合会第十届年会概略(续)》,《教育与人生周刊》1924年2卷57期,第775页。
⑦ 知非:《全国教育会联合会第十届年会概略(续)》,《教育与人生周刊》1924年2卷57期,第775页。
⑧ 知非:《全国教育会联合会第十届年会概略(续)》,《教育与人生周刊》1924年2卷57期,第775页。
⑨ 召:《全国教联会消息(十六)》,《申报》1924-10-31(6)。
⑩ 知非:《全国教育会联合会第十届年会概略(续)》,《教育与人生周刊》1924年2卷57期,第775页。

第三章　全国教育会联合会的发展历程

第十一节　全国教育会联合会第十一次年会

全国教育会联合会第十次年会在表决下次年会开会地点时,"湖南得二十四票,江西得九票"①,因此决定第十一次年会由湖南省教育会举办,以江西省教育会为预备。全国教育会联合会第十一次年会本定在1925年10月10日在长沙开会,"因人数不足,改在十四日始开成"②。

一、与会代表

出席全国教育会联合会第十一次年会的有江苏省教育会代表袁希涛,京兆教育会代表马志恒,江西省教育会代表项赓云、桂汝丹、程其保,北京教育会代表姚金绅,山西省教育会代表仇元铸、张直生、张筹,吉林省教育会代表韩瑞汾、王希禹、于化鲲,奉天省教育会代表孙振棠、卢广绩,云南省教育会代表龚自知、杨士敏,甘肃省教育会代表詹世铭、徐承业,福建省教育会代表吴宾驷,四川省教育会代表孙倬章,广西省教育会代表朱锡昂,贵州省教育会代表陈廷纲、钱安世,河南省教育会代表张俊德、赵保申、贾荣增,广东省教育会代表金曾澄、梁祖诰,湖南省教育会代表向玉楷、张锦云、罗传矩,湖北省教育会代表姚兆祯、方洁、王毓兰,浙江省教育会代表郑以桢,青海教育会代表祁中道,华侨教育会代表张国基、张庭英、张文德③,庚子赔款事宜委员会代表姚金绅④,全国庚款董事会代表李步青,中华教育改进社代表陶知行。⑤其中江西省教育会、山西省教育会、吉林省教育会、河南省教育会、湖南省教育会、湖北省教育会和华侨教育

---

① 召:《全国教联会消息(十七)》,《申报》1924-11-1(7)。
② 《教联开会》,《清华周刊》1925年24卷8期,第58页。
③ 张国基和张庭英是南洋华侨教育会代表,张文德是缅甸华侨学务总会代表,会议表决华侨教育不论地区视为一体,因而合并计算,见《第十一届全国教联会昨日在湘开幕　开幕前之各代表协议会》,《申报》1925-10-15(7)。
④ 姚金绅同时兼任北京教育会代表和庚子赔款事宜委员会代表。
⑤ 第十一届全国教育会联合会事务所编印《历届全国教育联合会议案分类汇编》时会议尚未开幕,当中所载第十一次年会参会代表名单系各省区教育会上报名单,并非实际参会代表名单。本次年会实际参会代表名单系根据《教育杂志》和《申报》、《益世报》(天津)等报刊的相关记载综合考证而成。

各有3人出席,奉天省教育会、云南省教育会、甘肃省教育会、贵州省教育会和广东省教育会各有2人出席,江苏省教育会、京兆教育会、北京教育会、福建省教育会、四川省教育会、广西省教育会、浙江省教育会、青海教育会、庚子赔款事宜委员会、全国庚款董事会和中华教育改进社各有1人出席,共41人代表19省区、地方和教育团体参加了第十一次年会。(表3-11)

表3-11 全国教育会联合会第十一次年会参会代表情况分析表

教育背景		名单	人数	百分比
中国	传统教育	袁希涛	1	3.5%
	新式学堂	项赓云、姚金绅、张筹、韩瑞汾、王希禹、卢广绩、龚自知、杨士敏、詹世铭、吴宾駰、朱锡昂、陈廷纲、钱安世、张庭英、张国基、向玉楷、张锦云、罗传矩、姚兆祯、王毓兰、祁中道、马志恒、张直生	23	76%
留日		金曾澄、梁祖诰、李步青	3	10%
留美		程其保、陶知行	2	7%
留法		孙倬章	1	3.5%
未详		桂汝丹、仇元铸、于化鲲、孙振棠、徐承业、张文德、方洁、郑以桢、张俊德、赵保申、贾荣增	11	不计

资料来源:根据《申报》和《益世报》(天津)等相关报道整理

在参加全国教育会联合会第十一次年会的参会代表中(资料未详者11人除外),出身于中国传统教育的代表有1人,占总人数的3.5%。在国内新式学堂接受过教育的代表有23人,占总人数的76%。曾留学日本的代表有3人,留学美国的代表有2人,留学法国的代表有1人,分别占总人数的10%、7%和3.5%。从总体上看来,在本土接受教育的代表人数占79.5%,远远高于留学海外的代表人数(占20.5%);但接受过新式教育的代表人数占96.5%,传统教育出身的代表人数所占比例几乎可以忽略。

二、会议议程及议决案

为准备全国教育会联合会第十一次年会的召开,湖南省教育会早在1925年5月份就"成立事务所,通过组织法,选出正副主任"①,并在1925年7月致函各省区教育会要求将"与会代表,早日推定,所有代表人数及姓名,并请先期示知,以便筹备"②,又催促各省区教育会"将议案早日提出分寄"③。

1925年10月14日,全国教育会联合会第十一次年会在长沙举行开会式。开会式上,"首由各代表推举主席,当推定湖南代表向玉楷为正主席,张锦云为副主席","次筹备主任李济民报告筹备经过情形","次赵(恒锡)致词","次教育部特派员陈宝泉致词","次各机关致祝辞","次请各代表演说,江西代表桂汝丹、四川代表孙倬章、湖北代表姚永(兆)祯④、华侨代表张国基、湖南代表罗传矩、江西代表项赓云、青海代表祁中道等,以次演说",⑤最后"出外共同摄影"⑥。

10月15日上午9时,全国教育会联合会第十一次年会举行第一次大会。主席向玉楷根据上届成例,"按照交到议案目录挨次分定庚六案、平教七、社会五、科学六、师范二、行政十、小学一、中学二、法规四、义务三、其他二,新加三类,计教育宗旨六、华侨四、蒙藏一","以后续到者再分别性质,相近加入各类"。⑦议案分类完毕后,又继续组织审查会审查议案,分组原则为"关于全部分之庚款、科学、行政、法规、教育宗旨五类三十案为甲组,余二十九案为乙组"⑧。分在甲组的审查员有张文德、姚兆祯、金曾澄、卢广绩、桂汝丹、龚自知、仇元铸、张庭英、韩瑞汾、于化鲲、杨士敏、郑以桢、张俊德、张锦云和朱锡昂,分在乙组的审查员有张国基、王毓兰、孙振棠、项赓云、张直生、姚金绅、王希禹、张筹、孙倬章、梁

---

① 谦:《全国教联会在湘举行之筹备》,《申报》1925-5-26(11)。
②《第十一届全国教育会联合会事务所通知请推代表函(十一日)》,《江苏省教育会月报》1925年7月,文牍第1页。
③《全国教联会征求议案》,《益世报》(天津)1925-7-3(7)。
④ 原文为姚永桢,应为姚兆祯。
⑤《全国教联会将先议庚款问题》,《益世报》(天津)1925-10-21(6)。
⑥《全国教联会将先议庚款问题》,《益世报》(天津)1925-10-21(6)。
⑦《第十一届全国教联会在湘开会纪(二) 昨日上下午开二次大会》,《申报》1925-10-16(6)。
⑧《第十一届全国教联会在湘开会纪(二) 昨日上下午开二次大会》,《申报》1925-10-16(6)。

祖诰、祁中道、罗传矩、方洁和向玉楷,"各组审查长临时各自推定"[①]。

本次年会收到各省区提交的议案84件,经过审查后,单独成立案24件,合并成立案10件,合并案25件,不成立案16件,撤回案8件,保留案1件,[②]最后议决案34件[③],分别呈教育部和函各省区教育会及相关机关。议决案具体目录如下:

(1)修改庚款董事会组织原则并规定协争庚款办法案(呈教育部)
(2)今后教育宜注意民族主义案(呈教育部)
(3)请设立全国生物调查所调查全国动植物分布区系编为中国动植物图志以促进科学教育案(呈教育部)
(4)请组织中等以上学校考试委员会案(呈教育部)
(5)学校体育应特别注重国技案
(6)拟定平民教育办法并催促实施案
(7)请政府加印四库全书甲种分配各省区公立图书馆案
(8)学校应注重军事训练案(呈教育部)
(9)请各省区教育会组织教育政策研究会案
(10)请设国立科学研究所及各省县立研究所以促进科学教育案(呈教育部)
(11)否认教育部议订各省教育厅长回避本籍案(呈教育部)
(12)请教育部废止修正学校发给毕业证书条例案(呈教育部)
(13)请各省教育行政机关通令各教育机关注重教育统计案
(14)催促各省区实行教育经费独立案
(15)请各省区教育行政官厅设法收容教会学校师生案
(16)请教育部明定中医课程并列入医学规程案(呈教育部)
(17)倡办家庭工业传习所案
(18)催促实施社会教育案

---

① 《第十一届全国教联会在湘开会纪(二) 昨日上下午开二次大会》,《申报》1925-10-16(6)。
② 《第十一届全国省教育会联合会之梗概》,《教育杂志》1925年17卷12号,教育界消息第5页。
③ 由于相关记载不详,全国教育会联合会第十一次年会的议决案系全面统计《申报》和《教育杂志》等报刊所载而来。

(19)推广通俗教育讲演案

(20)为平民读书处毕业设平民职业学校授以较高学识及技能案

(21)平民教育应于千字课本外添编补习读本案

(22)小学宜切实设施具体训育案

(23)实行第六届"推广蒙养园"案

(24)中等学校宜添授华文打字一科案

(25)中等以上学校应组织消费合作社案

(26)请政府通令各省区责成各师范学校协助推广义务教育案(呈教育部)

(27)实行义务教育应规定筹款办法案

(28)组织国内外教育考察团并确定经费案①

(29)推广青海教育以期开化民智案(呈教育部)

(30)请政府速于西北边疆要区实行兴办垦牧矿产教育案(呈教育部)

(31)设立南洋华侨大学案(呈教育部)

(32)凡国立省中等以上学校应特设华侨学生名额案(呈教育部)

(33)请教育部组设华侨教育委员会案(呈教育部)

(34)催促各教育机关实施历届联会议决案

同时,全国教育会联合会第十一次年会决定将湖南省教育会和云南省教育会的两件相关议案合并为《明定教育宗旨案》保留,"通函各省研究下届大会解决"②。另外,全国教育会联合会第十一次年会还决定下次年会的提案方针"应注意教育宗旨,与教育政策"③,并"公决明年开会第一地点为江西"④。

---

① 此案系全国教育会联合会第四次年会议决案《各省区每年派员考察国外教育案》更名而来,未另外增添内容,详见《组织国内外教育考察团并确定经费案》,见邰爽秋等合选:《历届教育会议议决案汇编》,上海:教育编译馆,1935年,第十一届全国教育会联合会大会议决案第16页。
②《第十一届全国省教育会联合会之梗概》,《教育杂志》1925年17卷12号,教育界消息第6页。
③《第十一届全国教联会在湘开会记(十八) 二十七日上午第九次大会详纪》,《申报》1925-11-2(7)。
④《第十一届全国教联会在湘开会记(十八) 二十七日上午第九次大会详纪》,《申报》1925-11-2(7)。

三、会议期间的活动

为了方便各省区代表前往长沙,湖南省教育会于开会前夕派代表至湖北汉口,"在商务印书馆,将招待所组织成立"①。同时,设在长沙的招待所"已修理完毕,应用器具物品,及火食等项,皆已完备"②。因"省垣各中校纷函教联会请定欢迎期"③,全国教育会联合会第十一次年会事务所特地致函各机关表示,"如愿欢迎各省代表时,请于双十节前与敝所招待部接洽一切,以便编定日期"④。

10月13日,湖南省教育会将第一批到湘代表分为两组,分别"游览城区各名胜"和"参观各学校"。⑤为了庆祝全国教育会联合会第十一次年会的召开,"上海全国体育协会干事宋如海,携有全国各处运动会影片,备映放,并拟向教联会报告年来体育情形"⑥。10月13日晚,"在教育会坪演放全国运动会影片,观者二万余人"⑦,后在"铣(十六)晚九时,又在招待所,演放全国运动会影片,请各代表观览,并说明一切"⑧。

湖南省社会各界对全国教育会联合会第十一次年会的召开,表示热烈欢迎。全国教育会联合会第十一次年会正式开幕后,长沙各机关就拟定了欢迎日程:"删(十五)日四时省署欢宴,铣(十六)日四时岳云七时学生联合会,筱(十七)日四时平教促进会,巧(十八)日游岳麓、私校联合会欢宴,皓(十九)日四(时)⑨明德、七时一中校,号(二十)日四时楚怡、吾(五)⑩时商务印书馆中华书局,马(二十一)日四时文艺书院、六时孤儿院,养(二十二)日省会小学联合会、周南女校、长沙县教育团体,梗(二十三)日四时湘雅医院、雅礼大学、五时总商会,敬(二十四)日省议会,有(二十五)游朱家花园公校联合会,宥(二十六)日基

---

① 《第十一届全国教联会消息 在汉组织招待所》,《申报》1925-10-10(9)。
② 《第十一届全国教联会消息 招待所已修理完毕》,《申报》1925-10-10(9)。
③ 《第十一届全国教联会消息 各团体预备欢迎代表》,《申报》1925-10-10(9)。
④ 《第十一届全国教联会消息 欢迎代表之筹备》,《申报》1925-10-10(9)。
⑤ 《第十一届全国教联会昨日在湘开幕 十三日到湘代表拜客参观》,《申报》1925-10-15(7)。
⑥ 《第十一届全国教联会消息 体育会代表宋如海到湘》,《申报》1925-10-13(7)。
⑦ 《第十一届全国教联会昨日在湘开幕 体育会开映影片之热闹》,《申报》1925-10-15(7)。
⑧ 《第十一届全国教联会在湘开会纪(四) 体育会又演放运动片》,《申报》1925-10-18(7)。
⑨ 原文缺"时"字——编著者。
⑩ 原文为"吾时",应为"五时"——编著者。

督教育会、青年会、福湘女校、省教育会"①。除此之外,事务所议事股还"拟乘各省区代表于开会或宴会之暇举办同乐会,藉以联络,而资娱快"②。实际上,湖南省教育司,湖南省教育会附设之图书馆、博物馆等其他机关团体也纷纷在日期之外举行了欢迎各省区代表的活动。10月24日,湖南省省长赵恒惕又专门在"下午四时许,减从乘舆,亲往教育会对面之全国教联会代表招待处,拜访各代表"③。此外,各省区代表到湘后,"湘省学校纷纷请代表演讲"④,各代表在各处演讲达16次之多⑤。

1926年10月27日,全国教育会联合会第十一次年会举行闭会式。此次年会历时十三日,开大会九次、甲组审查会九次、乙组审查会九次和联席审查会三次。⑥全国教育会联合会第十一次年会的特色颇多:其一为"青海代表加入"⑦;其二为"案件虽有八十余件,因筹备处分类编列得法,致易于议出"⑧;其三为"招待周到及各机关欢迎热忱"⑨。闭会式上,"主席向玉楷出席报告会务经过","次江西代表桂汝丹演说",⑩演说完毕共往教育会前坪合影,"十一届教联会从此闭幕矣"⑪。

综上所述,全国教育会联合会先后举行的十一次年会,见证了全国教育会联合会发展的辉煌历程。在这段辉煌的历程中,全国教育会联合会先后通过数百件议决案,分别送交各有关部门,有力地推动了中国教育现代化的进程。无可讳言,全国教育会联合会并未完美无缺。全国教育会联合会终结之前的几次年会,多有旧事重提之议决案出现,"且有提议催促历届议案实行者,则议案之

---

① 《第十一届全国教联会在湘开会纪(二) 各团体定期欢迎各代表》,《申报》1925-10-16(6)。
② 《第十一届全国教联会在湘开会纪(二) 事务所筹办同乐会》,《申报》1925-10-16(6)。
③ 《第十一届全国教联会在湘开会记(十七) 二十四日下午湘赵拜访代表详纪》,《申报》1925-11-1(7)。
④ 《第十一届全国教联会在湘开会纪(四) 湘省学校纷纷请代表演讲》,《申报》1925-10-18(7)。
⑤ 《第十一届全国省教育会联合会之梗概》,《教育杂志》1925年17卷12号,教育界消息第5页。
⑥ 《第十一届全国省教育会联合会之梗概》,《教育杂志》1925年17卷12号,教育界消息第4页。
⑦ 《第十一届全国教联会在湘开会记(十八) 二十七日午闭会详纪》,《申报》1925-11-2(7)。
⑧ 《第十一届全国教联会在湘开会记(十八) 二十七日午闭会详纪》,《申报》1925-11-2(7)。
⑨ 《第十一届全国教联会在湘开会记(十八) 二十七日午闭会详纪》,《申报》1925-11-2(7)。
⑩ 《第十一届全国教联会在湘开会记(十八) 二十七日午闭会详纪》,《申报》1925-11-2(7)。
⑪ 《第十一届全国教联会在湘开会记(十八) 二十七日午闭会详纪》,《申报》1925-11-2(7)。

失效可知"①。当中也有某些议案,"皆一省一地方一机关内所可解决之问题,其在学理上亦极寻常,似更无经全国教育家讨论之必要"②。实际上,"欲求此等计画之一部,见诸实际,端赖各省教育界人士,群策群力之图谋,而不在向政府为纸上之建议"③。诸如此类的例子确实存在,但全国教育会联合会在民初风雨飘摇的年代以自身威望使中国教育事业得以保存并有一定程度的发展。全国教育会联合会开会之时,会场所在之地皆表热烈欢迎之意,这是其他教育会社难以比拟的,进一步证明了全国教育会联合会在教育界的重要地位。

---

① 知非:《全国教育会联合会第十届年会概略(续)》,《教育与人生周刊》1924年2卷57期,第776页。
② 知非:《全国教育会联合会第十届年会概略(续)》,《教育与人生周刊》1924年2卷57期,第776页。
③《学界消息:全国教育会联合会第十届年会略志》,《圣教杂志》1924年13年12期,第558—562页。

第四章

全国教育会联合会的主要成就

中国现代教育的诞生与发展,很大程度上要归功于各种民间教育会社。作为中国现代教育史上的重要民间教育会社,全国教育会联合会先后通过了数百件议决案并致力于其推行与实施。在全国教育会联合会致力推行与实施的众多议决案中,学制建设、新学制课程标准和庚款兴学是当中最为重要的三项。壬戌学制的制定、新学制课程标准的拟定以及庚款用于兴学的决定,都离不开全国教育会联合会的努力。全国教育会联合会有力地推动了中国教育现代化的进程,为中国现代教育做出了重要贡献。

第一节　全国教育会联合会与新学制改革

所谓学制,简单而言即指一个国家各级各类学校的体系。学制由当时社会的经济、政治等因素所决定,并随着其发展而变化。中国现代学制并非由中国传统学制逐渐演变而来,而是在西学东渐的大背景下借鉴日本和欧美的结果。自晚清第一部现代学制颁布起,中国的学制就处在一个持续变动的过程当中,但只有适合国情的学制才能真正扎下根来。从清末的壬寅癸卯学制,到民初的壬子癸丑学制,最后1922年制定的壬戌学制奠定了中国现代学制的基础。壬戌学制是中国现代教育史上实行时间最长、影响最大的一个学制。全国教育会联合会与新学制改革有着紧密的关系,是1922年新学制得以颁行的有力推动者。

一、新学制改革的动因

民国成立以后,学制改革一直是教育界的重要议题。鉴于清末颁行的壬寅癸卯学制片面模仿日本学制所带来的弊端,民初北京政府教育部在制定壬子癸丑学制时本"拟遍采欧美各国之长,衡以本国情形,成一最完全之学制"[1],但"当时由欧美回国之人,专习教育者绝少,不能窥见欧美立法精神,译出文件,大半不适用"[2],致使大家认为"欧美制终不适用于国情"[3],最后"仍是采取日本制,而就本国实际经验,参酌定之"[4]。如果说清末尚处于君主制时代而与日本君主立宪制略有相似的话,已经进入共和体制的中华民国制定新学制时还以国情为由模仿日本学制显然不合逻辑。

与壬寅癸卯学制相比,壬子癸丑学制在某些方面作了改进。但学制改革是一项涉及大多数家庭和社会各方面的系统工程,从传统教育到现代教育的转变更是一个长期而艰巨的过程。壬子癸丑学制对中国教育现代化起到了不可低估的积极作用,只是对学制进行彻底改革的条件在当时尚未具备。就总体架构而言,壬子癸丑学制不过是在壬寅癸卯学制基础上的局部调整。民初壬子癸丑学制施行后不久,对其批评之声就不绝于耳,教育界要求改革学制由来已久。

全国教育会联合会乃各省区教育会推举代表联合而成,是当时全国最为重要的教育会社之一,理所当然地被寄予了引领学制改革的厚望。1915年4月,全国教育会联合会在天津召开第一次年会。甫一成立,各省区代表即纷纷要求对壬子癸丑学制进行修改,其中湖南省教育会的《改革学校系统案》被提交大会

---

[1] 蒋维乔:《清末民初教育史料(节录)》,见璩鑫圭、唐良炎编:《中国近代教育史资料汇编》(学制演变),上海:上海教育出版社,1991年,第1073页。

[2] 蒋维乔:《清末民初教育史料(节录)》,见璩鑫圭、唐良炎编:《中国近代教育史资料汇编》(学制演变),上海:上海教育出版社,1991年,第1073页。

[3] 蒋维乔:《清末民初教育史料(节录)》,见璩鑫圭、唐良炎编:《中国近代教育史资料汇编》(学制演变),上海:上海教育出版社,1991年,第1073页。

[4] 蒋维乔:《清末民初教育史料(节录)》,见璩鑫圭、唐良炎编:《中国近代教育史资料汇编》(学制演变),上海:上海教育出版社,1991年,第1073页。

讨论。①《改革学校系统案》列举了壬子癸丑学制学校之种类太单简、学校之名称不正确、学校的目的不贯彻、学校的教育不完成、学校的阶段不衔接和学校的年限不适当等六条"弊害"②，并参照德、法、英等西欧各国学制进行改革，当中对德国学制模式尤其推崇。它主张在小学阶段实行双轨制，大大缩短了修业时间，并加强了初等教育、中等教育和高等教育的衔接性，同时还强调了各级教育的独立自主性，又针对壬子癸丑学制的弊端提出了应对之策：

（一）图国民教育与人才教育之自由发展，遂改初等小学校之一种小学为国民学校，预备学校之两种小学。

（二）救济国民教育四年之不足，使一部分较有力量之国民增长其程度，且皆使其自由发展而无往不适用，遂并高等小学校、乙种实业学校，及初等高等小学校补习科，为补习学校、职业学校、女子职业学校、职业补习科。

（三）完成中等教育之独立作用，剔除高等教育之预备困难，且广开升学之途，遂改中学校为文科学校、实科学校、副文科学校、副实科学校。

（四）图女子教育之便利，且予以得受高等教育之机会，而其升学程度不减于男子，遂改女子高等小学校、女子中学校，为女子高等学校及女子文科学校。

（五）发展中等之应用实业教育，遂改甲种实业学校之高小毕业入学资格为副文实科学校毕业入学资格，而废止预科，于其名称上删去甲种二字。

---

① 依据《首次全国教育会联合会会务纪要》的记载，当时要求对学制进行改革的提案主要有湖南省教育会的《改革学校系统案》、广东省教育会的《拟从新组织中小学之系统案》、江苏省教育会的《提议中学仍分文实两科案》、直隶省教育会的《变更中等学制案》和江西省教育会的《变通中学教育制度案》等，其中以湖南省教育会的《改革学校系统案》最为系统。可能因为如此，《改革学校系统案》才被作为代表性提案提交大会讨论。关于该次年会各省区教育会的提案目录，参见全国教育会联合会：《首次全国教育会联合会会务纪要》，天津：全国教育会联合会，1915年，各处提出议案目录第1—8页。

② 湖南省教育会：《改革学校系统案》，见舒新城编：《近代中国教育史料》（第二册），上海：中华书局，1933年，第66—67页。

（六）增广征收师范学生之途径，遂分男女师范学生为二部。

（七）产出中等学校教员之圆满资格，且备设置与经费之困难，遂取销高等师范学校而设师范研究科于大学。

（八）除去专门学艺发展之障碍，遂改专门学校入学资格及毕业时之年龄相等于大学校。

（九）图女子专门教育之发展，遂增设女子专门学校。

（十）男女中等教育之基础已善，遂废止大学校预科，且许女子有入大学之机会。

（十一）各学校之衔接既紧，各等学校之修业年限复各适其完成作用，遂改七岁至二十四岁之全系修业期为七岁至二十二岁。①

如果按照《改革学校系统案》所拟方法改革学制，则"现制几乎全体推翻矣"②。由于此案关系重大，初次提交大会讨论时，各省区代表即议定次日对其进行特别讨论。当时教育总长汤化龙也在场，在与各省区代表面商后，"当场宣布此事须看社会多数倾向"③。于是次日讨论该案时，各省区代表议定暂停讨论，"一面通告各处教育会征集意见，一面附呈教育部备查"④。

1915年至1916年间，中国正处于政争战乱当中，对于学制改革无暇顾及。湖南省教育会的《改革学校系统案》虽然被参加全国教育会联合会第一次年会的代表带回了各省区，却没有在全国引起很大的反响。在次年召开的全国教育会联合会第二次年会上，只有江西省教育会提交了《应全国教育会联合会征集学校系统问题议案》。⑤教育部对学制进行全盘改革也持反对意见。教育次长

---

① 湖南省教育会：《改革学校系统案》，见舒新城编：《近代中国教育史料》（第二册），上海：中华书局，1933年，第67—68页。

② 湖南省教育会：《改革学校系统案》，见舒新城编：《近代中国教育史料》（第二册），上海：中华书局，1933年，第66页。

③ 全国教育会联合会：《首次全国教育会联合会会务纪要》，天津：全国教育会联合会，1915年，会场纪事第4页。

④ 全国教育会联合会：《首次全国教育会联合会会务纪要》，天津：全国教育会联合会，1915年，会场纪事第4页。

⑤ 全国教育会联合会：《中华民国五年十月第二次全国教育会联合会会务纪要》，北京：全国教育会联合会，1916年，各处教育会提出议案目录第1—5页。

袁希涛在此次年会上指出：

> 教育事业为精神上之事业，非是学制规定就可完事。所以对于现在的学制不宜徒事纷扰、轻率更张，惟就其最紧要者提出修改，其他重要问题，譬如学校系统方面有无必须改动之处，将来中学是否须文实分科或照美国中学设职业各科，此种问题均须细密研究。所以本部亦派人到外国调查，将来或有一种学制调查会要征求各省之意见。总而言之，以现在的事业，按照现在的财力及各处实在的情形细细考明，然后可以改革。此断非几个月或一二年之时间即能断定。所以要如此慎重者，不但于世界大势、国情民俗之关系必须体察，且并有财力上之关系。假使财力未十分充足，即使学制等分得极细，而一切无从筹画预备，恐亦无效力发生。所以学制以后再修改，目前不多更动，惟择其最紧要者，简单的提出修改之而已。[1]

在没有得到教育部和各省区教育会支持的情况下，江西省教育会的提案并没有得到重视，湖南省教育会在上次年会提出的《改革学校系统案》亦在没有共鸣中无疾而终。不过幸运的是，全国教育会联合会第二次年会毕竟通过了一项《中学校改良办法案》，要求"中学校得自第三学年起，就地方情形，酌授职业教科，并酌减他科时间"，"但对于学生力能升学者，仍适用原定科目时间"。[2] 教育部既不同意全盘改革学制，若再对全国教育会联合会改良中学校的要求熟视无睹，势必影响教育界对其印象。可能是出于安抚全国教育会联合会的原因，教育部在1917年3月通令全国中学校实行教学分流，从中学三年级开始设立第二部，将无力升学又"志愿于中学毕业后从事职业者"[3] 转入第二部学习，并视地方情形分别给予农业、工业或商业培训。

---

[1] 全国教育会联合会：《中华民国五年十月第二次全国教育会联合会会务纪要》，北京：全国教育会联合会，1916年，教育次长演说词第4—5页。

[2]《中学校改良办法案》，见邰爽秋等合选：《历届教育会议议决案汇编》，上海：教育编译馆，1935年，第二届全国教育会联合会大会议决案第8页。

[3]《教育部通咨各省区酌定中学增设第二部办法请通令周知文》，《江苏省教育行政月报》1917年第3期，公文第4页。

在全国教育会联合会的推动下,教育行政机关自身也注意到了壬子癸丑学制的弊端并在细节方面进行了修正。1917年1月,北京政府教育部召开了一次国立高等学校校务讨论会。与会的北京大学校长蔡元培推崇德国学制,认为"德之高等专门学校实即增设之分科大学,特不欲破大学四科之旧例,故别立一名而已"[①]。在蔡元培的建议下,国立高等学校校务讨论会通过了一项提案。这项提案得到了教育部的认可,随即在同年9月以《修正大学令》颁布。《修正大学令》规定"大学分为文科、理科、法科、商科、医科、农科、工科","设二科以上者得称为大学","其但设一科者称为某科大学",[②]实质上是鼓励专门学校升格为大学,取消专门学校与大学之间的区别。同时,《修正大学令》还规定"大学本科之修业年限四年,预科二年"[③],缩短了预科的修业年限而延长了本科的修业年限,使大学预科和本科的学习年限都趋向合理。《修正大学令》仅仅对高等教育学制进行了局部修改,壬子癸丑学制在整体上存在缺陷的问题并没有解决。

虽然民初战乱频仍,但北京政府的统治相对稳固。教育部出于稳定的考虑,无意对现行学制全盘改革。在这种背景下,全国教育会联合会与学制有关的数项议决案,也只限于对壬子癸丑学制进行个别条款的修正。尽管如此,全国教育会联合会对壬子癸丑学制的关注,还是为后来的新学制改革制造了舆论氛围。对壬子癸丑学制进行改革的呼声,正是新学制改革的动因。

二、新学制改革的开端

1919年是新学制改革的开端。这一年10月,全国教育会联合会在太原召开第五次年会。这次年会之所以能够成为新学制改革的开端,是因为学制改革的学习目标指向在这次年会上已然由德国转向了美国。舒新城在评论湖南省教育会向全国教育会联合会第一次年会所提议的《改革学校系统案》时,曾说道:"新学制之改革,实以此案为嚆矢。"[④]后人研究壬戌学制时往往引用此语,将

[①] 蔡元培:《大学改制之事实及理由》,《新青年》1917年3卷6号,第1页。
[②] 教育部:《大学令》,《教育公报》1917年4年15期,法规第1页。
[③] 教育部:《大学令》,《教育公报》1917年4年15期,法规第1页。
[④] 湖南省教育会:《改革学校系统案》,见舒新城编:《近代中国教育史料》(第二册),上海:中华书局,1933年,第64页。

其作为新学制改革的开端。诚然,湖南省教育会提议的《改革学校系统案》确实是全国教育会联合会关注学制改革之起点,但它所推崇的是德国模式。所谓改革,不过是把从日本间接学来的德国学制变成直接模仿德国学制而已,与后来带有明显美国色彩的壬戌学制实际上并无太大的关系。

五四以前,中国教育界以学习德国教育学说为主。不管是壬寅癸卯学制还是壬子癸丑学制,都深深地刻上了赫尔巴特(Johann Friedrich Herbart)教育思想的烙印。湖南省教育会提议的《改革学校系统案》和后来全国教育会联合会几个与学制有关的议决案,同样也摆脱不了德国模式的影子。不过当时学习外国教育思想,带有功利主义的心态。德国在第一次世界大战中失败,使教育界对德国教育学说产生了怀疑。日本的教育现代化是以德国为榜样的,中国的教育学说又是从日本引进的。"二十一条"事件以后中国教育界对于日本普遍怀有戒心,更加剧了德国教育学说在中国的衰落。随着美国进步主义教育学说在世界范围内逐渐压倒德国传统教育学说,中国在五四前后逐渐有"美风西渐,举国学界,酣然心醉,一事一物,大有非美国式不能存立之势"[①]。

美国的各种教育理论和教育经验中,影响最大的当推杜威的实用主义教育思想。其实实用主义教育理论早在民国初年就已被介绍到中国来,却一直没有引起中国教育界的重视。但美国在第一次世界大战中表现出的实力,以及这一时期中国赴美留学生的纷纷回国,尤其是杜威在1919年应邀来华讲学,使实用主义教育理论在中国得到迅速传播并形成了一种教育思潮。

1919年5月,杜威应邀来华讲学并在中国停留长达两年零两个月之久。除了在北京高等师范学校和南京高等师范学校集中讲学外,杜威还先后到直隶、奉天、山东、山西、江苏、江西、湖北、湖南、浙江、福建和广东等省区讲演,他的学生胡适、陶行知和蒋梦麟等人也在此期间大力介绍其学说和主张。杜威的讲演内容被京沪各地的报纸杂志竞相登载,《新教育》专门制作了"杜威专号",北京晨报社出版的《杜威五大讲演》更是在两年内印行了十多版。他在北京高等师范学校和南京高等师范学校讲学时的学生听课笔记也被编辑为《杜威教育哲学》和《平民主义与教育》,先后在各地公开出版。不久以后,邹恩润(即邹韬奋)

[①] 云甫:《高等师范应改师范大学之理由及办法》,《教育丛刊》1921年2卷5集,附录第7页。

又将杜威的代表作《民主主义与教育》(Democracy and Education)译出中文本,与其他宣传实用主义教育理论的书籍一起出版发行了"现代教育名著"丛书。一时之间,各种介绍和翻译实用主义教育理论书籍不可胜数,"教育即生活""学校即社会""从做中学"和"儿童中心"等文字随处可见。实用主义教育理论已经成为当时中国教育界最为推崇的教育思想,有力地推动了新学制改革风潮的兴起。

新学制改革的矛头首先指向教育宗旨的废立问题。1912年9月,教育部公布"注重道德教育,以实利教育、军国民教育辅之,更以美感教育完成其道德"[1]作为教育宗旨。它是壬子癸丑学制的灵魂,但此时已落后于时代的发展。1918年2月,教育部组织教育调查会负责调查和审议全国重要教育事项。1919年4月,教育调查会举行了第一次会议,对教育宗旨进行了研究。教育调查会经过讨论后指出,自欧战终了后,军国民教育不合民本主义,已为世界所公认,"民国成立以来,祸患迭乘,究其原因,实由国民缺乏共和精神所致,故宜发展之以固国本","共和国民,必具健全之人格,方足以担负社会国家之义务,故养成健全人格,实为共和国之基础",[2]因此建议将"以养成健全人格发展共和精神"[3]定为教育宗旨。

全国教育会联合会第五次年会在太原召开时,杜威前往参加了这次年会,并在会上演讲"教育上之试验态度"[4]。在杜威和参加了这次年会的沈恩孚和陈宝泉等教育调查会重要成员的呼吁下,各省区代表将矛头指向教育宗旨的废立问题,并通过了《请废止教育宗旨宣布教育本义案》。该案指出:

> 新教育之真义,非只改革教育宗旨,废止军国主义之谓。若改革现时部颁宗旨,为别一种宗旨。废止军国主义,为别一种主义,仍是应如何教人之问题,非人应如何教之问题也。从前教育只知研究应如何教人,不知研究人应如何教。今后之教育应觉悟人应如何教,所谓儿

---

[1]《教育部公布教育宗旨》,见教育部总务厅文书科编:《教育法规汇编》,北京:教育部总务厅文书科,1919年,第87页。
[2]《教育调查会第一次会议报告 教育宗旨研究案》,《教育杂志》1919年11卷5号,专件第20页。
[3]《教育调查会第一次会议报告 教育宗旨研究案》,《教育杂志》1919年11卷5号,专件第20页。
[4]《第五次全国教育会联合会开会志要》,《教育杂志》1919年11卷20号,特别记事第18页。

童本位教育是也。施教育者，不应特定一种宗旨或主义，以束缚被教育者。盖无论如何宗旨，如何主义，终难免为教育之铸型，不得视为人应如何教之研究。故今后之教育，所谓宗旨。不必研究修正或改革，应毅然废止。①

全国教育会联合会呈请教育部明令废止以前所颁布的教育宗旨并宣布北京教育调查会所议定养成健全人格、发展共和精神为"教育本义"，听各教育者研究阐发。②将现时部颁宗旨改为别一种宗旨，实质上是以杜威的实用主义教育思想代替传统的赫尔巴特教育思想。教育宗旨是学制的灵魂，各省区代表要求改变教育宗旨，实际上隐含着改革现行学制、以美式学制代替德式学制的希望。除了《请废止教育宗旨宣布教育本义案》外，在全国教育会联合会第五次年会上呼唤新学制到来的还有浙江省教育会提出的《改革师范教育案》：

> 我国现行师范教育的制度，都说应当改革，应当改革，已经听说得多年了。全国教育会联合会中，屡次提及这个问题，可惜所提出的枝枝节节，不过课程的修改，没有从根本上想一想，研究师范教育的制度，就是要研究师范学校的设置和名称究竟对不对。如师范学校的设置和名称根本的不对，那是仅仅修改课程一定不中用的。什么叫做高等师范？又叫做师范学校讲习所？这种名称，不消说得都是抄袭人家的，糊里糊涂沿用了多年，现在应该已经觉悟。从前或以为法令的东西不好随便更改，总说"为慎重起见"，再看看世界大势，再听听教育家的研究，其实终有一天要改，究竟等到几时，我们已经心焦起来。如今欧战告终，思潮革新，万难遏止，难道还不是决心应当改良的时候吗？改革是终要改革的，就是全国的学制也有许多不妥的地方。我们先把师范教育来研究，因为"师范是教育之母"，师范教育和全体的学制好

---

① 《请废止教育宗旨宣布教育本义案》，见邰爽秋等合选：《历届教育会议议决案汇编》，上海：教育编译馆，1935年，第五届全国教育会联合会大会议决案第2页。
② 《请废止教育宗旨宣布教育本义案》，见邰爽秋等合选：《历届教育会议议决案汇编》，上海：教育编译馆，1935年，第五届全国教育会联合会大会议决案第2—3页。

在没有什么多大的关系，可以分作两个问题讨论。全体的学制，暂时不改，或将来实行修改？师范教育上都有说法可以解决的。最紧要的是义务教育年限问题，也有说明在后面。①

该案虽为改革师范教育而准备，却隐约已有呼吁对学制进行全盘改革之意。所以此案经审查后二读时，与会者"皆以事体重大，不容仓猝解决"②，决定将革新学制作为第六次年会的提案方针之一。结果此案一石击起千重浪，引发了全国教育会联合会要求进行新学制改革的浪潮。

全国教育会联合会既为各省区教育会的联络机构，其动向自然令教育界人士关注。在全国教育会联合会的影响下，教育界中对于壬子癸丑学制的批评之声愈来愈多。而教育界人士对于壬子癸丑学制的种种批评，更是使全国教育会联合会坚信制定新学制的正确性，无疑为新学制的诞生打下了坚实的基础。

三、新学制方案的初定

1921年10月，全国教育会联合会第七次年会在各界的期望中召开。本来学制问题应该在第六次年会得到讨论，但应当时各省区派赴欧美考察教育人士的请求，大会以事关重大，"似未可以短促之时期，少数之意见，骤行议决"③，决定暂缓讨论，要求各省区教育会继续讨论待下次年会解决。经过一年时间的酝酿，各省区教育会已经为此次年会的主要议题——学制改革做好了充分准备。这次年会由广东省教育会主办，开会地点设在广州。按照第六次年会的决定，全国教育会联合会第七次年会先议学制案再议其他。对于学制改革，此次年会

---

① 《附件：改革师范教育议案（浙江省教育会提议）》，见邰爽秋等合选：《历届教育会议议决案汇编》，上海：教育编译馆，1935年，第五届全国教育会联合会大会议决案第37页。

② 《附件：改革师范教育议案（浙江省教育会提议）》，见邰爽秋等合选：《历届教育会议议决案汇编》，上海：教育编译馆，1935年，第五届全国教育会联合会大会议决案第36页。

③ 《改革学制系统案》，邰爽秋等合选：《历届教育会议议决案汇编》，上海：教育编译馆，1935年，第六届全国教育会联合会大会议决案第15页。

有八件提案提出,与第六次年会提出的五件提案一同合并审查。①因为各省区提案实在太多,于是各省区代表确定以广东省教育会提交的《学制系统案》作为审查基础。

广东省教育会的提案被选为审查基础,并非是偶然机遇。早在全国教育会联合会第一次年会上,广东省教育会便提出了带有美国色彩的《拟从新组织中小学之系统案》,要求对中小学学制进行改革。②然而此时德国教育学说在中国还占据优势地位,广东省教育会提出以美国模式进行学制改革显然不会引起太多共鸣。与此次年会湖南省教育会提出的《改革学校系统案》相比,广东省教育会的提案也不如后者系统,所以没有被纳入议题。全国教育会联合会第六次年会结束后,广东省教育会即重新开始研究学制改革。

1921年3月,广东省教育会根据全国教育会联合会第六次年会决议案组织的学制系统研究会成立。学制系统研究会成员当中既有教育理论工作者,又有教育实际工作者和教育行政管理人员,均为广东教育界一时之选,在当时可谓全国独一无二之举。组织学制研究会固然是全国教育会联合会对各省区教育会的要求,但组织这样一个研究会需要耗费大量的资金,对于正在战乱中苦苦支撑中的各省区教育会来说是难以承受的。而广东省教育会在1921年由广东政界名人汪精卫出任会长,经费由每月500元增加到1000元,却恰好有能力承担这一笔支出。加之广东省教育会是全国教育会联合会第七次年会的主办单位,自然对改革学制系统有着积极的态度。③

学制系统研究会成立后,制定了一份打算提交全国教育会联合会第七次年会的《学制系统案》。当时江苏代表沈恩孚认为"广东提案最完备,请就把他作为审查根据","且此案系兼取容各省提案之长,而又极富于伸缩性,且极活动,中等教育一段的编制尤好"。④沈恩孚的意见得到众人的赞同,因此确定以广东省教育会的《学制系统案》作为审查基础。虽然广东省教育会的草案乃博采众长之作,但带有明显的美国色彩。负责草拟广东省教育会提案的学制系统研究

---

① 全国教育会联合会:《第七次全国教育会联合会会务纪要》,广州:全国教育会联合会,1921年,第33—36页。
② 金曾澄:《中学制之研究》,《广东省教育会季刊》1919年1期,第179—180页。
③ 李兴韵:《美雨与中土——1922年学制改革与广东》,中山大学博士学位论文,2006年,第19页。
④ 高语罕:《广州纪游》,上海:亚东图书馆,1922年,第43页。

会成员中,留美学者占有人数和学历上的优势,对美国教育的熟悉程度也远较欧洲为深。①广东省教育会的提案被作为审查基础,即将出炉的新学制草案当然向美国靠拢了。

除了广东省教育会以外,其他各省区教育会的代表们也对学制改革的模仿对象心中有数。在各省区代表来广州参加这次年会之前,全国教育会联合会在上海与全国商会联合会举行了第一次商教联合会。各省区代表先到上海参加第一次全国商教联合会,再集中坐船经海道到广州,这是以前历次年会没有过的事情。在开往广州的船上,代表们经常聚在甲板上议论教育问题。由于上次年会结束时,学制改革问题被列为第七次年会的最主要议题,所以学制改革便成了大家讨论的重心。在漫长的航行途中,大家达成了学习杜威实用主义教育理论的共识:"现行学制太死板,太拘束,太无伸缩活动余地,势在必改","教育的精神,必须趋重于平民的","教授法要改良,各地方学校的注入式教授法应淘汰","此次会议,大家要牺牲我见,要从大多数的福利方面着想"。②

全国教育会联合会历来有邀请外国教育专家讲演的惯例,第五次年会有杜威演讲,第六次年会又有贾斐烈演讲。全国教育会联合会第七次年会开会期间,适逢美国哥伦比亚大学师范学院教授孟禄应中华教育改进社之邀抵达广州考察学制。孟禄"对于会议进行,贡献甚多","计开讲演会一次,谈话会三次,所讨论者皆属根本问题"。③他与各省区代表进行了关于学制改革的专门讨论,并指出欧战后专制国家与民治国家"都往六三三制进行,中国现采取六三三制,正合现代教育的趋势"④。孟禄的到来,"其言论主张直接影响于会议"⑤,大大增强全国教育会联合会采用美国模式进行学制改革的决心。正因为广东省教育会的提案有着浓厚的美国色彩,才得到参加全国教育会联合会第七次年会的各省区代表的青睐。

---

① 李兴韵:《美雨与中土——1922年学制改革与广东》,中山大学博士学位论文,2006年,第20—25页。
② 高语罕:《广州纪游》,上海:亚东图书馆,1922年,第15页。
③《第七届全国教育会联合会纪略》,《教育杂志》1921年14卷1号,第七届全国教育会联合会纪略第5页。
④ 王卓然:《中国教育一瞥录》,上海:商务印书馆,1923年,第210页。
⑤《第七届全国教育会联合会纪略》,《教育杂志》1921年14卷1号,第七届全国教育会联合会纪略第5页。

第四章　全国教育会联合会的主要成就

全国教育会联合会第七次年会确定以广东省教育会提交的《学制系统案》为审查基础后,组织了以黄炎培为主任的全体审查会。全体审查会对各方案进行了系统的分析和全面的审查,先审查标准,次审查大体,再分节审查。当时确定各方案的审查标准为:(1)根据共和国体,发挥平民教育精神;(2)发展青年个性,使得选择自由;(3)注意国民经济力;(4)使一般国民获得均等受教育的机会;(5)多留各地方伸缩余地;(6)求时间之经济;(7)使教育易于普及。[1]同时,全体审查会又推举黄炎培、袁希涛和金曾澄为起草员,以广东省教育会的提案为蓝本,同时参照其他省区教育会的方案,拟订了一个新的学校系统草案。黄炎培等人起草的草案经审查会审查后提交大会初读时获全体赞成,随后将审查修正案二读。此案进行二读时,各代表将草案标准及说明逐条讨论,"遂议决加入适应进化之需要一条,删去使一般国民获得均等的受教育机会及求时间的经济二条"[2],系统图表"则议决高等教育包括研究院,初等教育包括幼稚园"[3],总说明"则于条文上略有修改"[4]。最后三读时,各代表又将各条文字详细讨论。对于学制系统改革,全国教育会联合会第七次年会精神十之七八耗于此案。来自各省区教育会的代表们对于改革学制中许多问题的看法并非完全一致,但最后总算以多数赞成通过了《学制系统草案》(简称广州年会议决案)。

按照广州年会议决案的设计,学制系统分为初等教育、中学教育和高等教育三段(学制系统图见附录二)。童年时期(六岁至十二岁)为初等教育段,修业年限六年。初等教育段取一级制,但得分为两期,第一期四年,第二期二年,其专办第一期者听。幼稚园收容六岁以下儿童,对于年长失学者设补习学校。少年时期(十二岁至十八岁)为中等教育段,修业年限从一年至六年不等。中等教育段招收小学毕业生,分为普通科、职业科和师范科。普通科为六年一贯制的完全普通科,师范科为完足三年普通、继续三年教育学科的师范科。职业科则采用复合级制,既有一年期、二年期和三年期之完全职业科,又有四年期和五年期的渐减普通、渐增职业学科之职业科,还有完足三年普通、继续三年职业学科

---

[1]《纪广州之教育大会(二)　孟禄博士抵粤后之欢迎》,《申报》1921-11-7(11)。
[2]《纪广州之教育大会》,《大公报》1921-11-14(3)。
[3]《纪广州之教育大会》,《大公报》1921-11-14(3)。
[4]《纪广州之教育大会》,《大公报》1921-11-14(3)。

之职业科。成年时期(十八岁至二十四岁)为高等教育段,分为大学、高等专门学校和高等师范三个组成部分,各部分修业年限不等。大学不设预科,其入学资格以高级中学毕业者或有同等学力者为限,毕业期限定为四年至六年,大学毕业后得入研究院,不定年限。同时,大学得附设专科,亦不定年限。高等专门学校也设预科,其入学资格与大学同,毕业期限定为三年至四年,其四年者待遇与大学四年毕业者同。高等师范四年毕业,其入学资格与大学同,毕业后也得入研究院。另外,大学得设师范科,高等师范仍得独立。

与壬子癸丑学制相比,广州年会议决案在初等教育段、中等教育段和高等教育段均发生了变化。初等教育段的变化不大,但取消了初高两级制并强调小学校非为中等教育之预备。中等教育段的变化最大,采用了灵活多变的普通科、职业科和师范科混合设置体制。高等教育段最主要的变化是大学、高等专门学校和高等师范的趋同倾向。大学、高等专门学校和高等师范不但一致取消了预科,其学习年限也基本相同,且学生毕业后都可以进入研究院。

广州年会议决案带有明显的实用主义教育思想的烙印,学制标准中"发挥平民教育精神""适应社会进化之需要""发展青年个性"和"使教育易于普及"等标语就是实用主义教育理论影响的反映。尽管广州年会议决案还存在这样或那样的毛病,如"采取能伸缩活动的制度,利益固多,但时因种类繁多,不无困难"[①]等等,却"无论如何比旧学制总好得多!从此中国教育上可以生出朝气来",[②]历时数年的学制改革终于在广州有了初步的成果。

四、新学制改革的定案

1922年10月,全国教育会联合会第八次年会在济南召开。会议刚开始,会场便呈现出紧张的气氛。会场紧张气氛的来源,还得从此前教育部召开的学制会议说起。

全国教育会联合会第七次年会由广东省教育会主办,而广东政权当时掌握在以孙中山为首的国民党手中,与北京政府分庭抗礼。由于广东政府与北京教

[①] 王卓然:《中国教育一瞥录》,上海:商务印书馆,1923年,第211页。
[②] 经亨颐:《新学制研究》,见张彬编:《经亨颐教育论著选》,北京:人民教育出版社,1993年,第264页。

育部不通声气,全国教育会联合会第七次年会的议决案没有送到教育部中去。这在以前是没有先例的,教育部对此十分恼火。但全国教育界对广州年会议决案表现出高度的热情,不但对其悉心讨论,甚至有些地方还开始试行。教育部乃"所谓教育最高行政机关,自问不好意思,于是用取巧的方法,在全国教育会联合会来开会之前,即九月十五日,召集学制会议"①。

1922年7月1日,教育部宣布"现在学制,间有未合,以致进行诸多窒碍"②,决定召开学制会议"以资征集意见,为学制改进之标准"③。《学制会议章程》公布后,教育部设立了学制会议筹备会,由教育总长指定部员若干人为筹备会会员。筹备会分为二组,一组筹拟学校系统议案,一组筹拟地方教育行政机关议案。教育部又先后派定干事长及干事,专门负责筹备开会事宜。④学校系统组在教育部参事邓萃英的主持下,很快就草拟出《学校系统改革案》作为时任教育总长高恩洪向学制会议提交的议案(简称教育总长交议案,见附录二)。

1922年9月20日至30日,教育部召集的学制会议在北京正式召开。学制会议的重头戏当然是讨论学制问题。经过激烈的争论,学制会议终于通过了《学校系统改革案》(简称学制会议议决案,见附录二)。较之广州年会议决案,学制会议议决案确有某些差异。第一,广州年会议决案在中小学校虽可分前后二期,而理论上仍采用一级制;而学制会议议决案则规定小学校分初高两级,不再保存一级制的虚名。第二,学制会议议决案在中学取四二制,仍保存旧制四年中学的形式,只不过将其程度降低一年,改称初级中学,其高级中学二年也不过大学预科的变相,其精神与广州年会议决案的三三制不同。第三,广州年会议决案规定高级中学毕业后才能入专门学校,而学制会议议决案则规定初级中学毕业的学生就可以入专门学校,因此学制会议议决案在专门学校修学年限虽延长一年,而实际上却降低一年程度。第四,学制会议议决案在高等师范学校的程度也较广州年会议决案降低。

学制会议存在北大派和高师高专派两派,主要分歧点是专门学校和高等师

---

① 经亨颐:《报告新学制及实施方法之商榷》,见张彬编:《经亨颐教育论著选》,北京:人民教育出版社,1993年,第273页。
② 《教育部改良学制会议章程》,《益世报》(天津)1922-7-19(10)。
③ 《教育部改良学制会议章程》,《益世报》(天津)1922-7-19(10)。
④ 《教育部召集之学制会议及其议决案》,《教育杂志》1922年14卷10号,教育界消息第1—6页。

范学校的存废问题。前者以在学制会议期间上任的教育总长汤尔和为代表,后者则以此时代理教育次长的邓萃英为首。这次通过的《学校系统改革案》很大程度上照顾了高师高专派的情绪,因此北大派与高师高专派对待该案有不同的态度。当高师高专派的邓萃英表示此次所议决之各案,"部中定当极为重视,但能从速发表必当从速照原案发表,此节可请诸君无虑"[1]之时,北大派的汤尔和却"拟将议决案送往济南征求全国教育会同意,以昭特别郑重之意"[2]。经过一番争论,学制会议最终决定双方各派一人代表教育部出席全国教育会联合会第八次年会,并将学制会议议决案交给全国教育会联合会作为参考。结果两派的争斗气氛带到了全国教育会联合会第八次年会,使得会议出现了开头的一幕。

可能是新任教育总长汤尔和的坚持,教育部代表交给全国教育会联合会第八次年会做参考的实际有两份议案。一份是学制会议议决案,另一份则是教育总长交议案。哪知主持年会的主席许名世一时糊涂,在分发两案时没有说明清楚,使得各省区代表以为后一案是教育部交给全国教育会联合会讨论的。而教育总长交议案上有一段引子,大意是说现行学校系统系民国元年临时教育会议议决而经教育部采择公布的,已经施行了十年,现在时势变迁,所以进行修改。前文已述,教育部召开学制会议,本来是为了应对广州年会议决案。而教育总长交议案完全不提广州年会议决案,这一点使得各省区代表大为不满。

其实属意北大派的教育部代表陈容在宣读教育总长汤尔和的致辞时就提道:"尚希贵会诸君子悉心讨论,无隐无遗。"[3]只是汤尔和的致辞乃用文言写就,宣读人江苏口音又太重,结果各省区代表并没有领会其意思。而高师高专派阵营中的教育部代表胡家风又四处找各省区代表谈话,希望维持学制会议议决案,更令代表们以为教育部"总希望联合会维持学制会议的原案,不要大更动"[4],引起了许多代表的厌恶。

北京代表胡适与教育部的代表同车南来,知道其中内情。为了缓和气氛,胡适在议案成立会上主张"此次大会根据去年议决之学制,并以教育部议决之

---

[1] 教育部:《教育部学制会议会议录》,中国第二历史档案馆馆藏资料(编号:1057-重15),1922年,训词及演说第8页。

[2] 抱一:《学制会议之经过》,《申报》1922-10-4(6)。

[3] 胡适:《记第八届全国教育会联合会讨论新学制的经过》,《努力周报》1922年25期,第1页。

[4] 胡适:《记第八届全国教育会联合会讨论新学制的经过》,《努力周报》1922年25期,第1页。

学制为参考,速修改通过,以定中华民国之新学制,俾便早日实行"①。虽然大部分代表都同意胡适的主张,但浙江代表许倬云因浙江教育界的内部纠纷而对汤尔和和马叙伦等浙江籍教育界名人不满,希望不理睬学制会议议决案。②实际上,"学制会议还是高恩洪兼教育部的时代决定的,于汤尔和马叙伦全无关系"③。最后几经调停,全国教育会联合会第八次年会才确定审查底案"精神上大部分用广州,而词句上多采用学制会议案"④,并推举在调停中发挥了重要作用的胡适拟订了一份《拟修正学制系统草案》,还组建了甲组审查会负责审查此案。

在甲组审查会上,各审查员对《拟修正学制系统草案》逐条进行了审查,并为此展开了激烈的辩论。特别是黄炎培力主"保存高等师范,收初中毕业生,三年毕业者,修业五年,四年毕业者,修四年"⑤,为此与草案拟订者胡适数次辩驳。经过一番争论后,甲组审查会的审查员们终于对焦点问题达成了较为一致的意见:

(1)七年的小学,仍得存在,但不承认学制会议"七年毕业者,得入初级中学二年级"的一句,并且不列入学制。

(2)中学校仍回到三三制为原则,四二制与二四制为副则,文句仍用广州案(此条讨论最烈,又最久)。

(3)高等师范不列入新学制一条,也颇有异议,但结果仍依底案,不列入学制。

(4)为救济初级中学教员之不足,审查会增入两条办法:

(甲)大学校与师范大学设二年期之师范专修科;

(乙)师范学校与高中之师范科俱得设展长二年之师范专修科。⑥

---

① 《第八届教育联合会开幕纪》,《申报》1922-10-14(7)。
② 胡适:《记第八届全国教育会联合会讨论新学制的经过》,《努力周报》1922年25期,第2页。
③ 胡适:《记第八届全国教育会联合会讨论新学制的经过》,《努力周报》1922年25期,第2页。
④ 胡适著,曹伯言整理:《胡适日记全编1919—1922》(3),合肥:安徽教育出版社,2001年,第843页。
⑤ 胡适著,曹伯言整理:《胡适日记全编1919—1922》(3),合肥:安徽教育出版社,2001年,第838页。
⑥ 胡适:《记第八届全国教育会联合会讨论新学制的经过》,《努力周报》1922年25期,第2页。

讨论完毕后，甲组审查会推举袁希涛、胡适和许倬云为起草员，根据讨论结果起草了《学校系统草案》（简称济南年会审查会报告案）。济南年会审查会报告案提交大会进行三读讨论时，高等教育段的学制设计引发了大争论。初读开始之前，即有浙江代表胡炳骙表示异议，认为"就本草案条文看，是无形中废止专门和师范，减少求学者之机会"，"因为专门和师范，增加年限，依现在情形观之，社会之需要，经济之困难，均属难于进行"。①甲组审查会报告案提交大会进行二读讨论时，又引起了各方的一番大辩论。甲组审查会主任袁希涛介绍审查会报告案后，由大会进行讨论。经过激烈的争论，第十九条中"救济小学教员之不足"，其"救济"二字经公决改为"补充"，第二十条"高级中学师范科养成初级中学教员"一层删去"师范科"，第二十一条改为第十六条以期次序贯通，第十六条至二十条依次递改，附注四删去"或改为大学校之教育科"一句。学制系统图中职业学校缩短至与高级中学相齐，并转高级中学右边之线移于专门底线之中。②三读时各省区代表无异议通过，将此案定名为《学校系统案》（简称济南年会议决案）。

与壬子癸丑学制相比，济南年会议决案确实具有进步之处：首先，济南年会议决案有"伸缩性"，既可以应付地方特别情形，又可以顺应学生的个性和兴趣。各地可以依照地方财力的厚薄选择办学模式，各人可以酌量自己的条件和家境选择学习，这些便利之处，都是壬子癸丑学制不能够比拟的。其次，济南年会议决案易于适应个性，引起学生的兴趣。济南年会议决案强调伸缩之余地，则容易适应多方面发展的需求。学生能够按照自己的兴趣来选修自己喜欢的科目，当然要比学习那些自己不感兴趣但又硬性规定学习的课程积极得多。最后，济南年会议决案在学年的分配问题上相当均匀，避免了壬子癸丑学制前后不相衔接的弊端。小学阶段减去了重复教材，虽然时间较以前缩短一年，但程度却没有降低太多。而中学延长两年可以直接入大学，不必另设预科或补习学校。

学制系统改革议题结束后，全国教育会联合会第八次年会推举袁希涛为代表将详细经过情形报告教育部：

---

① 《第八届教育联合会纪事（二）》，《申报》1922-10-22（10）。
② 《第八届教育联合会纪事（三）》，《申报》1922-10-23（7）。

为呈送议决改革学校系统案,敬祈察核公布施行事。窃维民国元年,大部招集临时教育会议,议决核定学校系统。公布以后,历年遵办。就实际上教育之结果,及世界教育改革之趋势,详加考察,觉有改订之必要。在民国八年,各省区教育会已多研究及此,于是年十月开第五届联合会时,决定翌年专以此为提案方针。九年开第六届联合会,各省提案者四起,决定翌年由各省区详加研讨,于开联合会时议决此案。上年十月开第七届联合会,就先后送到安徽、奉天、云南、福建、广东、黑龙江、浙江、甘肃、湖南、江西、山西、直隶等十二省所提之草案,汇合讨论,议决改革学制草案一件。仍分函各省区教育机关,组织讨论会,详加讨论。如认为可行,应招集相当人员拟订各级课程,提出于下届联合会,其有指定若干校实地试验者,并将讨论结果,相互通告。在此一年中,各省区讨论结果,大都认为可行,亦或小有修正。其关于新学制之课程标准,各省区已着手起草。本年九月,大部召集学制会议,通知各省区教育会,各推代表,加入讨论。其交议之学校系统案,大体亦采及上年草案。此次开第八届联合会,先后到者二十省区,我总长亦派员出席致词敦勉,认学制为重要问题,殷殷以悉心讨论,勿隐勿遗为勖。到会会员统体大部盛意,既就上年草案,并汇各省区之意见,详加讨论,复以大部招集学制会议之议决案,有较上年草案有修正精密之处,因而参加比较,合并讨论,经多次讨论之结果,为学校系统最后之议决,即以为四年来继续讨论之结束。特将是案缮陈大部,敬祈鉴核颁布施行,以慰教育界喁喁之望。至各省区就现有中学或小学,指定试办,经各代表报告者,已有奉天、直隶、山东、安徽、江西、湖北、湖南、江苏、浙江、广东、云南等十一省。其国立高师附属学校试办,为本联合会所知者,有北京、南京、奉天三处。其各省有已编订课程标准草案者,现复议决设课程标准起草委员会,推员讨论,汇合起草,俟有结果,再当陈送,为大部编审教材要目之赞助。再本届在济南开会,启呈文钤用山东教育会图记,合并陈明。①

全国教育会联合会第八次年会是在北京政府控制下的济南举行的,此次年

---

① 《教联会请公布学制改革案》,《申报》1922-11-6(6)。

会的氛围已与上次年会完全不同。大多数代表都希望全国教育会联合会与教育部能达成和解,因为双方都不可能独立承担学制改革的重任。因此全国教育会联合会给教育部的呈文巧妙地回避了第七次年会没有陈送教育部和双方在第八次年会上的纷争,大有在教育部的领导之下进行学制改革的味道。全国教育会联合会的呈文既如此客气,则教育部亦顺水推舟。1922年10月23日,教育总长汤尔和召集教育部科长以上人员开谈话会商谈学制改革问题。全国教育会联合会第八次年会的会员袁希涛、黄炎培和胡适以及学制会议的正副主席蔡元培和王家驹也应邀出席。这次会议确定对现行学制进行改革,并以全国教育会联合会提交的《学校系统案》为改革标准,只在文字上做了若干修改。11月11日,时任中华民国大总统黎元洪将全国教育会联合会第八次年会议决的《学校系统案》以《学校系统改革案》名义发表。《学校系统改革案》的颁布,标志着壬戌学制的确立,由全国教育会联合会掀起的新学制改革终于取得了成功。

尽管在壬戌学制制定的过程中充满了政治势力相互较量的味道,但在全国教育会联合会的努力下,壬戌学制最终取代了壬子癸丑学制。从酝酿到正式颁布,壬戌学制的制定过程前后历时四年,并在全国范围内反复讨论和修改,集中了当时教育界的智慧,这在中国现代教育史上是绝无仅有的。因为理想与现实之间总会存在矛盾,而教育由于周期长、效应滞后等特性,所以在壬戌学制的实施过程中,往往会出现某些缺点。人们感到教育的问题依然解决不了,"法令所指示底途径与事实所向往底途径迥然相异"[①]。这是正常的现象,任何一个学制都不是完美的,必须在不断的探索中进行完善。有人以此来否定全国教育会联合会的功劳,恐怕难以令人信服。

[①] 许崇清:《看过了"全国专家对于学制改造的态度"以后底小小感想》,《教育杂志》1935年25卷3号,第90页。

第二节　全国教育会联合会与新学制课程标准

课程标准起源于课程设置和管理上明确化和规范化的需求。进入近代之后,各级各类学校的不断建立和发展使较为完整的学校教育体系得以形成,年级或班级授课制成为主导制度,各级各类学校各年级的课程设置趋于系统化,对课程设置加以规范和管理变得越来越必要。[1]壬戌学制颁布以后,并没有相应的课程标准可供使用,各个学校在教学中缺乏可参照的标准,制定一种与之匹配的课程标准已迫在眉睫。为了保证新学制的实施,全国教育会联合会再次担起重任,两次组建课程标准起草委员会并与中华职业教育社联手,先后制定了《新学制课程标准纲要》《新学制师范科课程标准纲要》和《新学制职业科课程标准》,为新学制的顺利施行提供了便利条件。

一、制定新学制课程标准的呼声

1922年10月,全国教育会联合会第八次年会在济南开幕。在年会期间,著名教育家朱经农曾经写信给参加了此次年会的胡适。在信中,朱经农认为"大凡讨论一种学制,不把各级学校应有课程的最小限度细细研究一番,拿来作规定年限的根据,徒发空论,争什么'三三''四二''八四''六六'的年限分配问题,实在是没有用处的","所以我说改革学制,非改革学程不可","第一件要紧的事体就是讨论中小学校课程的标准","若不把课程的分量和时间的配置大致规定出来",[2]那么学制便"一点实用没有"[3]。事实上,全国教育会联合会第八次年会当时已经决议成立新学制课程标准起草委员会,准备为新学制制定课程标准。由于缺乏确切的史料,我们无法推断朱经农当时是否知道这个消息。即使知道

---

[1] 柯森:《课程标准起源和演进的历史考察》,《华南师范大学学报》(社会科学版)2004年6期,第95—101页。
[2] 朱经农:《朱经农致胡适》,见中国社会科学院近代史研究所中华民国史组编:《胡适来往书信选》(上册),北京:中华书局,1979年,第169—170页。
[3] 朱经农:《朱经农致胡适》,见中国社会科学院近代史研究所中华民国史组编:《胡适来往书信选》(上册),北京:中华书局,1979年,第170页。

这个消息,他的担心也并非没有道理。因为在新的学制出台以前,教育界根本无暇顾及制定课程标准。

全国教育会联合会并非没有认识到制定课程标准的重要性。早在学制改革的进程中,全国教育会联合会就已经注意到要为改革后的新学制制定课程标准。全国教育会联合会第七次年会结束时,要求各省区教育会对年会议决的《学制系统草案》进行讨论,并决定"应各邀集相当人员,拟订各级课程草案及实施方法,提出于下届联合会并先期将经过情形,互相通告","如有两省区以上,提出课程草案时应由事务所先期通告各省区教育会,酌量添推各项专家,同赴下届联合会,将课程草案分别讨论"。①不过决议虽然通过,各省区教育会对待此项规定的态度却并不一致。有的省区教育会十分热心,有的省区教育会却置若罔闻。江苏代表回省后,召集全省中等以上学校校长及各县办学人员开会讨论数次,决定组织新学制课程研究会,分五部拟订分科课程标准草案。到1922年8月底,各部已将课程草案汇齐,准备提交全国教育会联合会第八次年会讨论。然而当江苏省教育会向全国教育会联合会第八次年会事务所询问其他省区教育会的进展状况时,却发现只有自己孤军作战。②全国教育会联合会第八次年会事务所见此情景,即呼吁各省区教育会加紧拟订各级课程草案及实施方法。经过联络,在全国教育会联合会第八次年会上有绥远教育会提出的《新制小学课程拟定标准案》,浙江省教育会提出的《小学和初级中学课程案》,山东省教育会提出的《新学制小学课程草案》,安徽省教育会提出的《应即议定学制课程标准案》,加上江苏省教育会提出的《学程标准案》,数目倒也算可观。③

按照上次年会确定的议程,全国教育会联合会第八次年会的首要程序就是反馈各界对上次年会所议决《学制系统草案》的意见,以便正式确定学制系统。如果按照这个程序,手续并不繁多,很快就可以转入制定课程标准的轨道上来。但全国教育会联合会第八次年会开幕后,围绕着学制系统改革问题进行了非常激烈的争论,制定课程标准之事就暂时被搁下。

---

① 《学制系统草案之进行方法》,见邰爽秋等合选:《历届教育会议议决案汇编》,上海:教育编译馆,1935年,第七届全国教育会联合会议决案第26页。
② 《全国教育会在鲁开会之预备》,《申报》1922-8-28(10)。
③ 《第八届教育联合会纪事(一)》,《申报》1922-10-15(10)。

与会代表当中,胡适是对课程标准十分重视的。不知道胡适有没有及时收到朱经农的来信,但在他看来,无论最后的倾向如何,新学制肯定要在这次会议上诞生,制定课程标准才是值得注意的地方。在全国教育会联合会第八次年会的开幕式上,胡适为此发表演说指出:"新学制既确定,则对于学校课程,似不能不加讨论。惟吾等代表俱系专门以上学校职员,对于小学课程,毫无研究,实不配定一种课程标准。不过鄙人总希望共同研一种最低限度之课程标准,以为将来集全国教育家规定标准时一种参考。"[1]由于时间关系,在年会上为新学制拟订相应的课程标准已经不可能了。但新学制既已尘埃落定,与会代表便将新学制课程标准的制定问题提上了议事日程。

在胡适的呼吁下,各省区代表在《学校系统案》通过后即开议新学制课程标准问题。经过讨论,与会代表决定推举五人组织新学制课程标准起草委员会,以四个月为期,经费由各省教育会各负担五十元(区教育会减半),委员会起草结果交由事务所以全国教育会联合会名义送教育部公布。最后经过选举,袁希涛、金曾澄、黄炎培、经亨颐和胡适当选新学制课程标准起草委员会委员。[2]

课程标准是确定一定学段的课程水平及课程结构的纲领性文件,是教育质量在特定教育阶段应达到的具体指标。它具有法定的性质,是管理和评价课程的基础,也是教材编写、教学、评估和考试命题的依据。没有相应的课程标准,学制便没有了推行的具体目标。随着新学制课程标准起草委员会的组建,全国教育会联合会开始了为新学制制定课程标准的正式历程。

二、《新学制课程标准纲要》的面世

1922年10月21日,新学制课程标准起草委员会在北京开第一次委员会,议定进行程序。经过讨论,委员会决定"就北京、南京、广州、浙江四处各拟一高中、初中、小学横行的标准及纵的限度"[3],并通告各省区征求意见汇集讨论。

同年12月6日,新学制课程标准起草委员会在南京开第二次委员会,会议

---

[1]《第八届教育联合会开幕纪》,《申报》1922-10-14(7)。
[2]《第八届教育联合会纪事(四)》,《申报》1922-10-24(7)。
[3]《第九届全国教育会联合会记事》,《奉天教育杂志》1923年2卷8期,特载第20页。

邀请各专家列席,"就各处所拟之标准及限度共同讨论"①,并通过了中小学毕业标准。新学制课程标准起草委员会决定以该标准为依据编定各学科课程要旨,分请专家草拟各科目课程纲要。当时邀请草拟各科课程标准纲要的专家,小学阶段的有吴研因、俞子夷、俞凤宾、胡宣明、丁晓先、杨贤江、朱经农、黄孟姒、王伯祥、施仁夫、姜文洪、葛敬中、熊翥高、宗亮寰、刘质平和王小峰,初级中学阶段的有周鲠生、常乃德、王伯祥、叶绍钧、胡宪生、胡明复、胡刚复、刘海粟、何元、俞寄凡、刘质平和麦克乐,高级中学阶段的有胡适、朱复、黄炎培、孟宪承、徐则陵、任鸿隽、麦克乐、廖世承、汪桂荣、何鲁、倪若水、薛天游和秉志。②上述各专家所拟各科目课程纲要,分小学、初级中学、高级中学三组,各请一专家汇集整理。同时,因为各科各级衔接的关系,新学制课程标准起草委员会又分请各科专家作纵向审核。当时担任审核员的有王伯祥、沈恩孚、秉志、朱经农、刘海粟、胡宪生和周鲠生等著名学者。③审核完毕后,审查结果再分送各省区教育会征求意见。

1923年4月25日起,新学制课程标准起草委员会连续十一天在上海开第三次委员会,将小学和初级中学各科目课程标准纲要逐科覆订,"惟高级中学课程,目下委员会方面所取方针,已与南京原案不同"④。所谓南京原案,即新学制课程标准起草委员会第二次委员会时所确定的方案。该方案高级中学本分四组,"但此种教育,视学校状况、地方情形,应赋以活动之余地"⑤,新学制课程标准起草委员会为此决定将其重新分为两组。因其程度内容复杂,新学制课程标准起草委员会复请专家重新讨论编拟课程总纲。

同年6月4日起,新学制课程标准起草委员会连续五天在上海续开第四次委员会,"覆订小学、初中各科目纲要,并覆订高中课程总纲"⑥。新学制课程标

---

① 《第九届全国教育会联合会记事》,《奉天教育杂志》1923年2卷8期,特载第20页。
② 全国教育联合会新学制课程标准起草委员会:《新学制课程标准纲要》,上海:商务印书馆,1925年,新学制课程纲要总说明第3—5页。
③ 《推定新学制课程标准审核员》,《申报》1923-2-9(14)。
④ 《新学制课程审查之现状》,《申报》1923-5-16(14)。
⑤ 《新学制课程审查之现状》,《申报》1923-5-16(14)。
⑥ 《第九届全国教育会联合会记事》,《奉天教育杂志》1923年2卷8期,特载第21页。

准起草委员会刊布《新学制课程标准纲要》后,宣布委员会工作结束。①

此次修订新学制课程标准,"总共开会十九次(专家讨论尚不在内),延请专家定五十余人,费时八月,始克竣事"②。根据《新学制课程标准纲要》的规定,小学、初级中学和高级中学的课程设置如下:

小学课程设国语、算术、卫生、公民、历史、地理(后4科在初级小学合并称社会科)、自然园艺、工用艺术、形象艺术、体育和音乐等科。初级小学前二年每周至少授课1080分钟,后三年每周至少授课1260分钟。高级小学每周至少授课1440分钟,授课分钟数以六日分配,每日分配240分钟。每日授课时间分为若干节,中间设有休息时间,每节教学视其性质可讲授一种或两种科目。乡村小学各科目不能单独设立的时候可以合并教授,但国语和算术两科的授课分钟数不能减少。③

初级中学设社会科、言文科、算学科、自然科、艺术科和体育科六科。社会科包括公民、历史和地理,言文科包括国语和外国语,艺术科包括图画、手工和音乐,体育科包括生理卫生和体育。初级中学授课采用学分制,每半年度每周上课1小时为1学分,图画、手工、音乐、体操运动及理化生物之实验等无须课外预备、自修,或预备、自修时间较少的科目应酌量计算。整个初级中学阶段共需修满180学分,其中164学分为必修科,其余学分可以选修他种科目或补习必修科目。④

高级中学课程内容分为公共必修、分科专修和纯粹选修三部分科目。公共必修科目为高级中学学生所应受普通教育的最低限度,无论何科学生皆应学习,学分约占总额的43%。分科专修的科目分必修科与选修科两种,凡本科内主要的及基本的功课都属于必修科目,其余可以在本科范围内进行选修。必修和选修的分量,依照专科的性质和学校所设科目的多寡分别规定。另外,高级

---

① 全国教育联合会新学制课程标准起草委员会:《新学制课程标准纲要》,上海:商务印书馆,1925年,新学制课程标准纲要之缘起第2页。
② 《第九届全国教育会联合会记事》,《奉天教育杂志》1923年2卷8期,特载第21页。
③ 全国教育联合会新学制课程标准起草委员会:《新学制课程标准纲要》,上海:商务印书馆,1925年,新学制课程纲要总说明第6—7页。
④ 全国教育联合会新学制课程标准起草委员会:《新学制课程标准纲要》,上海:商务印书馆,1925年,新学制课程纲要总说明第7—8页。

中学课程还设有职业指导科,以演讲、阅读或参观等方法进行。纯粹选修科目与分科选修科目不同,学生可以在专修科目以外,根据自己的兴趣在不专属各该校所有科组及其他科的选修与必修科目中酌修其他科目,但每人所选分量不得超过毕业学分总额的20%。①

高级中学采用综合高中制,分设普通科和职业科。普通科又分为两组,第一组注重文学和社会科学,公共必修科目有国语、外国语、人生哲学、社会问题、文化史、科学概论和体育(卫生法、健身法及其他运动),专修科目有特设国文、心理学初步、伦理学初步、社会学之一种和自然科学或数学之一种。第一组公共必修科和分科必修科共88学分,分科选修科和纯粹选修科共62学分。②第二组注重数学和自然科学,公共必修科目与第一组相同,专修科目有三角、高中几何、高中代数、解析几何大意、用器画、物理化学和生物等。第二组公共必修科和分科必修科共95学分,分科选修科和纯粹选修科共53学分。③

较之清末民初的课程标准,《新学制课程标准纲要》深受实用主义教育思想及其课程论的影响,集当时国内外课程发展研究之大成。一方面,《新学制课程标准纲要》实现了统一性与灵活性的协调。它力图根据社会、学校和学生的不同需要,有针对性地进行课程设置,在课程体系安排上相对合理和严整,而且多类别、多层次、富有灵活性,有利于发展学生的特长和爱好。另一方面,《新学制课程标准纲要》有相当的科学性。它为各科制定了系统详尽的课程标准,并对各科的目的、内容和方法做了明确的规定,使教师的教学工作能够有据可循。同时,它还照顾了学生的身心发展水平,既保持了学生生活经验的完整性,又更好地适应了学生思维发展的特点。

新学制课程标准起草委员会制定的《新学制课程标准纲要》就小学、初级中学和高级中学普通科的课程设置做了详细的规定,是一份相当完整的课程标准。《新学制课程标准纲要》的面世,对各级中小学的课程设置起到了指导作用。

---

① 全国教育联合会新学制课程标准起草委员会:《新学制课程标准纲要》,上海:商务印书馆,1925年,高级中学课程总纲第75—76页。

② 全国教育联合会新学制课程标准起草委员会:《新学制课程标准纲要》,上海:商务印书馆,1925年,高级中学课程总纲第76—79页。

③ 全国教育联合会新学制课程标准起草委员会:《新学制课程标准纲要》,上海:商务印书馆,1925年,高级中学课程总纲第76—80页。

三、《新学制师范科课程标准纲要》的制定

1923年10月,全国教育会联合会在昆明举行第九次年会,袁希涛代表新学制课程标准起草委员会在大会上做了报告。他指出此次制定《新学制课程标准纲要》存在四处难点:首先,"因新学制系统要点系采取纵横活动主义不能不注意此点"[1]。其次,"各专家意见不能尽同,如高中办法有主张分四组者,有主张分二组者,至于小学课程之艺术一项,小学家与艺术家又不相同"[2]。再次,"各省地方情形不同,教材恐难一致"[3]。最后,"此项编制课程标准无经过试验上之结果可以依据"[4]。由于以上四种难点,新学制课程标准起草委员会认为"此次编定之标准仅能作为各地方实施时之参考材料再提出讨论"[5]。另外,此次新学制课程标准还存在某些不足,比如高中课程纲要并未经过覆订,师范科和职业科课程标准亦未修订,体育课程标准纲要又因"东南大学体育教授麦克乐(Charles Harold McCloy)君正在调查中国儿童身体发育标准"而暂缓,等等,仍需进一步完善工作。

如前所述,《新学制课程标准纲要》其实只是普通教育部分的课程标准,对于师范教育和职业教育部分并没有涉及。与会代表意识到,"良以课程之拟定,实非少数人于短促时间所能办,即上届所定之中小课程,亦曾聚数十专家之力,迟之又久,推奏全功,其不暇及师范与职业者,盖有书由也","顾新学制之优点甚多,职业亦其一端","欲推行义务教育,师范尤不可缓",[6]故决定仿照上届办法组织起草委员会,延请专家拟定纲要以补上届所未及。[7]经过投票选举,段育华、袁希涛、黄炎培、金曾澄和王希禹当选新学制师范及职业科标准起草委员会

---

[1] 《第九届全国教育会联合会记事》,《奉天教育杂志》1923年2卷8期,特载第21页。
[2] 《第九届全国教育会联合会记事》,《奉天教育杂志》1923年2卷8期,特载第21页。
[3] 《第九届全国教育会联合会记事》,《奉天教育杂志》1923年2卷8期,特载第21页。
[4] 《第九届全国教育会联合会记事》,《奉天教育杂志》1923年2卷8期,特载第21页。
[5] 《第九届全国教育会联合会记事》,《奉天教育杂志》1923年2卷8期,特载第21页。
[6] 全国教育会联合会:《第九届全国教育会联合会会务纪要(民国十二年十月)》,昆明:全国教育会联合会,1923年,第84页。
[7] 全国教育会联合会:《第九届全国教育会联合会会务纪要(民国十二年十月)》,昆明:全国教育会联合会,1923年,第84页。

委员。①根据新学制师范及职业科课程标准起草委员会简则,职业科课程标准的制定由中华职业教育社合作参与,因此委员会的工作主要是制定师范科课程标准。②

为了更好地制定师范科及职业科课程标准,新学制师范及职业科课程标准起草委员会又议定了进行办法数条:

(一)公推段育华君为本委员会干事。

(二)进行程序:一、征集材料期,假定十三年一月底终了。二、编拟草案期,得提前举行,假定十三年三月底终了。三、讨论草案期,假定十三年五月底终了。

(三)议征集材料方法。

(师范)就下列四种方法酌量行之。(子)通函各省区教育会。(丑)通函各师范大学(或高等师范)。(寅)就各省区认定一所或数所师范学校函托之。(卯)就各省区择相当之人函托之。

(职业)委托中华职业教育社,就师范项所列各种方法,或其他适宜方法,酌量行之。

(四)议征集材(料)③种类。

(师范)(子)六年师范学校。(丑)高中师范科。(寅)相当年期之师范学校或师范讲习科。(卯)年期之师范专修科。就上列各种征集其实施新学制后现行之课程及其意见,或拟订之课程及其意见。

(职业)(子)高中农工商家事科。(丑)初中职业科。(寅)职业学校。(卯)大学职业专修科。(辰)小学职业准备课程,由职业教育社就上列各种,酌量征集之。

(五)议编拟草案问题

(师范)函请各师范大学(或高等师范)。就前第五条师范项子丑

---

① 全国教育会联合会:《第九届全国教育会联合会会务纪要(民国十二年十月)》,昆明:全国教育会联合会,1923年,第103页。

② 全国教育会联合会:《第九届全国教育会联合会会务纪要(民国十二年十月)》,昆明:全国教育会联合会,1923年,第84页。

③ 原文为"材材",应为"材料"——编著者。

卯三目编拟各科标准。(广东由金曾澄担任,北京、沈阳由王希禹接洽,南京、武昌、四川由袁希涛、黄炎培接洽。)于十三年一月底以前,寄达委员会。各委员亦得各就相知,共同草拟。前项所称各科标准,包括横的分科及选科的范围,纵的开始及终了的限度。

(职业)函请职业教育社酌开起草范围,先行草拟。其期限同本条师范项。两项草案寄到,陆续印分各委员,定期开会。并由各委员分投物色富有学识与经验之专家,先行通知干事,以便互商邀请。其开会地点,假定南京。

(六)通讯处暂设上海西区方斜路江苏省教育会。

(七)本委员会会议大概,应通告各省区教育会。①

1924年2月,新学制师范及职业科课程标准起草委员会在南京召开会议。除了委员会成员袁希涛、黄炎培和段育华外,还有朱经农、赵遹传、程湘帆、朱君毅、郑宗海、仇埰和汪懋祖等专家列席,经亨颐、舒新城、陈宝泉和中华职业教育社皆有意见书。②当时收到的课程草案,"关于六年师范者,有广东高师、江苏三师、江苏代师、江苏九师、河南二师、山西国民师范、江苏武进、东南大学,连同江苏黑龙江上年草案,共十案;关于高中师范及六年师范之后期者,广东高师、山西二师、东南大学、北京赵高杨查四君,共四案;关于相当年期之师范者,江苏师范讲习科、江苏川沙县师、安徽讲习所、北京林范,共四案;关于师范专修科者,江苏二师之文科、五师之数理科、一师之农村科、四师之艺术科、东大之社会科、自然科、国文科、外国文科、手工图画科、音乐科,共十一案"③。

与会人员发言非常踊跃,最后将意见归纳为九个问题,交由起草员根据大多数人的主张斟酌起草:"一、是否采用复式标准;二、如何养成乐业精神;三、实习如何规定;四、六年师范课程如何分段;五、六年师范之前三年,与初中有何分别,后三年之招收初中毕业者,其课程应否特别规定;六、后期师范是否设选修科,应否加入职业教育;七、专修科应否规定种类;八、师范毕业后,是否规定专

---

① 《第九届全国教育会联合会始末记》,《北京大学日刊》1923年1357号,第2—3页。
② 《新学制师范课程起草会纪》,《申报》1924-2-17(14)。
③ 《新学制师范课程起草会纪》,《申报》1924-2-17(14)。

事服务而升学;九、如何养成指导员及行政员。当时由各人分认担任起草员,六年制师范学校及高级中学师范科课程标准草案由朱经农、仇埰、程湘帆、朱君毅、郑宗海和赵迺传六人起草,师范专修科课程标准草案由赵迺传、汪懋祖和段育华三人起草,相当年期师范学校课程标准草案由汪懋祖、郑宗海、顾倬和程湘帆四人起草。"[1]

各类草案起草完毕再重新合并讨论,王希禹和高仁山也加入讨论,"计分六年师范之后三年,并适用于高中师范科者为一类,由王希禹君说明;师范专修科为一类,由汪懋祖君说明;相当年期师范为一类,由程湘帆君说明"[2]。经与会专家讨论后,决定第一类由郑宗海进行整理,第二类由汪懋祖进行整理,第三类由程湘帆进行整理,整理完毕后再交由委员会讨论进行方法。

2月下旬,新学制师范及职业科课程标准起草委员会又移沪开会,将各专家所拟草案进行整理。师范专修科课程标准草案和六年师范之后三年并适用于高中师范科课程标准草案很快整理完毕,相当年期师范学校课程标准草案则尚未整理完竣。另外,"各委员以拟订课程,务求适应地方情况,而内地学校组织单简者,其所需要之课程,尤须特别规定,因拟再行草拟一种六年师范一贯之课程,专供各地组织单简之师范学校采用"[3]。由于中国幅员广大、地方状况各异,新学制师范及职业科课程标准起草委员会决定分部进行起草。北部由范源濂和赵述庭(即赵迺传)负责,南部由金曾澄负责,中部由程湘帆、袁希涛和黄炎培负责,分别邀集专家进行起草。因中部和南部草案已经拟就,原定暑假期间在北方开会一次,适逢中华教育改进社在南京集会,于是趁机邀请北部同人在南京开会商讨事宜。[4]

1924年7月,新学制师范及职业科课程标准起草委员会在南京召开会议,将江苏(中部)、广东(南部)和北京(北部)交来的六年一贯制师范学校课程标准草案进行讨论。经众人公议,"先讨论江苏草案,(程湘帆所拟)金以为此种六年一贯制之师范课程标准,为设备较简班次较少、不能多设选科之师范学校适用

---

[1]《新学制师范课程起草会纪》,《申报》1924-2-17(14)。
[2]《新学制师范课程起草续志》,《申报》1924-2-20(14)。
[3]《师范课程委员会续志》,《申报》1924-2-22(14)。
[4]《师范课程委员会续志》,《申报》1924-2-22(14)。

之，遂公同将原案略加修正通过，继讨论北京广东两省之草案，经众公推郑宗海、汪懋祖两君共同整理"①。经过整理，新学制师范科课程标准草案基本通过。

1925年2月，新学制师范及职业科课程标准起草委员会开会讨论后三年师范各科课程纲要。同年3月，新学制师范及职业科课程标准起草委员会函请各专家迅速起草各科课程纲要。同年9月，新学制师范科课程标准纲要编订告竣。同年10月，《新学制师范科课程标准纲要》出版，新学制师范及职业科课程标准起草委员会工作宣布结束。②

《新学制师范科课程标准纲要》分为六年制师范学校课程标准、师范学校后三年与高级中学师范科公用课程标准及相当年期师范学校课程标准三种。

六年制师范学校课程分社会科、语文科、算学科、自然科、艺术科、体育科和教育科七类。社会科包括公民、历史、地理、人生哲学和社会问题五门，语文科设国语和外国语二门，算学科设算术、珠算、代数、几何、几何（立体）和三角（平面）六门，自然科设混合理科、生物学、化学和物理四门，艺术科设手工、图画和音乐三门，体育科设体育和生理卫生二门，教育科设教育入门、心理学入门、教育心理学、教学法、小学校行政、教育测验及统计、小学各科教材研究、职业教育概论、教育原理和教育实习十门。③整个六年制师范学校阶段共需修满330学分，其中必修科目319学分，选修科目11学分。

师范学校后三年与高级中学师范科课程分公共必修科和师范专修科两类。公共必修科共有国语、外国语、人生哲学、社会问题、世界文化史、科学概论、体育和音乐八门，师范专修科共有心理学入门、教育心理、普通教学法、各科教学法、小学各科教材研究、教育测验与统计、小学校行政、教育原理和实习九门。④整个师范学校后三年和高级中学师范科阶段共需修满至少136学分，其中公共必修科目68学分、师范专业科目48学分、选修至少20学分。

相当年期师范学校课程分为三年制、二年制和一年制三种。三年制相当年期师范学校课程有教育入门、心理学入门、国语、公民、史地、算学、自然、艺术、

---

① 《新学制师范课程标准委员会》，《申报》1924-7-20（12）。
② 舒新城：《民国十四年中国教育指南》，上海：商务印书馆，1926年，第202—203页。
③ 舒新城：《中国近代师范教育小史》，《中华教育界》1926年15卷11期，第9—10页。
④ 舒新城：《中国近代师范教育小史》，《中华教育界》1926年15卷11期，第9页。

体育、普通各科教学法、实习、测验法、小学校行政、小学课程标准、教育原理、社会和市乡社会研究十七门,二年制相当年期师范学校课程有教育入门、心理学入门、各科教学法、实习、小学校行政、国语、公民、史地、社会、算学、自然、艺术、体育和市乡社会研究十四门,一年制相当年期师范学校开设教育入门、普通教学法、心理学、国语教学法补习、社会教学法补习、算术教学法补习、自然教学法补习、艺术教学法补习、小学校行政、教育原理和体育十一门。除此以外,三年制和二年制相当年期师范学校还有选科多种。[1]

《新学制师范科课程标准纲要》的制定,为六年制师范学校、师范学校后三年与高级中学师范科及相当年期师范学校的课程设置提供了标准,是当时师范教育领域实施新学制的有力支援。

四、《新学制职业科课程标准》的颁布

除了自行制定《新学制师范科课程标准纲要》外,新学制师范及职业科课程标准起草委员会还颁布了中华职业教育社制定的《新学制职业科课程标准》。

1921年8月,由中华职业教育社发起的全国职业学校联合会成立。全国职业学校联合会以专门研究职业学校共同问题为宗旨,与中华职业教育社每年合并举行一次年会。1922年,"全国职业学校联合会集沪会议"[2],上海中华职业学校和如皋乙种工业学校均提议制定职业学校课程标准。此时正值全国教育会联合会征集各省区教育会对于新学制的意见,江苏省教育会为此组织了讨论会,并力主全国教育会联合会与中华职业教育社协定职业科课程标准。全国职业学校联合会于是提出《新学制职业教育学程编制标准草案》,先期制定了课程编制大纲作为分科拟订的根据。同年7月,中华教育改进社在济南举行年会,全国职业学校联合会的成员大多参加了这次年会,并推举了十九间职业学校作为委员制定职业学校课程标准,而让中华职业学校主任顾树森负责。但由于集会不易,顾树森又游学外出。待其归来之时,1922年新学制已经公布。1923年5月,全国职业学校联合会再次在上海举行会议,决定由黄炎培会同前述委员以

---

[1] 舒新城:《中国近代师范教育小史》,《中华教育界》1926年15卷11期,第10页。
[2]《新学制职业课程标准序》,《教育与人生周刊》1924年2卷55期,第744页。

上年拟订的课程编制大纲为根据,参考各职业学校课程,继续修订职业学校课程标准。①

全国教育会联合会组建的新学制师范及职业科课程标准起草委员会成立后,邀请中华职业教育社制定《新学制职业科课程标准》。经过公开推举,中华职业教育社选派了朱经农、邹秉文、王企华、黄伯樵、赵师复和杨卫玉加入新学制师范及职业科课程标准起草委员会协同工作。②

在负责拟定新学制职业科课程标准的委员和专家看来,"新学制中职业教育一部,实包有:(子)高级中学职业科;(丑)初级中学职业科;(寅)职业学校;(卯)大学职业专修科;(辰)小学职业准备科"③。经过详细的讨论,新学制师范及职业科课程标准起草委员会议决假定职业教育共分三个阶段:"以收容四年小学毕业而已届受职业教育年龄者为第一阶段;以收容六年小学毕业者为第二阶段;以收容初级中学毕业者为第三阶段"④。每阶段应于农、工、商、家事各科中,提出主要的分科(或者不分科)。每主要的分科应假定最短修业年限及其修业终结后的资格,再于各分科草拟科目(包括实习)及毕业程度标准。中华职业教育社受此重任,即依此准则并参考各职业学校课程设置草拟新学制职业科课程标准。⑤

1924年5月,中华职业教育社就职业教育阶段的课程标准问题初步提出了四种方案,并在与《申报》联合举办的《教育与人生周刊》上公布以征求意见。到了6月,新学制师范及职业科课程标准起草委员会进入各科课程纲要的草拟阶段,决定由过探先和王仙华负责农业科课程纲要的草拟,黄伯樵、俞星枢、赵石民、刘北禾、凌其峻、葛敬新、徐毅庵和郭养元负责工业科课程纲要的草拟,赵师复、马宪成、潘仰尧和潘吟阁负责商业科课程纲要的草拟,杨卫玉负责家事科课程纲要的草拟。⑥

同年9月,新学制职业科课程标准起草完成。其中,农业科课程标准(一)

---

① 易作霖:《本社编订新学制职业课程标准之经过》,《教育与职业》1924年60期,第579—580页。
② 《协定职业学校课程标准》,《教育与职业》1924年52期,第137页。
③ 《新学制职业课程标准序》,《教育与人生周刊》1924年2卷55期,第744页。
④ 《新学制职业课程标准序》,《教育与人生周刊》1924年2卷55期,第744页。
⑤ 易作霖:《本社编订新学制职业课程标准之经过》,《教育与职业》1924年60期,第581页。
⑥ 《师范职业课程起草会近讯》,《申报》1924-6-26(11)。

由过探先草拟,农业科课程标准(二)由王舜成(即王仙华)草拟,工业科课程标准(一)机械科由黄冀(即黄伯樵)草拟、德国工学博士培伦子(Dipl. Ing. Berrens)修订(内十三、十四、十五三科由培伦子拟),工业科课程标准(二)电气科由黄冀草拟、培伦子修订,工业科课程标准(三)市政工程科由黄冀草拟,工业科课程标准(四)土木工程科由刘勋麟草拟、美国万特克(H. A. Vanderbeek)修订,工业科课程标准(五)木工科由徐复旦(即徐毅庵)草拟,工业科课程标准(六)藤竹工科由郭养元草拟、高寿田修订,工业科课程标准(七)染织科第一案由俞星枢草拟、陈镜豪和虞卜磐修订,工业科课程标准(七)染织科第二案由刘勋麟草拟、陈镜豪和虞卜磐修订,工业科课程标准(八)应用化学科由黄冀草拟(内制革由刘勋麟拟),工业科课程标准(九)教育玩具科由黄冀草拟,工业科课程标准(十)印刷科由黄冀草拟,商业科课程标准(一)由马宪成草拟、朱经农签注,商业科课程标准(二)由赵师复草拟、朱经农修订,商业科课程标准(三)由潘文安(即潘仰尧)和潘吟阁草拟,家事科课程标准由杨鄂联(即杨卫玉)草拟、李寅恭修订。①新学制师范及职业科课程标准起草委员会为此公告全国教育界:"职业教育应依各地各业之特殊状况,分别规定课程。此项标准,仅由一部分专家根据其试验或研究之结果,草拟以供参考。实施时,仍宜由当局自行酌定。一面业由全国职业学校联合会议决调查全国职业学校现行课程,邀请专家汇合研究。"②

《新学制职业科课程标准》以全国职业学校联合会1922年7月议决的《职业学校学程编制标准案》为基础,包括分校或分科目的、入学程度、修业年限、毕业资格和课程等部分。其中有两点值得特别注意:第一,关于实习时间的安排。初级职业学校和高级职业学校授课时间,每周平均以18小时至24小时为标准,但实习时间不得少于授课时间。第二,关于非职业学科的规定。职业学校的教科目,应包括职业学科、职业基本学科和非职业学科。其中非职业学科有公民、体育和音乐等艺术课程,其教学总时间,至少占全部时间的20%。③

1925年8月,《新学制职业科课程标准》出版,新学制职业科课程标准的制

---

① 中华职业教育社:《新学制职业科课程标准》,上海:中华职业教育社,1925年,新学制职业学校课程标准目录第1—2页。

② 易作霖:《本社编订新学制职业课程标准之经过》,《教育与职业》1924年60期,第584页。

③ 易作霖:《本社编订新学制职业课程标准之经过》,《教育与职业》1924年60期,第583页。

定由此告一段落。《新学制职业科课程标准》的出版弥补了《新学制课程标准纲要》中职业教育部分课程标准的缺失,标志着全国教育会联合会修订新学制课程标准工作的完满结束。

新学制各科课程标准纲要是当时中国最为完善的一个课程标准,"教育界试行一直到民十六(一九二七)国民政府公布《大学院组织法》的时候"[①],有效地配合了新学制的推行。各级各类学校普遍以新学制各科课程标准纲要作为课程设置的指南,各地出版机构包括中华书局和商务印书馆等著名教科书出版商也都按照新学制各科课程标准纲要来编写教科书。当然,新学制各科课程标准纲要并非完美无瑕,在实施过程中也出现了许多问题,例如各级学校修业年限减少而所修科目却大为增加,课程设置纷繁复杂,选修课程设置过多,等等。其中最为突出的问题是新学制各科课程标准纲要在编订过程中过于理想化,没有考虑到当时中国教育的实际状况。其时大多数学校的师资、设备都很差,在实施过程中并没有严格按照新学制各科课程标准纲要来设置课程,致使实施效果大打折扣。

第三节　全国教育会联合会与庚款兴学

为了维持教育事业的正常发展,中国教育界发起了一场教育经费独立运动,并将目光投向其时正在交涉退还的庚子赔款上,从而引起了社会各界对退还的庚子赔款的争夺。全国教育会联合会作为各省区教育会的代表,自然也参与了这场争夺。它呼吁各国退还的庚子赔款用于兴学,要求合理分配退还的庚子赔款,反对列强以庚子赔款控制中国教育文化事业,并组织了专门的机构争取庚子赔款。全国教育会联合会的努力并没有达到目的,但它为后来国民政府制订庚款兴学计划提供了理论和实践的参考依据。

---

① 黎锦熙:《国语运动史纲》,上海:商务印书馆,1934年,第120页。

一、呼吁退还庚款用于教育

中华民国成立以后，北京政府承担了清末遗留下来的庚子赔款，只是付款方式从各省分摊改为由海关税支付。第一次世界大战爆发以后，英、俄、法等国纷纷劝说中国加入协约国，美国也劝说中国与德国绝交。北京政府提出，要以永久取消德奥部分庚子赔款并缓付协约国各国庚子赔款十年作为交换条件。几经讨价还价，各国允许中国从1917年起永远撤销对德奥赔款，英、美等七国"皆允全部展缓五年，并免加算利息"，"惟俄国只允以赔款全额百分之十展缓五年，其余全额百分之十又八九七一三六仍须按年交付"[1]。由于协约国各国同意中国缓付庚子赔款，清末又曾有美国退还庚子赔款充当"清华学校校款及其遣派留学经费之用"[2]的先例，因此中国朝野上下掀起了一波要求退还庚款的浪潮。

自清末新政以来，中国的新式教育"二十年来之进步，虽远距吾人之希望，而其速度颇足以抵欧洲百余年来之成绩"[3]。与教育事业的发达形成强烈对比的是教育经费的不足，中国教育界纷纷要求教育经费独立。要想教育经费独立，首先要解决经费的来源问题。希望中央政府和各地大小军阀从财政中拨出款项，无疑是与虎谋皮。对于教育界来说，最大的一批款项就是交涉中的庚子赔款。美国之前退还的庚子赔款主要是用于教育事业，各国在这个时候表达出退还庚子赔款的意向，教育界自然将教育经费独立和退还庚子赔款联系起来。在与北京政府的交涉当中，英、法、日、苏等国都相继或真或假地表示过退款的意向。但各国退还庚子赔款附带有各种条件，北京政府亦欲将退还款项用于其他方面。各国和北京政府的态度使中国教育界大为担心，纷纷奔走呼吁将退还庚款用于教育。

在这种氛围下，全国教育会联合会于1919年10月在太原召开第五次年会。经过商议，各省区代表对退还庚子赔款的用途问题达成了共识。他们表示，"立国以教育为本，办学以经费为先""近年国家多故，教育经费未能扩充""现闻

---

[1] 袁希涛：《庚子赔款退还之实际与希望》，《浙江省教育会月刊》1924年5期，第21页。
[2] 袁希涛：《庚子赔款退还之实际与希望》，《浙江省教育会月刊》1924年5期，第20页。
[3] 程其保：《中国教育经费问题》，《教育杂志》1924年16卷8号，第1页。

各国退还赔款,已有表示,作何用途,尚未决定""或主作为教育基金,或主作为各省区教育经费,或主兴办实业教育及职业教育,但未经确定以前,无预为支配之必要""本会公决将此项退款,专充教育经费,一面电请政府主持,一面电致驻外各公使及国际联盟代表,向各友邦政府浃洽""俟退款确定时,由本会在北京或上海,召集临时会研究办法"。[1]

第五次年会结束后,全国教育会联合会致电北京和广州当局指出:"教育为立国根本,年来因财政支绌,未能积极进行。现各国舆论有退还庚子赔款之表示,请速电驻外各使,及国际联盟代表向各友邦政府相机浃洽,声明此项退款,我国国民公意愿专办教育,不作别用,以坚各友邦退款之决心。教育前途幸甚!"[2]同时,全国教育会联合会又直接向巴黎中国公使和国际联盟中国代表呼吁:"闻各友邦舆论有退还庚子赔款之表示,请相机向各友邦联盟会浃洽,声明我国国民公意,愿专办教育,不作别用,以符各国友善之意。"[3]

1920年初,北京教育界爆发了激烈的索薪风潮,各校教职员要求成立专门的教育基金以维持教育经费独立。在北京教育界的一致要求下,北京政府允诺成立专门的教育基金。但此时北京政府财政已无可靠来源充当教育基金,只得将目光投向还没有真正着落的退还庚子赔款上。时任国务总理靳云鹏表示,将来教育基金"拟以庚子赔款全数充用,绝不令此项款项付之流水,必用之于最要紧之教育事业"[4]。1920年4月,索薪风潮再度扩大。北京政府见教育经费实在难以筹措,而退还庚子赔款一事却没有进展,只得电令驻英、美、法、日各国公使向所驻各该国政府交涉,希望尽快将庚子赔款退还作为中国教育基金。

1920年10月,全国教育会联合会在上海召开第六次年会。会上,各省区代表意识到"教育为立国之本,而经费为教育命脉"[5],然而"对于该省区学校经费,

---

[1]《退还庚子赔款专办教育案》,见邰爽秋等合选:《历届教育会议议决案汇编》,上海:教育编译馆,1935年,第五届全国教育会联合会大会议决案第23页。

[2]《电北京当局稿(电广州当局同)》,见邰爽秋等合选:《历届教育会议议决案汇编》,上海:教育编译馆,1935年,第五届全国教育会联合会大会议决案第23页。

[3]《电各国驻使及国际联盟代表稿》,见邰爽秋等合选:《历届教育会议议决案汇编》,上海:教育编译馆,1935年,第五届全国教育会联合会大会议决案第23页。

[4]《教职员罢课事件已解决矣 代表与总理谈话情形》,《晨报》1920-1-10(2)。

[5]《教育经费独立案》,见邰爽秋等合选:《历届教育会议议决案汇编》,上海:教育编译馆,1935年,第六届全国教育会联合会大会议决案第5页。

各省区主管财政者,往往任意推延,多不按期核发,稍有事故,藉口停发,致办理多年之学校,无法维持,甚至停辍"[1],因此纷纷要求成立专门的教育基金以保证教育经费的独立。至于教育基金的来源,鉴于国内财源已竭,各省区代表决定商请退回庚子赔款专充教育基金。全国教育会联合会为此向教育部提出:"庚子赔款,在去年欧战议和之时,各国已有退还之意。徒以政府未将专充教育经费之意,确切声明,以致未成事实。现在万国财政会议业已开会,国际联盟,亦将集合,吾国均派有全权代表出席,应由政府饬各代表向各国婉商,同时确切声明此项退款,专作全国教育基金之用,则目的易达矣。"[2]全国教育会联合会认定庚子赔款之所以难以退还,主要是因为政府未能声明将其专门用于教育,所以希望政府能够争取退还庚子赔款并将其充作教育基金逐渐成为全国教育会联合会的重要目标。

全国教育会联合会的建议得到社会各界尤其是各省区教育会的重视,并掀起了一场退款兴学运动。1921年4月,湖南省教育会以本省留法学生萧瑜的请求,致电直隶省教育会共同邀请各省学界联合起来向法、比两国请求退还庚子赔款兴办教育。湖南省教育会和直隶省教育会发起的签名运动得到了各界的支持,北京教育会也准备加入退款兴学运动行列,并决定在5月19日开职员会讨论进行此事的办法。[3]同年6月,湖南长沙总商会、农会和工业总会通电声明加入退款兴学运动。各团体在通电中指出,"近查吾国学界发起先向法、比两国请愿,退还庚子赔款,专作教育经费,敝会等以为此举亟关重要","盖民智不开,民力未由增进,赔款不退,学款无处宽筹","况赔款为四万万人公共之负担,兴学尤农工商界全体之志愿,教育界既已倡导于前,实业界自应继起于后"。[4]最后,山东、山西、吉林、江西、河南、上海、北京和天津等地社会各界也起而响应。[5]稍后时间,北京国立八校教职员代表与八校校长会商后亦打算"运动各国

---

[1]《教育经费独立案》,见邰爽秋等合选:《历届教育会议议决案汇编》,上海:教育编译馆,1935年,第六届全国教育会联合会大会议决案第5—6页。

[2]《教育经费独立案》,见邰爽秋等合选:《历届教育会议议决案汇编》,上海:教育编译馆,1935年,第六届全国教育会联合会大会议决案第6页。

[3]《北京教育会退款兴学之运动》,《晨报》1921-5-19(3)。

[4]《退款兴学运动之扩张》,《晨报》1921-6-7(6)。

[5]《全国各界运动退款兴学之踊跃》,《晨报》1921-6-26(6)。

退还庚子赔款,为中华民国教育基金"①,并在各省要求以备向使团接洽的签名簿上全体签名。

与全国各地的热烈反应恰恰相反,教育部居然对全国教育会联合会的呼吁置之不理。在批复全国教育会联合会第六次年会提交的议决案时,教育部对教育经费独立问题竟无只字提及,全国教育会联合会企图通过教育部争取退还庚子赔款充作教育基金的愿望落空了。②更令人担忧的是,北京政府已经打算利用退还庚子赔款整理国债,全国教育会联合会争取退还庚子赔款充当教育基金的想法岌岌可危。

1921年3月30日,北京政府接受全国银行工会的建议,以大总统令颁布《整理内国公债详细办法》,宣布开始整理国债。在此次整理国债的过程中,北京政府实在缺乏有保证的本息基金。美国退还庚子赔款已用于教育,协约国各国退还庚子赔款又似乎遥遥无期,于是已经不用再行偿还的德、俄两国庚子赔款便成了救命稻草。教育部对全国教育会联合会的建议不理不睬,已使全国教育会联合会感到不满。北京政府企图使用德、俄两国庚子赔款作为抵押整理国债,更是令全国教育会联合会大为光火。

1921年10月至11月,全国教育会联合会在广州召开第七次年会。江苏省教育会向年会提出《以停付德俄赔款拨为教育专款案》,历数以德、俄赔款为抵押发行各项内债的恶果,要求"在民国十二年指抵期满之俄国赔款一部分,应即指为教育专款,勿再移抵他项公债,其余德国赔款及俄国赔款之另一部分,均于相当期间一律指抵教育专款"③。

对于江苏省教育会的提案,各省区代表深有同感。全国教育会联合会因此发表宣言表示:"(德俄)赔款指抵公债,均不合我国民公意,自难承认。前者美国首倡退还赔款,设立学校,派遣学生,助我国教育之发展。年来政治纠纷,百废莫举。教育事业不惟无望进行,并求维持现状而不得,方冀友邦续倡退还。不意俄、德等国停付之赔款,北京政府竟以指抵公债,置教育于不顾。如不先将

---

① 《八校校长与教职员两方会议》,《晨报》1921-8-12(3)。
② 《部批》,见邵爽秋等合选:《历届教育会议议决案汇编》,上海:教育编译馆,1935年,第六届全国教育会联合会大会议决案第30—32页。
③ 全国教育会联合会:《第七次全国教育会联合会会务纪要》,广州:全国教育会联合会,1921年,第116页。

此停付之款拨济教育急需,一任北京政府之东挪西抵,对于未来退款,更何从为将伯之呼?"①最后,全国教育会联合会还致函总税务司、银行公会和整理外债委员会呼吁支持将庚子赔款充当教育基金的设想。

教育界民间力量呼吁各国退还庚子赔款用于教育,不但加速了各国退还庚子赔款的日程,也迫使北京政府正视教育界民间力量的要求。各国考虑到中国教育界民间力量的呼声,对北京政府关于退还庚子赔款用途的设想大为不满,从而影响到其对退还庚子赔款的态度。北京政府"取销全部赔款之运动,曾屡试而未得要领"②,退而请求各国再展缓庚子赔款五年,"嗣探各方辞气,难成事实,遂退而为暂缓二年之磋商"③。经过艰难的争取,美国答应暂缓赔付庚子赔款两年,但前提是务必不能将缓付的庚子赔款用于军费。比利时、法国和日本也答应暂缓赔付庚子赔款两年,但日本限定暂缓赔付的庚子赔款只能用于留学经费、在中国兴学经费以及待定的一种用途,法国则要求暂缓赔付的庚子赔款用于帮助倒闭的中法事业银行复业和作为留学经费。④虽然此后退还庚子赔款用途仍未作明文规定,但以庚子赔款兴学的倾向已渐现明朗。

1924年前后,"苏俄自动放弃赔款,经议定该项赔款俟清偿所担保之各种优先债务后,应完全拨作提倡中国教育之款项"⑤。同年,"美国又将全部赔款退还,指定完全用于提倡中国教育文化事业"⑥。此后,"英、法、比、荷四国亦相继与我国成立协定,退还应付赔款,设立机构,管理使用,除用于铁道、交通、水利、实业各项建设工作外,仍以其息金办理文教事业"⑦。这样,除日本坚持利用退还庚子赔款问题控制中国文化教育事业外,退还庚子赔款用于办理教育事业的目的基本得以实现。在以全国教育会联合会为首之教育界民间力量的一致呼声之中,民初北京政府与教育界民间力量关于退还庚子赔款用途的争论告一段落。

---

① 全国教育会联合会:《第七次全国教育会联合会会务纪要》,广州:全国教育会联合会,1921年,第112—113页。
② 《缓付庚子赔款交涉之别报》,《申报》1922-8-8(7)。
③ 《缓付庚子赔款交涉之别报》,《申报》1922-8-8(7)。
④ 《庚子赔款有展期希望》,《申报》1922-7-13(7)。
⑤ 教育部教育年鉴编纂委员会:《第二次中国教育年鉴》,上海:商务印书馆,1948年,第1567页。
⑥ 教育部教育年鉴编纂委员会:《第二次中国教育年鉴》,上海:商务印书馆,1948年,第1567页。
⑦ 教育部教育年鉴编纂委员会:《第二次中国教育年鉴》,上海:商务印书馆,1948年,第1567页。

二、主张合理分配庚款

1923年10月,全国教育会联合会在昆明召开第九次年会。经过近两年的观察,各省区代表发现单靠通过几个议案和无实际行动的呼吁并不能制止政府改变退还庚子赔款用途。如不成立专门机构进行工作,退还庚子赔款问题的解决仍遥遥无期。为了"以各国退还庚子赔款,充增进国际间文化事业,及合于中国最需之全国及地方教育事业之用,并组织适当之保管机关,俾得满足各友邦之期望,以促中国之进步与发展"[1],全国教育会联合会第九次年会根据江西省教育会和贵州省教育会的建议,决定成立退还庚子赔款事宜委员会。

依照决议,全国教育会联合会第九次年会选举袁希涛、黄炎培、由云龙、文缉熙和金曾澄五人为干事会干事。[2]全国教育会联合会退还庚子赔款事宜委员会成立后迅速投入工作,并决定了委员会进行办法数条。

(一)公推袁观澜君为干事会主任。
(二)请本联合会事务所通告未推代表及代表未足三人之各省区教育会,补推委员,并抄送议决案及组织大纲。一面通告中华教育改进社。
(三)通讯处暂设上海西区方斜路江苏省教育会。
(四)函询中华教育改进社筹划教育经费委员会,退还赔款问题,最近进行状况。
(五)干事会开会,应以干事到会过半数为限。遇因事不能到会时,得委托相当人员代表出席。
(六)干事会开会日期及地点,由主任临时酌定通告。
(七)会议记录均抄送各委员。[3]

---

[1]《对于各国退还庚子赔款问题之进行方法案》,见邰爽秋等合选:《历届教育会议议决案汇编》,上海:教育编译馆,1935年,第九届全国教育会联合会议决案第37页。
[2] 全国教育会联合会:《第九届全国教育会联合会会务纪要(民国十二年十月)》,昆明:全国教育会联合会,1923年,第103页。
[3]《第九届全国教育会联合会始末记》,《北京大学日刊》1923年1357号,第2版。

为了催促各国尽快退还庚子赔款,全国教育会联合会退还庚子赔款事宜委员会遵照决议与中华教育改进社筹划教育费委员会合作。1924年2月,两机构经过商议后草拟各国赔款后合作之办法数条:

(一)各国共同与中国合作 退款各国共同与中国合组基金委员会,将各国退还之款组合一种大宗款项之基金,由各国各出代表若干人,中国出代表若干人——其数与各国代表之总数等——共同组织基金委员会,管理基金。将来一切用途之支配,由委员会公决行之。委员会未正式宣告成立以前,暂不发表对于分配用途之意见。

(二)数国共同与中国合作 退款之数国共同与中国合组基金委员会,此条办法与(一)条同,但退款各国不全体加入。

(三)部分的共同与中国合作 各国或数国划出一部分款项,依照(一)条办理加入共同组织之基金外,各以一部分单独与中国合作。其委员会由某国与中国各出代表若干人组织之。①

以上办法,曾经由全国教育会联合会退还庚子赔款事宜委员会与中华教育改进社筹划教育费委员会联名请北京外交当局分别通告驻华各公使转达各国政府。

由于各省区教育会的不重视,全国教育会联合会退还庚子赔款事宜委员会的工作进行得并不顺利。1924年10月,全国教育会联合会在开封召开第十次年会。此次年会,各省区教育会对庚子赔款问题开始重视起来,"关于处分庚子赔款之议案有十余起之多"②。鉴于各省区教育会提案众多,全国教育会联合会第十次年会决定组织联席审查会审查。联席审查会开会之初,原打算逐案审查,但"四川代表首将所谓中华教育文化基金董事会经过情形,及现在之行动报告后,金以该会组设离奇,抹煞本会太甚,且与去岁议决之《对于各国退还庚子赔款问题之进行方法案》违背亦甚,故中途请主席改为大会,俾便尽量畅论,有

---

① 袁希涛:《庚子赔款退还之实际与希望》,《浙江省教育会月刊》1924年5期,第38页。
②《全国教育会联合会第十届年会概略》,《教育杂志》1924年16卷12号,教育界消息第3页。

主张先发宣言否认该会者,有揭开该会内幕者,有斥该会垄断者"[1],众人矛头直指此前不久成立的中华教育文化基金董事会。

美国著名教育学家孟禄自1921年来华调查中国教育后,与中国政府及教育界人士建立了良好关系。孟禄回国后,为美国退还中国庚子赔款余额一事积极活动,并曾请哥伦比亚大学校长致函各界要人赞助。1924年3月13日至4月2日,美国众议院举行公开听证会。孟禄于会外提交了一份意见书,除重申退还庚子赔款余额的必要性外,还提出组织教育基金的计划。孟禄主张将退款储为基金,以基金的一部分作为设立实用科学研究机构的经费。基金部董事会由中美两国人士组成,中国人占其多数。1924年5月7日和12日,美国众议院和参议院分别通过了第二次退还庚子赔款余额与中国的议案,并于21日由美国总统柯立芝(John Calvin Coolidge, Jr.)批准生效。该款自1917年10月1日起算,专作教育及文化事业基金。同年6月14日,美国国务卿许斯(Charles Evans Hughes)正式通知中国驻美公使施肇基,并得到北京政府的肯定答复。1924年7月,孟禄草拟了基金章程。根据章程,基金部董事会除推举外交总长为名誉会长外,另设有委员14人,其中美国占5人、中国占9人。9名中国委员中,由教育团体推选3人、政府指派6人,而政府指派6人中须有3人为教育界人士。[2]

1924年8月,孟禄受美国派遣以非官方身份与中国方面接洽退还庚子赔款问题。孟禄来华与各方接洽后,表示原来基金部董事会人选的产生办法"不得不稍微变更,若令各团体推举,势必引起纠纷,不如悉由政府任命,事实上较为便利"[3],这与全国教育会联合会的主张是相违背的。全国教育会联合会随即呼吁教育界反对孟禄的主张,但孟禄只表示可以代向北京政府转达意见。9月1日,由中华教育改进社牵头,全国教育会联合会退还庚子赔款委员会、国立北京八校、国立八校教职员联合会、东南大学、科学社和学术社等十五个教育学术团体在北京开会商议基金部董事会委员名单。会议选举蔡元培、范源濂、汪精卫、黄炎培、蒋梦麟、郭秉文、熊希龄、张伯苓、丁文江、袁希涛、李石曾、陈光甫、周贻

---

[1] 召:《全国教联会消息(九)》,《申报》1924-10-23(7)。

[2] 周洪宇、陈竞蓉:《孟禄在华活动年表(1913年5月—1937年6月)》,《华东师范大学学报》(教育科学版)2003年3期,第51页。

[3] 屏:《京教育学术团体对美款委员问题之急进》,《申报》1924-9-14(6)。

春、穆湘玥为中国委员,并选举孟禄、杜威、维廉、贝克、班纳、顾林、韦贝罗为美国委员。对于中华教育改进社和全国教育会联合会退还庚子赔款事宜委员会等教育团体的意见,孟禄再次表示可向北京政府交涉,但不便干涉政府决策。经过孟禄和北京政府的协商,拟定了董事会章程十条,将基金部董事会正式定名为中华教育文化基金董事会。9月13日,大总统令派颜惠庆、张伯苓、郭秉文、蒋梦麟、范源濂、黄炎培、顾维钧、周贻春、施肇基、孟禄、杜威、贝克、贝诺德、顾林为董事,10月3日又令派丁文江为董事,合成15人之数。①这份名单与此前各教育团体推举的名单大相径庭,引起了教育界的不满。

根据前述四川代表王兆荣的报告,全国教育会联合会第十次年会第二次全体会议决定委托王兆荣草拟一案反对中华教育文化基金董事会。10月22日,全国教育会联合会第十次年会开第五次全体会议。按照议事日程,此次全体会议应该讨论关于庚子赔款各案,但四川代表王兆荣提出第二次全体会议委托起草的反对中华教育文化基金董事会一案已经起草完毕,要求先行讨论此案。与会代表对此意见纷纷,分为赞成与反对两派。赞成派认为"本问题系延前会,应先就书面所拟办法讨论"②。反对派则认为"本案与其他各省区提出未审查之庚款问题十三案,有连带关系,一并讨论,可得周密结果""美国退还庚款之董事会,应予纠正""其他各国退还庚款,亦当预为计划""主张应定一标准,包括接收,分配用途,保管等办法""不但对于美国适用,即其他各国亦均适用"。③由于两派纷争不止,大会不得不决定"将本问题列入下次大会议事日程第一案,首先讨论"④。

10月23日,全国教育会联合会第十次年会开第六次全体会议,照议程首先按讨论反对中华教育文化基金董事会案。许倬云、朱经农、姚金绅、文缉熙、姚兆祯、程其保和赵启镕先后发言讨论,"以本会对中华教育文化基金董事会应表示否认,理由可分名称失当,不应有保管,使用各职权,人选手续亦多不合,依据

---

① 《中华教育文化基金董事会第一次报告(1926年3月)》,见中国社会科学院近代史研究所近代史资料编辑部编:《近代史资料》(总101号),北京:中国社会科学出版社,2001年,第172页。
② 公洞:《全国教育会联合会通讯》,《教育与人生周刊》1924年2卷55期,第742页。
③ 公洞:《全国教育会联合会通讯》,《教育与人生周刊》1924年2卷55期,第742页。
④ 公洞:《全国教育会联合会通讯》,《教育与人生周刊》1924年2卷55期,第742页。

第四章　全国教育会联合会的主要成就

此项理由加以纠正"①。各省区代表对于中华教育文化基金董事会反对之理由,其焦点在于对董事人选的不满。他们认为,中华教育文化基金董事会的中国董事"除现任官吏之人外,余皆由政府就所谓全国教育学术团体联席会议所推举者聘任"②。而所谓全国教育学术团体联席会议,"系由中华教育改进社,于本年九月一日,随意招集者,复私冠以全国二字,用以欺政府欺美人,实不足以代表全国之教育学术团体","且关于董事之人选,事先已在八校教职员联席会议内定,而九月一日之集会,除八校教职员联席会议本身外,北京国立八校,复各占一单位加入","其代表各校者,多即代表该校出席教职员联席会议之人","彼等既占多数,自然如愿相偿,政府及孟禄博士方面,不知个中情形,亦复认为全国代表,而我国董事,遂由是产出"。③事实上,全国教育会联合会退还庚子赔款委员会也参与了这次会议,而且政府公布的董事会名单与各教育学术团体联席会议推举的名单大不相同。不过全国教育会联合会退还庚子赔款委员会的五位干事除文缉熙外,其余都没有参加全国教育会联合会的第十次年会。而干事们"未能照章随时将进行状况,通讯各委员并征取意见"④,更引起各省区代表的不满,因此决定不承认前次各教育学术团体推举的董事。

同时,各省区代表对中华教育文化基金董事会的组织形式及权限亦有异议:"查该董事会,本专为美国退还之赔款而设,不能涉及其他,兹定名既如此含混,关于权限,复规定得接受其他经营教育及文化事业之款项。推解其义,即将来其他各国退还之赔款,亦未尝不可由该会管理。且于接收存放之外,复有使用之权,中政府不能过问,美政府亦不能过问,我全国之教育学术团体亦复不能过问。而期满改选,仍由该董事会自行补选,任何方面,无权参与,似此组织,殊不相宜。"⑤全国教育会联合会为此决定先致电中华教育文化基金董事会各董事表示否认,再致函该董事会各董事详细说明须更改名章之理由。

除否认中华教育文化基金董事会外,全国教育会联合会第十次年会还制定

---

① 公洞:《全国教育会联合会通讯》,《教育与人生周刊》1924年2卷55期,第743页。
② 召:《全国教联会消息(十三)》,《申报》1924-10-28(6)。
③ 召:《全国教联会消息(十三)》,《申报》1924-10-28(6)。
④ 召:《全国教联会消息(十三)》,《申报》1924-10-28(6)。
⑤《否认所谓中华教育文化基金董事会案》,见邰爽秋等合选:《历届教育会议议决案汇编》,上海:教育编译馆,1935年,第十届全国教育会联合会议决案第27页。

退还庚子赔款的分配原则及保管方法。联席审查会首先将各省区教育会提交的议案内容归结为五点:"其一,退款分配于各省区;其二,退款中央占十分之一,各省区占十分之九;其三,退款之分配大部分以人口为比例,小部分以担任之赔款为比例;其四,用途由各省区自行决定,但大部用于义务教育,其余则用于科学教育及平民教育;其五,由各省区组织委员会保管之。"①这五点着重于各省区方面,全国范围则设立两种机关:"其一为通盘筹划之全国庚款董事会;其二为接收、保管、支配某国部分退款之中外庚款董事会"②。经过激烈的争论,各省区代表意识到,"各国退还庚子赔款,以发展我国教育文化事业,允宜本开诚布公之旨,求积思广益之方,使保管分配用途等项,均得妥协公允之解决,庶几不负友邦之盛意,而有裨我国之文化"③,最终对以上意见达成一致。

根据达成的一致意见,全国教育会联合会构想的庚款管理机构既有统筹全局的全国庚款董事会,又有具体分理某国退还庚子赔款的中(某)庚款董事会,还有负责各省区庚子赔款保管和分配的各省区董事会,体系完整且功能齐全。至于所拟定的分配原则,亦充分照顾到中央和各省区的利益。

为了实现这个构想,全国教育会联合会决定改组上次年会组建的退还庚子事宜委员会并更名为庚子赔款事宜委员会。不过当时各地军阀割据致使中央财源枯竭,北京政府自然不愿放弃退还庚子赔款的支配权。全国教育会联合会的设想过于理想化,在当时的政治局势下注定是不能成功的。1925年2月,全国教育会联合会庚子赔款事宜委员会发表宣言表示,"(庚子赔款)退回应该用以发展各地方之教育文化,使全国的子弟普受其益,不应该用于中央所设的少数学校,或各国教士所设的教会学校,以教育一阶级或一部分的人民"④。全国教育会联合会庚子赔款事宜委员会"自信此种主张,理论极公平,事实甚正确,希望退回赔款的各国政府,以及热心中国教育的各国人士,十分注意,加以采择"⑤。

---

① 知非:《全国教育会联合会第十届年会概略(续)》,《诸暨教育月刊》1924年21期,纪载第3页。
② 知非:《全国教育会联合会第十届年会概略(续)》,《诸暨教育月刊》1924年21期,纪载第3页。
③ 《庚款分配标准及董事组织原则案》,见邰爽秋等合选:《历届教育会议议决案汇编》,上海:教育编译馆,1935年,第十届全国教育会联合会议决案第33页。
④ 《学界消息 全国教联会庚款委员会宣言》,《学生杂志》1925年3期,第117页。
⑤ 《学界消息 全国教联会庚款委员会宣言》,《学生杂志》1925年3期,第117页。

全国教育会联合会庚子赔款事宜委员会宣言的发表,很大程度与之前北京政府以俄国庚子赔款发行使领库券和专门补充国立八校经费的教育库券有关。1923年12月1日,北京政府以停付的俄国庚子赔款发行了500万使领库券,用以支付积欠已久驻外使领馆经费。由于此前苏俄代表加拉亨已与北京国立各校达成协议,允将俄国庚子赔款一部分作为北京国立各校经费,因此北京政府发行使领库券的消息传出后,北京国立各校意见纷纷。在北京国立各校的压力之下,北京政府内阁会议同意将停付俄国庚子赔款剩余部分充作八校经费,另发行100万元教育库券。1924年7月31日,财政部加印一百万特种库券,以俄国庚子赔款作抵,充作国立各校教育经费。① 另外,教育部以国立八校急切需要款项为由向中国银行商借20万元,以后在100万元教育库券中尽先拨还。②

按照全国教育会联合会的退还庚款分配和保管方案,退还庚子赔款十分之九归各省区教育,十分之一归国家教育,而且要由全国庚款董事会统一规划。北京政府以俄国庚子赔款发行使领库券和单独补助国立八校经费的教育库券为由联合北京国立八校单独索要俄国庚子赔款,都是不符合全国教育会联合会主张的。全国教育会联合会庚子赔款事宜委员会为此在北京召开大会,指出以俄国庚子赔款发行库券与该会议决不合,并致函俄国庚子赔款委员会(简称俄款委员会)声明"退款须通盘筹划,不可零碎支销"③,俄款"委员会所拟处理办法,请于未实行前通知该会"④。全国教育会联合会还函告各省区教育会征求一致主张,又致函善后会议秘书厅请其将宣言分送给善后会议各委员,后更招待善后会议教育专门委员和来京的各省区教育会会长以宣传全国教育会联合会的主张。⑤

北京国立八校听闻此消息后,称这是一场全国教育会联合会对北京国立八校的误会。为消除这个误会,北京国立八校分别向全国教育会联合会、教育部、财政部以及俄款委员会作出六项声明:第一,八校要求由俄款接济是根据苏联大使加拉亨之前声明先拨出俄款一部分接济八校而来,并非突然的要求;第二,

---

① 屏:《财部特种库券已印妥》,《申报》1924-8-4(9)。
② 许文果:《民国教育界的庚子赔款之争》,华南师范大学博士学位论文,2007年,第61页。
③ 《枝节横生之俄国庚款问题》,《教育杂志》1925年17卷4号,教育界消息第4页。
④ 《枝节横生之俄国庚款问题》,《教育杂志》1925年17卷4号,教育界消息第4页。
⑤ 《枝节横生之俄国庚款问题》,《教育杂志》1925年17卷4号,教育界消息第4页。

政府积欠八校经费十多个月,如果再不维持,势必停顿,并非以此款替代政府的预算;第三,政府对于此项库券,原可作为借用,他日由政府偿还;第四,八校要求维持,是请政府与俄款委员会交涉,并非八校直接向其索款。第五,北京国立八校,并非北京一隅之学校,而是全国公有的学校,教职员与学生,各省区均有其人。第六,八校均在京师,中外观瞻所系,教职员从良心上不能不替国家维持校务。①

教育部和财政部以及俄款委员会对此均表示谅解,教育当局也言明此款不妨作为政府借来维持国家教育之用,待他日国家财政充裕、教育基金有着落时全部照数偿还。但全国教育会联合会庚子赔款事宜委员会仍继续发表中文与英文宣言力争此款,并于1925年3月2日下午在北京教育会邀请善后会议教育专门委员开茶话会。茶话会上,全国教育会联合会庚子赔款事宜委员会主席姚金绅发言要求善后会议教育专门委员会容纳善后会议的主张,并申明反对发行俄款库券接济国立各校。善后会议教育专门委员长邓萃英应允委员会将尽量接纳他们的主张,专门委员许绳祖等则表示:"八校主张,与教育联合会并无冲突。他日各国退款着手分配时,各省区当然应受分配,八校此次不过请求接济,非以俄款代国家预算,加拉亨早已声明,他日政府自当设法偿还此款,望教联会同人谅解,万勿内部自起争执,贻笑外人,我辈同为国家教育尽力,彼此无不可商量之事,亦决不欲一方有所偏枯。惟教联会此次发表之英文宣言,似不无将内部争款之内容暴露于外之缺憾,不知教联会诸公以为如何。"②其他善后会议教育专门委员亦大都希望彼此和衷共济,消解误会。此次茶话会后,全国教育会联合会虽然仍旧不能释然,但此事总算作一了结。

三、全国庚款董事会的筹建

全国教育会联合会庚子赔款事宜委员会的另外一个重大的任务就是负责筹建全国庚款董事会。全国教育会联合会第十次年会闭幕后,新改组的庚子赔款事宜委员会开始运作组建全国庚款董事会。1925年3月28日,全国教育会联

---

① 《枝节横生之俄国庚款问题》,《教育杂志》1925年17卷4号,教育界消息第4页。
② 《枝节横生之俄国庚款问题》,《教育杂志》1925年17卷4号,教育界消息第4页。

合会庚子赔款事宜委员会在北京教育会招待新闻界及教育学术团体,请其为全国庚款董事会广为宣传。[①]1925年8月14日,全国庚款董事会正式成立。1925年9月10日,全国庚款董事会发出快电,希望各省区军政长官、省议会、省教育会和省教育厅等就退还庚子赔款问题发表意见。全国庚款董事会在电文中指出,庚子赔款本由各省区分摊,"查各省加税摊付之数千万元,少亦数百万元,自应依然第十届全国教育会联合会议决方案支配,最为妥当。前由庚款事宜委员会分途力争,只以势力不敌,未收成效。本董事会虽告成立,然空言抗议,谅亦无补事实"[②]。全国教育会联合会庚子赔款事宜委员会因此请求各省区军政长官、省议会、省教育会、省教育厅等协同争取正义:"(一)请政府宣布俄、美二款余存实数,及金佛郎案已得存款支配数目。(二)请政府宣布中俄、中美、中法各董事会经过情形。(二)请政府召集各省区教育会代表协商,切实执行第十届全国教育会联合会关于庚款之议决各案。如其抗争无效,即由所在地方关盐两税正款项下提扣,藉以抵补。"[③]

对于全国教育会联合会的庚款分配方案,北京政府以"事关协定、着无庸议"[④]为理由否决。另外,北京政府还拒绝了全国庚款董事会的立案,表示所呈组织全国庚款董事会各节"碍难照准"[⑤]。北京政府拒绝全国庚款董事会的立案,主要是想把庚款的分配权控制在自己手中。1925年9月初,教育部特别开会讨论全国庚款董事会立案问题。专门司长刘百昭在这次会议上指出,"年来京师学潮叠起,均以庚款为导火线","前次法款,为一方所把持,致令争议纷起,现为调剂起见,急宜避免党化教育,使之平均发展"。[⑥]他建议从调查全国教育状况入手,并由教育部规定支配方法。一旦调查详确,即以各国及中国派定各委员为基础,再由教育部邀集学界名流组织一个大规模的庚款委员会,并应在此项委员会之下,特约"诚信绩学"的人设一个出纳委员会来监督用途。与会人

[①]《教联会庚款委员会招待各界纪》,《申报》1925-4-2(11)。
[②]《全国教联会征求分配庚款之主张》,《教育杂志》1925年17卷10号,教育界消息第9页。
[③]《全国教联会征求分配庚款之主张》,《教育杂志》1925年17卷10号,教育界消息第9页。
[④]《第十一届全国教联会在湘开会纪(六) 十三日晚第二次代表谈话会》,《申报》1925-10-20(6)。
[⑤]《第十一届全国教联会在湘开会纪(九) 全国庚款董事会之两项报告》,《申报》1925-10-23(7)。
[⑥]《教育部开部务会议》,《申报》1925-9-7(9)。

士对此进行讨论之后,决定按照刘百昭的提议进行。①教育部打算成立一个庚子赔款协商机构以协调已经成立的各中(某)董事会,对全国教育会联合会把原有的中(某)庚款董事会推倒重新推选委员的主张并不感兴趣。至于全国庚款董事会呈请备案一事,则由参事室婉言答复。

全国庚款董事会虽然没有得到立案,却没有停止工作。它继续搜集各种资料,明确调查庚子赔款数目以及退还国对于庚子赔款用途的意见,以便作为进行交涉的根据,并做成系统的报告分送各省区。同时,全国庚款董事会还将全国教育会联合会关于庚子赔款的支配方案译成英文,分寄各国驻华公使以及外国教育界人士以期获得同情。另外,全国庚款董事会的每次议决事项都分别告知各省区教育会及各报社,并将所发表的宣言分寄中外当事者、各学校、各省区教育会和各教育学术团体。然而事与愿违,全国庚款董事会的活动多数毫无结果。全国教育会联合会议决中(某)庚款董事会由全国庚款董事会推选,可是已经成立的各庚款委员会均由北京政府与各该国协定,全国庚款董事会并未能参与其中。各中(某)董事会决定庚子赔款用途以及分配庚子赔款,也没能体现全国教育会联合会的主张。全国庚款董事会"及事已成,虽递呈文,举代表,据理力争,表示反对","顾空言无补,收效甚难"②。

1925年10月,全国教育会联合会在长沙召开了第十一次年会,与会代表在会上探讨了全国庚款董事会工作难以进行的原因。姚金绅认为,全国庚款董事会工作难以进行的原因在于其自身存在缺陷。各省区来京的委员不时更换,而"居京者又因牵于职务,不克出席"③。全国庚款董事会开会时人数常常不足,以致不能有效地开展工作。同时,庚款董事会人数中有九人要由教育学术团体推举,而所谓的教育学术团体范围太大致使标准难以确定,推举方法也无从进行。李步青也指出全国庚款董事会的董事中"十之七八由各省委托在京之便人充

---

① 《教育部开部务会议》,《申报》1925-9-7(9)。
② 《第十一届全国教联会在湘开会纪(八) 十五日下午第二次大会详纪》,《申报》1925-10-22(10)。
③ 《第十一届全国教联会在湘开会纪(八) 十五日下午第二次大会详纪》,《申报》1925-10-22(10)。

任,多不负责,甚或别抱野心"①,导致庚款董事会办起事情来举步维艰。全国庚款董事会没有强有力的后援,只能任"政府及把持人多方搬弄"②,也是工作难以进行的原因。

经过相关代表的相继发言,全国教育会联合会第十一次年会总结了全国庚款董事会的三点不足之处:(一)全国庚款董事会既系各省区法定团体之省教育会所公同组织,则凡散布于各省区之教育学术团体,有何意见主张,应已为教育会所容纳,上届议由全国教育学术团体合举董事九人一节,因有重复之嫌,致使组织成会,尚多缺憾。(二)此项董事职务,至为繁重,进行实极困难。去岁并未规定常川驻会,支给用费,身任董事者,大都附带经理,难于切实负责,遂亦不能得有相当之效果。(三)董事会之主要职责,在经管庚款,而使董事会之能履行职责,则须各省区先行协同力争。去岁组织庚款事宜委员会,未足以为董事会有力之援助。③为了应对全国庚款董事会面临的困境,全国教育会联合会决定对其进行改组。

除此以外,应全国庚款董事会董事雷殷的请求,全国教育会联合会第十一次年会公推庚款董事会代表李步青和湖南代表张唯一(即张锦云)撰文驳覆教育部不许全国庚款董事会立案,指责教育部以"国际协定相欺饰,是非蓄意,有在便作不正之用途,即系被人所蒙,一任他方之垄断"④。大会又决定由参加了这次年会的全国庚款董事会代表李步青"负责召集各省区董事开会依照新定规章另行改组,以便新董事于明年二月一日开成立会"⑤。

除少数省份外,大多数省区教育会对全国教育会联合会第十一次年会的决定没有太大关注,"所议决由各省公法团进行事项,搁置不理,即势不可免应须

---

① 《第十一届全国教联会在湘开会纪(九) 十五日下午第二次大会详记(续昨)》,《申报》1925-10-23(7)。
② 《第十一届全国教联会在湘开会纪(九) 十五日下午第二次大会详记(续昨)》,《申报》1925-10-23(7)。
③ 《修改庚款董事会组织原则并规定协争庚款办法案》,见邰爽秋等合选:《历届教育会议议决案汇编》,上海:教育编译馆,1935年,第十一届全国教育会联合会大会议决案第32—33页。
④ 《第十一届全国教联会在湘开会纪(十一) 大会对于庚款之主张 驳复教部批文 通电全国力争》,《申报》1925-10-25(10)。
⑤ 《第十一届全国教联会在湘开会纪(十六) 新庚款董事会明年二月一日开会》,《申报》1925-10-31(7)。

派选之董事,亦未举出"①,以致原定于1926年2月1日召开的全体庚款董事大会不得不延期进行。全国庚款董事会只好致函未选出董事的各省区教育会,请其立即选出董事赴京开会。到1926年6月,终于有十三个省区的代表到达北京参加全国庚款董事会。不过,会议除了通过了几项致电总理和致函各省区表达该会主张、推举代表向各中(某)庚款委员会进行交涉之类与以前会议大同小异的决议外,并无更多成就。②

全国庚款董事会在无奈之下不得不向政府让步,将行动转到促成政府成立庚子赔款协商机关上来。1926年6月,全国庚款董事会召集各省区董事来京开会讨论庚子赔款问题。各省区董事意识到应组织有系统的协商机关支配全部庚款,"不如是,势必各董事会各行其是,彼此不相为谋,结果非病在支配偏枯,即病在用途冲突"③。为了解决这个问题,全国庚款董事会明确提出:"中央政府应组织一全部庚款协商机关,以每省区教育会代表各一人,华侨代表一人,外交部教育部或其他有关系机关之代表各一人,各款中国董事或委员组织之。每年由政府定期开会。先开全体大会,由各款董事或委员报告情形,然后分款研究,各就协定范围,讨论一切进行办法。各款董事或委员即依据公同商定者,提出于该款会议。如各款用途内有属于同一事业者,则总合分配。似此办法,既可不因分途接洽而发生黑幕,且使所企图之建设或补助,(如事业、机关、地点等)得免重复偏枯之弊。"④

1926年7月间,全国庚款董事会连日分派代表多人"赴京外各方接洽","又推代表八人,向国务院及外财教三部催促设庚款协商机关"。⑤7月21日,全国庚款董事会上书教育总长任可澄,请早日成立庚款协商机关,并提出协商机关的组织方案:第一,在组织上,对于各省区代表,就以各省区教育会所推定的庚款董事为代表。全国教育会联合会关于庚款董事会,议定每三年改选三分之一。第二,各款董事会或委员会每年开会,应首先由政府确定时期通告该会,同

---

① 吾:《全国教联会催派庚款董事》,《申报》1926-2-26(11)。
② 《全国教联会庚款董事会在京开会》,《申报》1926-6-1(7)。
③ 《全国教联会对庚款将发表宣言》,《申报》1926-6-17(11)。
④ "中华民国"史事纪要编辑委员会编:《中华民国史事纪要[民国十五年(一九二六)一至十二月份]》,台北:"中华民国"史料研究中心,1978年,第469—470页。
⑤ 《教联会力谋组织庚款协商机关 八代表遍访各当局》,《申报》1926-7-23(7)。

时令此协商机关,须在各款董事会或委员会开会之前开会,闭会之后闭会,以利于协商事宜顺利进行。第三,在职权上,协商机关依据协定范围议定设施事业及其办法,依各款支配原则而规定普通分配计划,督促教育法团协商;中央或地方教育厅就议定的用途与分配计划,切实实行;政府咨询协商机关后,推选各款中国董事或委员;庚款协商机关可以建议政府修改各庚款董事会或委员会章程。①

全国庚款董事会的努力最终没能获得回报,北京政府对于其主张仍然不能接纳,"或以无关本身利害,漠置不理,或以别有作用,另寻途径","因此对于本会之请求,貌合神离,阳许阴违,经各省教育界联电呼吁,各代表数月奔走接洽,充耳罔闻,日惟进行局部自便私图之事"。②中(某)各款委员会也认为"只可于事业上,求各董事会或委员会协商用途,交换意见,不必设一机关统一之"③。全国庚款董事会出力虽多,却没有取得多少结果。

四、抵制日本控制退还庚款

1923年3月30日,日本国会通过了《对支文化事业特别会计法》。根据这个法案,日本政府每年从庚子赔款中提出一百七十二万元,从与山东悬案解决后补偿胶济铁路的国库券本利、山东矿山会社补偿金、青岛公有财产及制盐业补偿国库券本利、生殖及杂入所得等收入中提出七十八万元,一共二百五十万元,作为对华文化事业的资金。从庚子赔款中提出的部分主要用于为中国人而实施的文化事业,后者主要用于补助日本人在华经营的文化事业。④

1923年底,日本主管对华文化事务的官员出渊胜次与中国驻日公使汪荣宝进行了非正式磋商。经过协商,双方同意此后的庚子赔款将主要用于中国所办的文化事业。其主要进行方法是在北京设立图书馆、人文科学研究所,在上海设立自然科学研究所,并每年拨出30万补助中国留日学生经费,此外如再有余

---

① 《教联会力谋组织庚款协商机关 向任教长提出具体案》,《申报》1926-7-23(7)。
② 《教联会促设庚款协商机关宣言》,《申报》1926-8-21(11)。
③ 《教联会招待庚款委员及九校代表》,《申报》1926-8-28(11)。
④ 《日国会决定之法律案第三十六号对支文化事业特别会计法》,《铁路协会会报特刊》1926年165期,第16—18页。

款,则在适当地点设立博物馆、在济南设立医科大学、在广东设立医学校及附属医院等。①1924年2月6日,中日双方正式签订《关于以庚子赔款办理对华文化事业之协定》(见附录三)。

按照《关于以庚子赔款办理对华文化事业之协定》的规定,对华文化的各项事业设评议员会,"以中、日两国人组织之","其员数,各评议员会约二十名,中、日各十名,由两方协商","另选中国一人为委员长"。②日本方面既想获取退还庚款之美名,又不愿将退还庚款的管理权交给中国方面。中国教育界因此认为此举是"似是而非之退还赔款","似是而非之合作"。4月27日,全国教育会联合会退还庚子赔款事宜委员会联合中华教育改进社筹划全国教育经费委员会、中国科学社、中华学艺社、学术研究社、中国地质学会、留日大高同学教谊社、国立北京师范大学、国立东南大学、国立山西大学和国立武昌师范大学等机构团体联名发表宣言,要求"由中日两国推选专门学者,组织文化事业理事会,筹划决定并管理日本以庚子赔款办理文化事业之一切事务","理事人数,中日各半","别设理事长一人,由中国人充之"。③

日本对华文化教育事业计划因遭到中国教育学术团体的强烈反对而受到阻碍,其进展极为有限。教育部虽然曾指定先农坛北段一部分为建筑研究所和图书馆用地,但因教育部不能直接指拨属内政部主管的官产而最终没有结果。整个1924年度,日本方面的成果不过是以日元50万元在上海购得自然科学研究所建筑地基约60亩。④

日本政府鉴于中国教育界的反对,再派外务省事务官朝冈健到北京活动,企图利用临时政府对日本的好感来避开中国教育界的反对,借机实施所谓的对华文化事业。因朝冈健始终声称"该款并非退还,系由日本国会议决,每年提拨若干,以办理中国文化事业之用,日本自有权衡"⑤,北京政府惮于民间舆论而不敢有具体表示。朝冈健对此感到非常不满,在1925年3月13日发表声明表示,

---

① 王芸生:《六十年来中国与日本》第8卷,北京:生活·读书·新知三联书店,1982年,第74页。
② 《日庚款关系文书》,中国第二历史档案馆馆藏资料(编号:816—40),未见年份,未分页。
③ 《教育学术团体对于日本对华文化事业之宣言及舆论界之观察》,《教育杂志》1924年16卷6号,教育界消息第3页。
④ 王古鲁:《最近日人研究中国学术之一斑》第一册,上海:生活书店,1936年,第175页。
⑤ 王古鲁:《最近日人研究中国学术之一斑》第一册,上海:生活书店,1936年,第175页。

"日本政府对于此项文化事业,如何抱有好意,但因中国政府不允实行协定,而民间又无足以代表全国之学术团体,致事业进行屡受挫折","今若中国当局及民间执意拒绝谅解日本之好意,使事业无着手之希望,日本不得已惟有暂时中止事业之进行"。①

《关于以庚子赔款办理对华文化事业之协定》中规定设立的评议员会本来就与前述全国教育会联合会退还庚子赔款事宜委员会的主张有出入,现在朝冈健又声称"民间又无足以代表全国之学术团体",分明不把各省区教育会的总代表——全国教育会联合会放在眼里。因此全国教育会联合会庚子赔款事宜委员会当即致书朝冈健表示,"(日本)借发展文化之名,行文化侵略之实,我国教育界闻之,至为疑虑","凡贵国以行政方法为文化侵略之谋划,无论该款是否退还,我国人均一致反对"。②同时,全国教育会联合会庚子赔款事宜委员会呈文执政府及外交部、教育部,指出"倘容日本开此恶例,不惟无以对诚意亲善吾国之友邦,更恐贻野心者以无穷之口实,于我们教育文化前途,隐忧莫大"③,要求取消《关于以庚子赔款办理对华文化事业之协定》。

朝冈健为此向驻北京的日本新闻记者发表谈话,指责全国教育会联合会庚子赔款事宜委员会此举。朝冈健向记者表示,"该委员会之决议,亦难认为确能表明全中国学术团体之意思","日本对于出渊汪荣宝协定,认为系出两国政府之正式协定","不能因一部分人之反对而取消"④。另外,朝冈健还对全国教育会联合会退还庚子赔款事宜委员会委员雷殷私人有"疑其人格之语"⑤。朝冈健以为谈话一出,自然无人再敢反对。不曾想到,全国教育会联合会亦招待新闻记者与教育界,郑重申明反对日本对华文化教育事业的理由。一时之间,"日本文化侵略"之声遍及中国。

日本公使馆见朝冈健的言行引起了中国朝野的反对,恐怕形成僵局,于是函请北京外交部和教育部出面转圜。中国方面提议组织中日总委员会,朝冈健当场拒绝,更引起中国方面的不满。日本外务省亦不满朝冈健的行为,准备将

---

① 《日本对华文化侵略政策之行动与反抗》,《教育杂志》1925年17卷5号,教育界消息第1页。
② 《日本对华文化侵略政策之行动与反抗》,《教育杂志》1925年17卷5号,教育界消息第3页。
③ 《日本对华文化侵略政策之行动与反抗》,《教育杂志》1925年17卷5号,教育界消息第3页。
④ 《日本对华文化侵略政策之行动与反抗》,《教育杂志》1925年17卷5号,教育界消息第1页。
⑤ 《日本对华文化侵略政策之行动与反抗》,《教育杂志》1925年17卷5号,教育界消息第1页。

朝冈健调离中国,并饬其向中国表示容许组织总委员会。朝冈健深感难以承担责任,故与北京外交部重新谈判,并于1925年4月23日达成协议(见附录三)。依照协定的内容,日本对华文化事业成立总委员会,"总委员会之中日两国委员,各为十名以内,委员长一名,由中国方面另行选任"①,但"总委员会之议事,依事业之性质,不采多数议决制,而以两国委员全体一致赞同行之"②。

同年5月4日,日本公使照会北京外交部,要求"从速组织中日两国协同之文化事业总委员会","该总委员会中日两国委员人数,拟定贵国方面,十一名以内,敝国方面,十名以内","其委员长一名,拟经中日委员协商,由中国委员中选出"。③日本方面同时开列入泽远吉、服部宇之吉、大河正散、太田为吉(后改为大内畅三)、狩野直喜、山崎直方和濑川浅之进为委员。北京外交部接到照会后,也以柯绍忞、王树枬、王照、贾恩绂、熊希龄(后改为梁鸿志)、江庸、汤中、胡敦复、邓萃英、郑贞文和王式通为委员。依照中日双方的协定,对日庚子赔款的利用仍然操纵在日本方面手中。总委员会名义上是最高决议机关,但对于日本既定之事业不能变更,以后议决又须经日本议会协赞,实际上不过是傀儡机关。中国委员人数在总委员会中虽多出一人,但表决时又不采多数议决制而以两国委员一致赞同行之,则非经日本委员同意而不能行事。

这些条款与全国教育会联合会退还庚子赔款事宜委员会的主张实在相差太远。全国教育会联合会庚款事宜委员会五天后通电各省区教育会,明确表示反对该协定,④却未能阻止文化事业总委员会的成立。该委员会在1925年10月9日召开第一次总会解决了本年度经费分配问题,至于委员会本身章程问题则未达成共识。1926年6月,日本方面派遣东亚同文会理事、众议院议员大内畅三为长川驻华总务员,向北京外交部和教育部进行非正式交涉。大内畅三抵京后,在7月19日开特别委员会一次,将彼此不能谅解之点具体地加以修正。7月27日,文化事业总委员会召开会议,决定名称为东方文化事业总委员会,并通过了总委员章程(见附录三)。

---

① 《日本对华文化侵略政策之胜利》,《教育杂志》1925年17卷6号,教育界消息第5页。
② 《日本对华文化侵略政策之胜利》,《教育杂志》1925年17卷6号,教育界消息第5页。
③ 王古鲁:《最近日人研究中国学术之一斑》第一册,上海:生活书店,1936年,第176—177页。
④ 王芸生:《六十年来中国与日本》第8卷,北京:生活·读书·新知三联书店,1982年,第90页。

此章程充分体现了日本政府控制对华文化事业的意图,中国方面不过附庸而已。由于所有的资金用途均以日本政府的意愿为准,在日本方面得到这种结果自然甚为满意。同时,"日本在长江方面,改组同文学校,雇用中国董事,收买教育界","在东三省授意地方政府,举办日本在东方之文化事业,与用日本国家经费所办中国学校相呼应","又北京有中日教育会发现,办理中国学院,以北京孔德学校、天津同文书院为接洽机关"。[1]中国教育界不甘丧失国家主权,决意奋起反抗。全国庚款董事会随即发表对于日本庚子赔款特别宣言,指东方文化事业总委员会中的中国委员"一为易愚弄之老耄,一为以官僚为生活者,一为政府党羽"[2],并非真心实意为中国教育事业谋福利,日本则"假同种公同幸福之名,专营单独利益,无所不用其极"[3]。为实现目的,全国庚款董事会又议定数条办法,要求全国各界共同努力:

(一)日本庚款苟不正式声明退还,以施设之权交付吾国,国人应一致拒绝东方文化事业总委员会之接受款项。凡该会所办理文化事业,或派遣留学生,或给予参观费,悉不收受。

(二)政府依照该总委员会所请求者代为筹划,或在该总委员会中有所企图,国人应一致否认,并通电声明。

(三)该总委员会之中国委员,如在日本未正式声明退还以前,再有举动,应对于中国委员之各个人宣布罪状,痛加惩创,并先行警告。

(四)凡日本在中国所经营之文化事业,如中国各机关代为接洽,及各个人受其雇用者,应共起声讨。

(五)凡日本所办中国学校,各青年未入校者,勿再投考。已入校者一律退学。[4]

与此同时,全国庚款董事会还与中华教育改进社、国立九校教职员联席会

---

[1]《日本对华文化侵略之胜利》,《教育杂志》1926年18卷9号,教育界消息第2页。
[2]《日本对华文化侵略之胜利》,《教育杂志》1926年18卷9号,教育界消息第2页。
[3]《日本对华文化侵略之胜利》,《教育杂志》1926年18卷9号,教育界消息第2页。
[4]《日本对华文化侵略之胜利》,《教育杂志》1926年18卷9号,教育界消息第2页。

和私立五大学联合会组成联盟共同反对东方文化事业总委员会。四团体提出三项主张：(一)日本如不愿经正式声明退还，应根据全国教育界历来主张，根本拒绝日庚款。(二)政府并应根据教育界意见，否认民国十二年关于日庚款之中日协议及十四年换文。(三)在上项交涉未办妥以前，日本在我国内地举办文化事业，悉视为侵略行为，政府应即阻止其进行，并以各该项办法，饬令我国东方文化事业委员进行。[①]

虽然以全国教育会联合会领头的联盟势头甚猛，"无如各方当事者，皆持不即不离态度"[②]。全国庚款董事会、中华教育改进社、国立九校教职员联席会和私立五大学联合会又于1926年9月3日在北京中央公园召开招待会，声明反对东方文化事业总委员会。事后，四团体还分呈国务院、教育部和外交部，请求撤销东方文化事业总委员会。但此后全国教育会联合会停止活动，反对日本利用庚款进行文化侵略一事便失去了领头羊。北京政府无力争夺日本庚子赔款的控制权，中国教育界对于日本庚子赔款也纠纷不断，广州政府亦欲染指其中，东方文化事业总委员会遂成事实，全国教育会联合会的努力并没有取得成果。[③]

全国教育会联合会消亡以后，其关于庚子赔款的各项主张却渐见效果。1928年5月召开的第一次全国教育会议决组织庚款兴学委员会，并决定其职权如下：(1)进行取消关于庚款之不平等条约事宜；(2)取缔从前关于庚款之一切不彻底的办法；(3)否认"中英庚款董事会""中华教育文化基金董事会""中俄赔款委员会""东方文化事业委员会"等组织；(4)重新交涉退还庚款办法；(5)负责保管已退还之庚款，并计划分配兴办教育事宜；(6)筹画清华学校等之善后办法；(7)处理其他关于庚款兴学事宜。[④]这种庚款兴学委员会的组织，与前述全国教育会联合会提议的庚款协商机构几乎如出一辙。虽然南京国民政府并没有及时采纳全国教育会议的议决将庚子赔款完全用于教育，但国民党中央政治会议于1931年3月规定了庚款筑路兴学的详细办法，使庚款惠及全国各省区。稍后时间，国民政府行政院又按照第一次全国教育会议议决的《庚款兴学委员

[①]《日本对华文化侵略之胜利》，《教育杂志》1926年18卷9号，教育界消息第2—3页。
[②]《日本对华文化侵略胜利后之纠葛》，《教育杂志》1926年18卷10号，教育界消息第1页。
[③] 许文果：《民国教育界的庚子赔款之争》，华南师范大学博士学位论文，2007年，第88—122页。
[④]《庚款兴学委员会组织大纲案》，见中华民国大学院编纂：《全国教育会议报告(十七年五月)》，上海：商务印书馆，1928年，乙编第267页。

会组织大纲案》召集了庚款联席会议,使庚款兴学计划步入了正轨。从这一点来看,全国教育会联合会的努力并没有白费。

综上所述,倡议学制改革并最终促成了壬戌学制的出台、制定课程标准为新学制的实施提供了条件以及代表全国教育界争取分配庚子赔款并促成退还庚子赔款用于教育事业,都是全国教育会联合会对中国现代教育发展的重要贡献。事实上,全国教育会联合会对中国现代教育发展的贡献并不限于此。民初政局动荡致使全国教育事业缺乏强有力的中央教育行政机关进行统筹,全国教育会联合会在危难之中挺身而出,主动承担了引导全国教育事业发展的重任。全国教育会联合会成立后,每年集会一次讨论重大的教育问题并制定解决和进行的办法。在全国教育会联合会的历史上,其议决案几乎涉足了教育的各个领域。为了落实历次年会的议决案,全国教育会联合会充分依靠教育界内部力量来促进中国现代教育事业的发展,充分显示了全国教育会联合会在中国现代教育史发展过程中的重要影响。

第五章

全国教育会联合会的终结

1926年11月15日,滞留在上海准备参加全国教育会联合会第十二次年会的各省区代表作出了暂时离沪、再行召集的决定。自此以后,全国教育会联合会再也没有恢复过活动,其组织无形解散。作为20世纪初中国最有影响力的教育会社之一,全国教育会联合会的终结令人惋惜,是当时中国教育界的一大遗憾。

第一节　全国教育会联合会第十二次年会的夭折

根据全国教育会联合会第十一次年会的决定,第十二次年会将于1926年10月10日在南昌召开。江西省教育会是这次年会的主办单位,对此次年会期待甚高,早早就成立了筹备处负责有关事务。为了保障第十二次年会的顺利进行,江西省教育会要求湖南省教育会将上次年会的相关文件物品尽快移交。然而就在湖南省教育会表示"所有文件什物等项,有应移交本会者,有应移交第十二届事务所者,亟待办理妥定"[1]之时,南方国民党政权的北伐打乱了这一计划。

---

[1]《十一届全国教联会准备移交》,《申报》1926-5-21(7)。

一、江西开会的延迟

1926年7月,蒋介石在广州就职国民革命军总司令并随即誓师北伐。北伐军首先攻打的是湖南,它在七八月间被占领。紧接着在八九月间,湖北也被北伐军攻占。两湖地区得手以后,与两湖毗邻的江西便是北伐军的首要目标。九十月间,北伐军与孙传芳部队在江西展开拉锯战,南昌两度易手。战争对南昌教育破坏极大:"乃以此次战役,学校尽成营舍,学生逃奔四散,弦歌辍响,恢复不易……省垣公私立学校,殆无不驻兵,所有校内图书仪器博物标本荡然无存,师生衣服物件,被掠一空,诚浩劫也。"①

虽然江西省教育会早前曾"致函该会驻京庚款董事会董事项君,转告各省董事,速催各本省教育会,预将代表人选决定,并报告该筹备处"②,但战况使全国庚款董事会各人甚感担心,觉得"刻下时局陡变,江西能否开会,尚为一问题"③。在这种情况下,全国庚款董事会召集会议讨论此事。会上某董事提议,如江西不能开会应转移地方,众人皆认同,但对地点有不同意见,有主张上海,有主张汉口,最后决定建议江西省教育会将此次年会移至北京举行。④江西省教育会认为自己"筹备此会,略已就绪"⑤,而且移京开会仍需江西省教育会承担经费,所以不愿移京开会。但南昌此时战云密布,如期举行全国教育会联合会第十二次年会显然已不可能。于是江西省教育会只得在9月4日致函各省区教育会要求将此次年会推迟三个星期举行。

二、江西开会的变故

其时云南、奉天和广西等省区代表因战时交通受阻,不得不滞留在上海。当从报纸上得知全国教育会联合会第十二次年会延期的消息后,代表们对三星

---

① 《不堪回首之南昌教育》,《教育杂志》1926年18卷12号,教育界消息第4页。
② 《全国教联会年会将移京举行》,《申报》1926-8-29(11)。
③ 《全国教联会年会将移京举行》,《申报》1926-8-29(11)。
④ 《全国教联会年会将移京举行》,《申报》1926-8-29(11)。
⑤ 《全国教联会年会有延至寒假说》,《申报》1926-10-4(12)。

期后能否举行年会仍是充满疑虑:"三星期后,南昌战事,是否可以停止,交通是否可以恢复,殊未能必,则大会之不易开成,自在意中。"①对于江西省教育会延期三个星期举行第十二次年会的决定,全国庚款董事会也有异议。9月30日,全国庚款董事会再度开会商议此事。吉林董事提出,全国教育会联合会第十一次年会曾决定吉林为第十二次年会的第二法定地点,因此应致函江西省教育会询问三星期后能否开会;如果三星期后仍不能开会,则本次年会可以移往吉林开会,一切费用由吉林方面负责,明年再在江西开会。不过此时全国庚款董事会与江西省教育会之间的通信已经因战事而中断,加之江西董事项庚虞已经动身返赣打探消息,众董事认为应等待项庚虞的消息到来后再做决断。最后,全国庚款董事会议决"俟三星期后,江西战事,仍未停止,再由董事会向教联会事务所建议,移往吉林"②。

果然南昌战事瞬间再起,江西省教育会只得在10月4日再度致函各省区教育会要求将开会日期再次暂缓三个星期。但由于战争关系,消息不太畅通,各省区教育会在沪代表并没有收到消息。10月10日,云南、奉天、广西和江苏四省教育会在沪代表借江苏省教育会开谈话会,决定一面请云南、广西和奉天三省代表致函江西省教育会事务所"说明到沪候信等近况",一面请列席的江西省教育会上届代表程其保以私人名义致函江西省教育会询问"究竟三星期后能否开会,如其未能,亦请及早表示办法"。③

10月20日,云南、奉天、广西和江苏四省教育会在沪代表又借江苏省教育会举行第二次谈话会。此时江西战事暂时告一段落,江苏代表黄炎培因事到南京,发现南浔路已经开通,曾致函各省区教育会在沪代表派人到江西打探消息。虽然江西省教育会仍然没有消息传来,但各省区代表认为不久就会有消息发表,决定不必派人打探。④其时除到会的江苏、云南、奉天和广西四省教育会外,其余浙江、北京、江西、吉林、河南、热河、山西、广东等省区教育会也都已经举定了代表,但多数处于观望状态,尚未出发。四川和贵州两省教育会的代表则已

---

① 《全国教联会年会有延至寒假说》,《申报》1926-10-4(12)。
② 《全国教联会年会有延至寒假说》,《申报》1926-10-4(12)。
③ 《邀集出席全国教育会联合会在沪代表谈话会纪》,《江苏省教育会月报》1926年10月,会务纪要第11页。
④ 《全国教联会在沪代表昨开谈话会》,《申报》1926-10-21(7)。

到汉口,并致函江苏省教育会询问情况。

10月26日,江苏省教育会接到江西省教育会的马代电并通知了在沪各省区代表。江西省教育会在电文中表示:

> 本届联合会前定国庆日轮值赣省举行,筹备事件,原已就绪,旋因战云密布,乃于上月寒日通告展缓三星期,讵料未经兼旬,弹雨横飞,复于本月支日第二次通告,再展三星期,即十一月二十二日,均经邮达各在案,(仅邮可付)顷阅本月十一日申报第三张第十版教育消息栏载全国教联会在沪代表谈话会纪,并附致省教育会函稿一件(来函迄未接到)敬悉各省代表中止沪上,热心教育,远道前来不辞跋涉,无量钦佩。一再展期,抱歉良殷,现正整理文卷,重新筹备。惟届时能否举行,尚难预定,倘有变更,自当遵属由贵会转达,特先奉闻。①

各省区教育会在沪代表既已得知会期再度展延的消息,且江西省教育会表示"届时能否举行,尚难预定"②,于是在沪的云南、广西和奉天三省代表在次日召开的第三次谈话会上表示,"来沪已逾匝月,赣省开会,一再展期,仍无确定办法,势难久待,拟暂时离沪,先往各地考察教育,一俟办法确定,请江西事务所分别通告"③。

三、年会地点的疑虑

就在云南、广西和奉天三省代表即将离沪的时候,四川和贵州两省代表到沪,各省区教育会在沪代表为此在10月30日开第四次谈话会。④江西方面战事此时进一步加剧,在江西开会已无可能。江西省教育会在10月28日致函上次年会的江西代表程其保,请其转告各省区代表表示放弃本次年会的主办权,并

---

① 《全国教联会在赣开会尚无确期》,《申报》1926-10-27(10)。
② 《全国教联会在赣开会尚无确期》,《申报》1926-10-27(10)。
③ 《教联会在沪代表第三次谈话会纪》,《申报》1926-10-28(10)。
④ 《全国教联会代表今日续开谈话会》,《申报》1926-10-30(7)。

希望下年仍在江西开会。①因战乱导致通讯中断,各省区教育会在沪代表并没有得知这个消息。正好江西公立农专一中教员熊某于9月25日离开南昌到达上海,各省区教育会在沪代表即请其报告南昌教育界受战乱灾害情形。②得知江西事实上无法开会后,各省区教育会在沪代表即开始讨论预备方案。由于全国教育会联合会第十一次年会曾将吉林作为第十二次年会的预备开会地点,因此奉天代表提出迁往吉林开会。但与会代表认为"惟现时将届冬令,吉林地远天寒,各代表跋涉前往,事实上亦不无困难,且往返商榷,益延时日"③,而如果继续等待南昌局势平静再开会,"远道各省区代表势难久候"④,若"遽尔散归,又违初意"⑤,加之在沪代表尚未达到法定人数,无法决定开会地点。各省区在沪代表只得一面确定留守的最后期限,一面致函要求还未赴沪的省区代表从速启程来沪共商解决办法。

全国庚款董事会也在11月12日开会,专门讨论全国教育会联合会第十二次年会开会地点问题。全国庚款董事会开会的原因是之前接到江西省教育会的快邮代电,表示"届时能否开会,尚难预定各情形,至究应迁至何省开会,敝会未便主张"⑥。在会上,某董事又报告了江西董事项庚虞致其个人的私函,"谓江西省教育会因现已驻军,恐难开会,苏教育会很主张移沪开会,经费由江西负担,请与各省董事磋商,究使在何地开会,务作一致主张,俾大会早开,免致停顿云云"⑦。众董事议论后认为,"江西战事已告结束,如能在该省开会,可省却许多麻烦","否则亦应迁至第二法定地点开会"⑧,并分别致函江西省教育会和吉林省教育会通报此事,但事实证明这只是全国庚款董事会的一厢情愿。

11月15日,各省区教育会在沪代表开第五次谈话会再度商讨开会地点事宜,此时情形已不乐观。各省区教育会在沪代表已由上次年会江西代表程其保

---

① 《全国教联会仍难开会 在沪代表第五次谭话会》,《申报》1926-11-16(10)。
② 《不堪回首之南昌教育》,《教育杂志》1926年18卷12号,教育界消息第4页。
③ 《全国教联会开会日期地点尚未定 在沪代表昨开谈话会》,《申报》1926-10-31(7)。
④ 《全国教联会开会日期地点尚未定 在沪代表昨开谈话会》,《申报》1926-10-31(7)。
⑤ 《全国教联会开会日期地点尚未定 在沪代表昨开谈话会》,《申报》1926-10-31(7)。
⑥ 《全国教联会仍难开会 庚董会主张在赣举行》,《申报》1926-11-16(10)。
⑦ 《全国教联会仍难开会 庚董会主张在赣举行》,《申报》1926-11-16(10)。
⑧ 《全国教联会仍难开会 庚董会主张在赣举行》,《申报》1926-11-16(10)。

处得知江西省教育会希望移沪开会并委托程其保作为代表出席的意愿,其他未派代表至沪的省区教育会也纷纷表明态度。除广东省教育会表示尊重在沪代表意见和湖南省教育会坚持在赣开会已不可能外,各省区教育会理想中的开会地点主要集中在上海和吉林两地。

上海是江苏省教育会驻地,更有危机之际两度临时接办全国教育会联合会年会的经历,在沪代表多数赞成就近在沪开会。但福建省教育会此前已于10月28日透过某董事向全国庚款董事会表示,"此次到沪各省代表屡次开会,讨论大会会期及地址问题,恐不免提出移沪开会之主张,吾人对此不应赞同","在理宜由江西教育会再通告延期,即延至寒假,亦无不可,否则应移吉林开会,吉林之预备请会,已有数年之久,似不可使其失望云云"。①虽然此事未经全国庚款董事会正式讨论,但众董事已同意知照各省区教育会。此次福建省教育会仍然不同意移沪开会,主张要么继续延期,要么遵照上次年会的议定移至吉林。江苏省教育会也"主张开会地点,应依照上届议决案,第一地点江西,既不能开会,宜在第二地点吉林举行,总以尊重议决案为是"②。

吉林是上次年会议决的第二开会地点,在吉林开会更为顺理成章,只是吉林方面此时也不愿意接办。虽然吉林董事曾于9月30日全国庚款董事会开会时表示吉林方面可以接办此次年会且负责相关费用,10月12日全国庚款董事会也议决若江西无法开会则移吉林开会,但就在致吉林省教育会函件发出的当晚,吉林董事奚国钧又接到吉林省教育会会长韩瑞汾的私函,"谓该会于本届全国教联会大会地点问题,尚未开会讨论,惟到沪代表既谓吉林天寒道远,往返不便,而江西省教育会亦未指定该省不能开会,究宜移至何省,故吉省开会之举,不便轻易发表,至开会讨论决定后,当更电达各省云云"③。同时吉林省教育会又电告各省区教育会在沪代表,称"或移沪上,或在北京,均表同情"④,就是没有提出在吉林开会。

相关省区教育会均不愿意接手承办,各省区在沪代表又不足法定人数,无

---

① 《全国教联会开会日期地点尚未定　闽省等代表赞成延期》,《申报》1926-10-31(7)。
② 《全国教联会仍难开会　在沪代表第五次谭话会》,《申报》1926-11-16(10)。
③ 《全国教联会仍难开会　庚董会主张在赣举行》,《申报》1926-11-16(10)。
④ 《全国教联会仍难开会　在沪代表第五次谭话会》,《申报》1926-11-16(10)。

法解决开会地点问题。最后,各省区代表"惟有依据前次谈话会主张,相约暂时离沪","一面仍请江西省教育会一俟地方状况有开会之可能时,即行通电各省区召集开会","万一不及,只得遵照江西省教育会十月二十八日致程代表函称,明年仍在南昌开会","请设法进行,勿使中断",[①]全国教育会联合会第十二次年会就此夭折。

第二节　党化教育与全国教育会联合会的消亡

江西省教育会在次年续开前会的希望并没有实现。20世纪20年代初,国民党在广东推行党化教育。北伐战争继续进行,党化教育随着国民党地盘的不断扩大而成为热潮。北伐军打到哪里,党化教育就蔓延到哪里。然而当时党化教育并没有固定的宗旨,主要是以当权者的意志为转移,政治意义大于教育意义。不管是以汪精卫为首的激进派,还是听命于蒋介石的保守派,都把党化教育作为排挤异己的工具。广东省教育会一直掌握在汪精卫等人手中,没有受到太大影响,很多省区特别是长江流域的省区教育会影响较大。北伐军所到之处,教育界的势力便重组一番,各省区教育会也被卷入这场风波中。

一、华中地区教育会的衰亡

华中地区属于以汪精卫为代表的国民党激进派的势力范围。在党化教育的起始阶段,国民党激进派便是主要推手,汪精卫本人更是党化教育的极力推崇者。随着北伐军势力在华中地区的不断膨胀,党化教育迅速在华中地区开展起来。

1926年8月,国民政府教育行政委员会对湖南发布了进行党化教育的指示。根据这一指示,湖南省教育厅命令所有学校都要悬挂孙中山的肖像,公立

[①]《第十二届全国教育会联合会在沪代表报告暂行离沪函(十五日)》,《江苏省教育会月报》1926年11月,文牍第3页。

学校每星期一举行纪念孙中山的仪式和政治报告,中等和初等学校一律开设三民主义必修课。①由于湖南省教育会对于党化教育并不热衷,不但导致国民党当局的不满,更引发了教育界内亲国民党势力的非议。湖南省教职员联合会曾于同年11月议决取消湖南省教育会,长沙市教职员联合会也于同年12月在湖南省教育会会坪开会,要求湖南省政府取消湖南省教育会。②在此重重压力之下,不但"湖南省教育会,业经全体教育界人士开会议决,无容设立,即该会评议干事,亦主张停止职务,实行移交"③。最后,湖南省教育会只得宣布停止活动,函请湖南省教职员联合会接收该会所有财产。

湖北教育,"向为经心、两湖、高师三派所把持……批评者向有'经心腐、两湖旧、高师陋'之号","但实际上高师势力不及上两者远甚,此番革命军来,当然另换一副面孔,因此两派人物皆大起恐慌云"。④1926年10月,湖北国民党当局议决将中等以上各学校停办,并特设立湖北政务委员会接收保管委员会,派员接收各校及教育机关。湖北境内各校及教育机关均被饬令交代,湖北省"教育会亦在接收之列"⑤。同时,湖北国民党当局又宣布所有学校的课程都要重点宣传国民党的纲领,只有掌握了国民党纲领才有资格担任教师。为了向中小学教师灌输国民党的政治主张,湖北国民党当局还建立了教师党义研究所,每期训练三个月。⑥原来湖北省教育会的组设,成员主要由省会公私立各级学校现任或曾任教职员组成。经过学校改组和教员甄审,"从甄审中有录用的,有永不录用和通缉的,自然就影响到省教育会的不存在了"⑦。

---

① 袁征:《孔子·蔡元培·西南联大——中国教育的发展和转折》,北京:人民日报出版社,2007年,第213—227页。
② 《革命军势力下之湘鄂赣教育》,《教育杂志》1927年19卷1号,教育界消息第5页。
③ 痴:《湘省教联会开重要会议纪》,《申报》1927-1-5(10)。
④ 《国民政府下之鄂省教育》,《教育杂志》1926年18卷12号,教育界消息第4页。
⑤ 《鄂省政务委员会接收各校》,《申报》1926-10-29(7)。
⑥ 袁征:《孔子·蔡元培·西南联大——中国教育的发展和转折》,北京:人民日报出版社,2007年,第213—227页。
⑦ 王郁之:《湖北省教育会史略》,见中国人民政治协商会议全国委员会文史资料委员会编:《文史资料存稿选编》第24辑教育,北京:中国文史出版社,2002年,第1111页。

二、华东地区教育会的消失

华东地区是国民党保守派的地盘,与激进派之间的矛盾并不影响到保守派对党化教育的热情,以蒋介石为首的国民党保守势力对党化教育也相当热衷。北伐军占领华东地区后,党化教育同样在当地大行其道。

江西是北伐军和北洋军争夺的主战场,各级学校由于战乱和校舍被军队占用纷纷停学,甚至有学校因教员陷入其中而被交战双方反复查抄。[①]江西省教育会会舍这时也为军队所占用,会员四散逃避战乱。1926年11月,蒋介石在江西亲自主持会议,讨论占领江西后的工作,并决定在该省厉行党化教育以肃清教育界中的"反动分子"。[②]江西国民党当局遵从蒋介石的指示,"主张全省中等以上学校均须从新改组,俾免有与革命化之教育不合之弊"[③],并发出训令要求各学校未经批准不得复学,已复学的学校亦限时放假以待接收。江西国民党当局意图强行接收学校的消息传出以后,因江西省教育会会务已陷于无形停顿,故由江西省中等以上学校教职员联合会出面要求撤销训令并派出代表请愿。其时江西国民党当局一度允诺撤销训令,并言蒋介石已下令"政务委员会将原案撤消"[④]。教职员方面在得偿所愿之余,"尚拟组织全省教职员联合会,以巩固教育界之团体"[⑤]。然而此举却大大惹恼了江西国民党当局,"疑为反革命派所主使"[⑥],不但训令继续执行,"组织全省教职员联合会一案,亦未再开会进行"[⑦]。

尽管长期在北洋军的控制之下,江苏省教育会所在地上海却一直有亲国民党势力的存在。"远在孙传芳盘踞江苏时,其时各地旅沪同志,鉴于国民革命之真义,非有认识训练普及三者,不可而施行","此三者之工具,则首推教育",[⑧]江

[①]《不堪回首之南昌教育》,《教育杂志》1926年18卷12号,教育界消息第4页。

[②] 袁征:《孔子·蔡元培·西南联大——中国教育的发展和转折》,北京:人民日报出版社,2007年,第213—227页。

[③]《革命军势力下之湘鄂赣教育》,《教育杂志》1927年19卷1号,教育界消息第6页。

[④]《革命军势力下之湘鄂赣教育》,《教育杂志》1927年19卷1号,教育界消息第6页。

[⑤]《革命军势力下之湘鄂赣教育》,《教育杂志》1927年19卷1号,教育界消息第6页。

[⑥]《革命军势力下之湘鄂赣教育》,《教育杂志》1927年19卷1号,教育界消息第7页。

[⑦]《革命军势力下之湘鄂赣教育》,《教育杂志》1927年19卷1号,教育界消息第7页。

[⑧]《林立山致各县教育协会同人书》,《申报》1927-10-6(8)。

苏省教育协会已显雏形。待到1927年3月国民革命军攻占上海后,"昔之反动派学校当局均被驱逐殆尽"①,江苏教育界亲国民党势力"有鉴于学阀之专横及环境之压迫"②,便正式发起江苏省教育协会。江苏省教育协会组织临时执行委员会督促和指导各县市教育协会的组织,而且背后有国民党的支持,被寄予"不为教育者而为教育以革命"③的厚望,矛头直指江苏省教育会,给其很大压力。在此气氛中,江苏省教育会开会讨论应对之策,并决定修改会章。④就在江苏省教育协会对江苏省教育会施加压力的同时,以"实践三民主义,谋中小学教职员之福利,及教育之革命化"⑤为宗旨的上海特别市中小学校教职员联合会亦宣告成立。3月22日,上海特别市中小学校教职员联合会抢在江苏省教育协会之前接收了江苏省教育会会所,江苏省教育会不得不另设临时办事处。⑥上海特别市中小学校教职员联合会抢先接收江苏省教育会会所,引起了江苏省教育协会背后的国民党当局的不满。江苏省国民党当局明令取消江苏省教育会,并要求将其卷宗移交江苏省教育协会。⑦

浙江是蒋介石的家乡,省教育会的某负责人与国民党有着亲密的关系。1926年11月,浙江省长公署认为江苏省教育会"组织不良,营私把持"⑧,"甚至假教育会领袖名义,效政客行为""匪特妨碍教育,抑且贻害地方",⑨决定将"该会立予解散,另由教育厅妥拟办法,呈候核定,再行召集组织"⑩。浙江省教育厅随即会同浙江省警察厅将浙江省教育会查封,又组建浙江省教育会筹备委员会以改组浙江省教育会⑪。虽然浙江省教育厅意图改组浙江省教育会,却遭到浙江省教育会原有人员的极力抵制。他们认为"前次官厅之解散为无理由"⑫,一

---

① 《上海反动派教育之末运》,《教育杂志》1927年19卷4号,教育界消息第3页。
② 《江苏省教育会权威之崩溃》,《教育杂志》1927年19卷4号,教育界消息第4页。
③ 信:《江苏省教育协会的成立》,《新教育评论》1927年3卷16期,第3页。
④ 《苏省教育会开干事员会纪》,《申报》1927-3-20(8)。
⑤ 《中小学校教职员总联合会成立 总联合会章程》,《申报》1927-3-21(7)。
⑥ 《江苏省教育会权威之崩溃》,《教育杂志》1927年19卷4号,教育界消息第5页。
⑦ 《江苏省教育会之末运》,《教育杂志》1927年19卷7号,教育界消息第12页。
⑧ 《浙江省教育会之解散》,《教育杂志》1926年18卷12号,教育界消息第9页。
⑨ 《浙江省教育会之解散》,《教育杂志》1926年18卷12号,教育界消息第9页。
⑩ 《浙江省教育会之解散》,《教育杂志》1926年18卷12号,教育界消息第9页。
⑪ 《浙省教育会改组筹备会纪》,《申报》1926-12-2(8)。
⑫ 《浙省教育会之力谋恢复》,《申报》1926-12-22(10)。

直极力谋划恢复原有组织,并决定于12月19日下午召开评议会讨论恢复办法。但开会这天,大雨一直下个不停,"到者寥寥,不足法定人数,只得再行召集云"①,浙江省教育会不得不暂停活动。浙江省教育会暂停活动期间,正值浙江省教育协会组建。浙江省教育协会由省会各项教育机关及团体之人员组成,组建后对党化教育一直非常热衷,不但以"协谋党化教育之进展"为目的,还打算组织党化教育讲习会训练人才。②北伐军占领浙江后,浙江省教育会终于重新恢复活动。与新组建的浙江省教育协会相比,恢复活动后的浙江省教育会,对浙江国民党当局推行党化教育支持不力。正因如此,浙江国民党当局放弃了对浙江省教育会的支持。1927年2月,国民党浙江省党部议决取消浙江省教育会,由浙江省会中等以上学校教职员联合会代行其职权。③

三、党化教育的强化与全国教育会联合会再现的困难

其实早在1926年10月,推行党化教育的国民党政权便准备确立其在教育领域中的地位。它授意广东省教育会致电同与国民党有密切关系的浙江省教育会,以"现国民政府已设置教育行政委员会,其职权与教育部同"④为名,要求浙江省教育会一同提议邀请国民政府派代表参加全国教育会联合会第十二次年会。虽然此事最后并无结果,但国民党政权的心思由此可见一斑。南京国民政府成立后,党化教育高度强化。1928年5月,国民政府大学院在南京召开第一次全国教育会议。第一次全国教育会议虽然议决放弃党化教育的提法,但国民党在组织和思想上控制教育的党化教育政策依然没有改变。第一次全国教育会议宣称:"中国国民党以三民主义建国,也就以三民主义施教;此后中华民国的教育宗旨,就是三民主义的教育,已丝毫不容怀疑。"⑤所谓三民主义教育,实质上就是党化教育的代名词。同时,根据《全国教育会议规程》,全国教育会

---

① 《浙省教育会之力谋恢复》,《申报》1926-12-22(10)。
② 《浙江教育协会开会纪》,《申报》1927-2-28(13)。
③ 《浙省会教职员会成立大会纪》,《申报》1927-4-1(10)。
④ 《全国教联会应请国民政府派代表》,《申报》1926-10-6(12)。
⑤ 《全国教育会议宣言》,见中华民国大学院编纂:《全国教育会议报告(十七年五月)》,上海:商务印书馆,1928年,甲编第1页。

议由以下会员组成:大学区(或省区)代表,每区二人;特别市代表,每市一人;中央党部选派之代表五人;其他机关临时选派之代表若干人;大学院选聘之专家十八人;大学院正副院长,秘书长,暨各组主任或代表。各大学区之代表,为该区大学校长或其代表,及校外专家一人。凡未成立大学区之省分,其代表为该省区教育厅长或其代表,及校外教育专家一人。①按照这种组织原则,则全国教育会议无疑完全操纵于政府手中。

1927年8月,国民政府教育行政委员会颁布了《教育会规程》。②1928年2月,国民政府大学院公布了《教育会条例》。③1929年5月,教育部又修正公布了《教育会规程》。④尽管各省区教育会从法律上恢复了地位,但在党化教育的阴影下,各省区教育会一时风声鹤唳,人人自危。在各省区教育会自顾不暇的情形下,全国教育会联合会重开会议无疑困难重重。由政府召开的全国教育会议代替了民间组织的全国教育会联合会,全国教育会联合会至此无形解体。

全国教育会联合会从成立到消亡的十余年间,由于军阀割据混战、政局动荡,各地教育事业屡受摧残。然而军阀在忙于内部权力争斗的同时却无暇顾及思想文化领域,反而造就了人文环境宽松、思想开放的年代,使全国教育会联合会能够致力于研究和改进教育,为教育事业做出了巨大的贡献。现在国民党已经控制了中国的大部分地区,党化教育又结束了晚清以来的教育自由化的发展,全国教育会联合会已经失去了存在的环境。国民党执掌政权以后,教育界也曾两度再议重建全国教育会联合会,但均无疾而终。⑤

---

① 《全国教育会议规程》,见中华民国大学院编纂:《全国教育会议报告(十七年五月)》,上海:商务印书馆,1928年,甲编第8—9页。

② 《教育会规程(十六年八月十五日公布)》,《大学院公报》1928年1年1期,第36—39页。

③ 《教育会条例(十七年二月十四日大学院公布)》,《大学院公报》1928年1年3期,第3—8页。

④ 《教育会规程》,见唐钺,朱经农,高觉敷编:《教育大辞书》,上海:商务印书馆,1930年,第1061—1062页。

⑤ 张礼永:《教育建设的第三条道路——民国时期教育研究组织之探析》,华东师范大学博士学位论文,2011年,第71—72页。

第三节　全国教育会联合会的历史地位

1901年现代学校系统的建立，"是中国现代教育取代古代教育的转折点"[①]。从那以后，中国现代教育取得了长足的发展。中国现代教育的发展，很大程度得益于全国教育会联合会的努力。它是全国教育界的总代表，"开会结果，对于全国教育之改进，不无相当影响"[②]。

一、全国教育会联合会与教育行政部门的沟通

全国教育会联合会与教育部之间虽曾因新学制的制定问题出现龃龉，但大部分时间里关系还算比较融洽。教育部曾承认，由于对全国各地教育状况并不了解，发布的命令经常不符合实际情况而导致无法执行，而全国教育会联合会集全国教育代表于一处，所讨论问题方能符合地方实情："教育部之主张，以为欲教育发达，须先使部颁之命令有效。欲使部颁之命令有效，须先使所发之命令与各地之实情相合。顾各省悬隔，动在数千里外。其地之情状，教育部又乌从知之。故总次长居恒每以所发命令不合于各地实情为虑。苟遇有可以详细探得各地真确实情之机会，总次长无不格外注意及之也。联合会集全国教育代表于一处，其所讨论暨报告，必多适合于各地方之实情，故议决之案，教育部非常重视。"[③]教育部对全国教育会联合会的历次年会，或致贺词，或派员列席，汤化龙、袁希涛和范源廉等教育总（次）长还曾亲自莅会演讲。除第七次年会以外，全国教育会联合会历次年会中有关教育法令的议决案均呈送教育部采择施行，十一年间共呈送议决案94件。据不完全统计，这些议决案有20件经修改后成为法规颁布，占总数的22%。另外，还有相当部分议决案的精神或条文为教

[①] 袁征：《孔子·蔡元培·西南联大——中国教育的发展和转折》，北京：人民日报出版社，2007年，第133页。
[②] 教育部：《第一次中国教育年鉴》，上海：开明书店，1934年，戊编第157页。
[③]《附教育部代表胡玉孙君演说词》，《安徽教育月刊》1918年9月期，纪录第28页。

育部采用。①全国教育会联合会的存在,充当了教育界与教育行政机关之间的桥梁,对促进教育界与教育行政机关之间的沟通起着非常重要的作用。

二、全国教育会联合会与教育界内部的交流

全国教育会联合会本乃各省区教育会的联合体,历次年会代表多系各地教育专家或教育行政负责人,故全国教育会联合会每次年会都要求各省区代表报告本省区教育状况以供他省区代表参考。每逢全国教育会联合会召开年会,各省区的教育专家和教育行政负责人便得以同聚一堂讨论各种教育问题,互相交流经验和教训,大大加强了教育界内部的交流。全国教育会联合会还经常邀请教育名家讲演,就连杜威和孟禄等外国著名教育家也曾先后莅会发表自己的主张,使各地代表大开眼界。另外,由于军阀割据混战,各地代表消息阻隔,只能耳闻不能目睹,未免会对他省区的教育状况有所怀疑,而全国教育会联合会每年由各省区教育会轮流举办年会的方法正好让大家有实地考察的机会。如第七次年会在广州召开之前,大家因广东历年战乱,对其教育状况颇抱怀疑态度。等到会议结束,许多人的印象得到了改观,认为广东教育的"新气勇气,和建设改造的精神,很足以使各省模范"②。全国教育会联合会代表回到本省区以后,照例还会对本省区教育会会员报告此次年会内容及所见所闻,间接使各省区教育界之间的交流进一步加强。正是由于各省区教育界交流的加强,全国教育会联合会的议决案在全国各地的推行较为顺利。如全国教育会联合会制定的新学制课程标准虽没有得到官方的正式公布,但各地学校却大都遵照施行。凡此种种,不胜枚举。

综上所述,全国教育会联合会在1927年南京国民政府成立后不得不停止活动,被官方控制的全国教育会议取而代之,中央教育行政机关重新掌握了发展教育事业的主导权。在近代中国政府和民间组织的关系中,当国家能力增强时,政府的影响力则比较稳固,民间组织的发展反而受到削弱,不仅对国家的制

---

① 李露:《论"全国教育会联合会"对民初教育立法的影响》,《学术论坛》2000年03期,第125—128页。

② 马鹤天:《新广东教育考察日记》,北京:北京民国大学,1924年,序言第1页。

衡作用有限,甚至连其原有的独立自主性也难以维持。清末中央教育会召开时,有人谓"此后教育行政之补助机关,有中央教育会,为学部之补助","复有各省教育总会联合会,为中央之补助",①不过是自我安慰的说法。无论是以前的各省教育总会联合会,还是后来的全国教育会联合会,其成员都是各省教育界自行推选的精英人物。加之其属于民间组织,政府无法控制,自然感到尾大难掉。政府欲借助民间力量兴办教育,则由官方主导的中央教育会和全国教育会议为当然首选。在国民党政权推行党化教育的时候,选择官方主导的全国教育会议代替民间组织的全国教育会联合会作为发展教育事业的主导力量也就可以理解了。

---

① 《各省教育总会联合会纪要》,见朱有瓛等编:《中国近代教育史资料汇编》(教育行政机构及教育团体),上海:上海教育出版社,1993年,第184页。

附录一 全国教育会联合会历次年会代表名录

届次	姓名	字	籍贯	代表单位
第一次	王蜀琼	孟瑶	四川华阳	四川省教育会
	马庶蕃	骥三	黑龙江巴彦	黑龙江省教育会
	邓萃英	芝园	福建闽侯	福建省教育会
	刘以钟	资厚	福建闽侯	福建省教育会
	江谦	易园	安徽婺源	安徽省教育会
	方新	振民	安徽婺源	安徽省教育会
	郭秉文	鸿声	江苏江浦	江苏省教育会
	沈恩孚	信卿	江苏吴县	江苏省教育会
	袁希涛	观澜	江苏宝山	江苏省教育会
	王徵善	绍良	江苏上海	绥远教育会
	李揞荣	笏辰	京兆武清	京兆教育会
	王桂照	月川	京兆宛平	京兆教育会
	蔡以观	诗可	京兆蓟县	京兆教育会

① 有资料记载,李杏田字雨春,1896年出生于河北省抚宁县小李庄,详见高俊峰:《进步校长李杏田》,见政协山海关区委员会文史委员会编:《山海关文史资料(第四辑)》,秦皇岛:政协山海关区文史委员会,1995年,第94页。

续表

届次	姓名	字	籍贯	代表单位
	李杏田	雨村①	京兆	察哈尔教育会
	程臻	撷华	江西南昌	江西省教育会
	周尔璧	孝昌	江西新淦	江西省教育会
	董景常	仰山	河南河阴	河南省教育会
	王卓午	炎青	河南渑池	河南省教育会
	周钟岳	惺甫	云南剑川	云南省教育会
	杨润兰	俊清①	云南云龙	云南省教育会
	杨增炳	石村	云南蒙自	新疆省教育会
	刘潜	芸生	直隶天津	北京教育会
	佟永元	旭初	京兆大兴	北京教育会
	梁锡光	载之	京兆②	北京教育会
	经亨颐	子渊	浙江上虞	浙江省教育会
	蔡敦辛	寓仁③	浙江杭县	浙江省教育会
	张世构	葆灵	浙江鄞县	浙江省教育会
	廖道传	叔度	广东梅县	广东省教育会
	曹冕	竞修	广东番禺	广东省教育会
	张佐汉	筱良	直隶高阳	直隶省教育会
	刘续曾	迂卿	直隶安新	直隶省教育会
	李云锦	倬章	直隶献县	直隶省教育会
	李鈉	叔坚	甘肃伏羌	甘肃省教育会
	刘哲	敬舆	吉林吉林	吉林省教育会
	杨作舟	济川	吉林吉林	吉林省教育会

①另有说法，杨润兰应为杨润霖，字俊卿，见记者：《全国省教育会第一次联合会记略》，《教育杂志》1915年7卷6号，特别记事第41页。

②根据《中华民国五年十月第二次全国教育会联合会会务纪要》的记载，梁锡光祖籍奉天，居住京兆，见全国教育会联合会：《中华民国五年十月第二次全国教育会联合会会务纪要》，北京：全国教育会联合会，1916年，会员录第10页。

③另有说法，蔡敦辛字安仁，见记者：《全国省教育会第一次联合会记略》，《教育杂志》1915年7卷6号，特别记事第41页。

续表

届次	姓名	字	籍贯	代表单位
	聂树滋	润斋	吉林吉林	吉林省教育会
	关海清	果忱	奉天沈阳	奉天省教育会
	魏福锡	霖葛	奉天沈阳	奉天省教育会
	曾有翼	子敬	奉天沈阳	奉天省教育会
	熊非龙	熙尧	湖南益阳	湖南省教育会
	符定一	宇澄	湖南衡山	湖南省教育会
	蒋谦孙		湖南	湖南省教育会
	易克皋	敦白	湖南长沙	湖南省教育会
	张介礼	公制	山东安邱	山东省教育会
	周树桢	忍葊	山东安邱	山东省教育会
	鞠承颖	思敏	山东荣城	山东省教育会
	许名世	德一	山东日照	山东省教育会
	兰承荣	向青	山西大同	山西省教育会
	张秀升	兰亭	山西临汾	山西省教育会
	苏宝侠	健民	陕西韩城	陕西省教育会
	范鸿勋	尚立	湖北鄂城	湖北省教育会
	牟鸿勋	猷宣	湖北利川	湖北省教育会
	张祝南	肖鹄	湖北鄂城	湖北省教育会
第二次	刘濬清	汉章①	京兆宝坻	京兆教育会
	曹殿林	翰卿	京兆安次	京兆教育会
	蔡以观	诗可	京兆蓟县	京兆教育会
	张佐汉	筱良	直隶高阳	直隶省教育会
	刘炯文	郁周	直隶沧县	直隶省教育会
	刘秉鉴	镜湖	直隶安新	直隶省教育会

①另有说法，刘濬清字翰章，见《全国教育会联合会第二次开会记》，《教育杂志》1916年8卷12号，特别记事第64—65页。

续表

届次	姓名	字	籍贯	代表单位
	杨桂山	欣兰	直隶怀来	直隶省教育会
	董宝麟	奉轩	奉天新民	奉天省教育会
	魏福锡	霖葛[1]	奉天沈阳	奉天省教育会
	孙其昌	钟武	奉天沈阳	奉天省教育会
	刘哲	敬舆	吉林吉林	吉林省教育会
	韩锐	进青	吉林吉林	吉林省教育会
	马庶蕃	骥三	黑龙江巴彦	黑龙江省教育会
	耿之光	觐文	黑龙江巴彦	黑龙江省教育会
	董毓璿	衡甫[2]	山东高密	山东省教育会
	周树桢	干庭[3]	山东安邱	山东省教育会
	赵同源	星海	山东历城	山东省教育会
	张岩南	岩南	山东莱阳	山东省教育会
	叶春墀	玉阶	山东日照	山东省教育会
	金朝珍	廷璋[4]	山东德县	山东省教育会
	周溥	孔博	广东惠阳	广东省教育会
	黎惠中	敬修	广东东莞	广东省教育会
	余德元	明卿	湖北房县	湖北省教育会
	郑江灏	南溪	湖北襄阳	湖北省教育会
	董祖椿	时雨	湖北襄阳	湖北省教育会
	符鼎升	九铭	江西宜黄	江西省教育会

---

[1]另有说法，魏福锡字鳞阁，见《全国教育会联合会第二次开会记》，《教育杂志》1916年8卷12号，特别记事第64—65页。

[2]另有说法，董毓璿字甫衡，见《全国教育会联合会第二次开会记》，《教育杂志》1916年8卷12号，特别记事第64—65页。

[3]周树桢原字忍菴，后字干庭，一说字干廷，见《全国教育会联合会第二次开会记》，《教育杂志》1916年8卷12号，特别记事第64—65页。

[4]另有说法，金朝珍字廷章，见《全国教育会联合会第二次开会记》，《教育杂志》1916年8卷12号，特别记事第64—65页。

续表

届次	姓名	字	籍贯	代表单位
	吴士材	储伯	江西南城	江西省教育会
	陈衡恪	师曾	江西修水	江西省教育会
	张云如	季龙[①]	河南新乡	河南省教育会
	赵济亚	安敏	河南宜阳	河南省教育会
	沈静	寿山	热河承德	热河教育会
	葛秀	松坪	热河承德	热河教育会
	胡家蒲	燮辰[②]	热河承德	热河教育会
	叶谦	墨君	浙江慈溪	浙江省教育会
	经亨颐	子渊	浙江上虞	浙江省教育会
	黄炎培	任之	浙江川沙	江苏省教育会
	庄俞	百俞	江苏武进	江苏省教育会
	沈恩孚	信卿	江苏吴县	江苏省教育会
	陈宝泉	筱庄	直隶天津	北京教育会
	梁锡光	载之	祖籍奉天 居住京兆	北京教育会
	孟心违	则先	京旗[③]	北京教育会
	文斌	伯英	京兆大兴	北京教育会
	王兆离	伯明	陕西扶风	陕西省教育会
	袁其祓	健侯	直隶雄县	察哈尔教育会
	吴天澈	溉人	贵州铜仁	察哈尔教育会
	杨赞贤	襄如	四川温江	四川省教育会
	张秀升	兰亭	山西临汾	山西省教育会
	兰承荣	向青	山西大同	山西省教育会

[①]另有说法,张云如字霁陇,见《全国教育会联合会第二次开会记》,《教育杂志》1916年8卷12号,特别记事第64—65页。

[②]另有说法,胡家蒲字燮臣,见《全国教育会联合会第二次开会记》,《教育杂志》1916年8卷12号,特别记事第64—65页。

[③]有记载孟心违系顺天宛平人,民初时应为京兆辖区,不在京旗范围,疑为沿用清代旧习,见邓菊英,高莹:《北京近代教育行政史料》,北京:北京教育出版社,1995年,第93页。

续表

届次	姓名	字	籍贯	代表单位
	向道成	弼五	安徽霍邱	安徽省教育会
	杨佩璋	润兰	安徽巢县	安徽省教育会
	刘以钟	子厚	福建闽侯	福建省教育会
	邓萃英	芝园	福建闽侯	福建省教育会
	水梓	楚琴	甘肃金县	甘肃省教育会
	李厚本	培初	云南大理	云南省教育会
	夏瑞庚	筱琅	云南昆明	云南省教育会
	朱剑帆	剑帆	湖南长沙	湖南省教育会
	李景泉	心源	绥远归绥	绥远教育会
第三次	朱剑帆	剑帆	湖南长沙	湖南省教育会
	孔昭绶	竞存	湖南浏阳	湖南省教育会
	吴树枛	梅叔	江西广昌	江西省教育会
	邱璧	潜夫	江西宁都	江西省教育会
	李博	约之	陕西蒲城	陕西省教育会
	李协	宜之	陕西蒲城	陕西省教育会
	兰承荣	向青	山西大同	山西省教育会
	张秀升	兰亭	山西临汾	山西省教育会
	黄炎培	任之	江苏川沙	江苏省教育会
	郭秉文	鸿声	江苏江浦	江苏省教育会
	沈恩孚	信卿	江苏吴县	江苏省教育会
	黄炎培	任之	江苏川沙	南洋华侨学务总会
	王法岐	凤岑	河南洛阳	河南省教育会
	何钺	牧钺	河南商城	河南省教育会
	赵济亚	安敏	河南宜阳	河南省教育会
	梁锡光	载之	祖籍奉天 居住京师	北京教育会
	岑履信	履信	京兆宛平	北京教育会
	朱汉章	子焕	山东恩县	山东省教育会

续表

届次	姓名	字	籍贯	代表单位
	郭葆珍	竺泉	山东夏津	山东省教育会
	经亨颐	子渊	浙江上虞	浙江省教育会
	孙增大	庚三	浙江富阳	浙江省教育会
	罗赓良	飚伯	浙江绍兴	浙江省教育会
	邹镇治	平阶	湖北京山	湖北省教育会
	刘泽沛	惠生	湖北襄阳	湖北省教育会
	李揖荣	竹忱	京兆武清	京兆教育会
	段茂森	树滋	京兆房山	京兆教育会
	魏福锡	霖葛	奉天沈阳	奉天省教育会
	范先炬	朗青	奉天海城	奉天省教育会
	王修	梅堂	福建南安	福建省教育会
	林元乔	一谔	福建闽侯	福建省教育会
	陈曾亮	仲炯	福建闽侯	福建省教育会
	汪淮	镜人	安徽舒城	安徽省教育会
	徐传友	磊生	安徽秋浦	安徽省教育会
	向道成	弼五	安徽霍邱	安徽省教育会
	程祖彝	祖彝	广东南海	广东省教育会
	刘炯文	郁周	直隶沧县	直隶省教育会
	王世选	伯康	吉林吉林	吉林省教育会
	黄书绅	缙忱	吉林舒兰	吉林省教育会
	郑钦	荔庵	察哈尔多伦	察哈尔教育会
	王宾章	寅卿	黑龙江泰来	黑龙江省教育会
第四次	陈宝泉	筱庄	直隶天津	北京教育会
	梁锡光	载之	奉天	北京教育会
	项赓云	缦卿	江西浮梁	江西省教育会
	钟鼎	梓琴	安徽繁昌	安徽省教育会
	孙毓琨	筱初	安徽凤阳	安徽省教育会

续表

届次	姓名	字	籍贯	代表单位
	赵纶士	纶士	安徽太湖	安徽省教育会
	朱剑帆	剑帆	湖南长沙	湖南省教育会
	孔昭绶	竞存	湖南浏阳	湖南省教育会
	李播荣	竹忱	京兆武清	京兆教育会
	刘炯文	郁周	直隶沧县	直隶省教育会
	孙松龄	念希	直隶蠡县	直隶省教育会
	张准	子高	湖北枝江	湖北省教育会
	沈恩孚	信卿	江苏吴县	江苏省教育会
	郭秉文	鸿声	江苏江浦	江苏省教育会
	庄俞	百俞	江苏武进	江苏省教育会
	陈纯	柏园	浙江杭县	浙江省教育会
	叶谦	墨君	浙江慈溪	浙江省教育会
	经亨颐	子渊	浙江上虞	浙江省教育会
	许名世	德一	山东日照	山东省教育会
	郭葆琳	次璋	山东夏津	山东省教育会
	王世选	伯康	吉林吉林	吉林省教育会
	韩锐	进青	吉林吉林	吉林省教育会
	苏体仁	象乾	山西朔县	山西省教育会
	张直生	古愚	山西榆社	山西省教育会
	王卓午	炎青	河南宜阳	河南省教育会
	张金镐	致祥	河南安阳	河南省教育会
	郑贞文	心南	福建长乐	福建省教育会
	金曾澄	湘帆	广东番禺	广东省教育会
	孙其昌	钟舞	奉天沈阳	奉天省教育会
	梁成柏	友松	奉天沈阳	奉天省教育会
	石玉璞	蕴斋	奉天锦县	奉天省教育会
	刘凤池	薇伯	黑龙江兰西	黑龙江省教育会

续表

届次	姓名	字	籍贯	代表单位
	赵正平	厚生	江苏宝山	南洋荷属华侨学务总会
第五次	沈恩孚	信卿	江苏吴县	江苏省教育会
	庄俞	百俞	江苏武进	江苏省教育会
	叶觉迈	湘南	广东东莞	广东省教育会
	江辛	是坪	安徽旌德	安徽省教育会
	马德骥	仲五	安徽巢县	安徽省教育会
	章浑	玄庵	安徽铜陵	安徽省教育会
	吴德镇	晴帆	直隶新城	察哈尔教育会
	杨桂山	欣兰	直隶怀来	直隶省教育会
	刘炯文	郁周	直隶沧县	直隶省教育会
	刘绥曾	玺卿	直隶安新	直隶省教育会
	陈宝泉	筱庄	直隶天津	北京教育会
	孙壮	伯恒	京兆大兴	北京教育会
	经亨颐	子渊	浙江上虞	浙江省教育会
	计宗型	仰先	浙江嘉兴	浙江省教育会
	符鼎升	九铭	江西宜黄	江西省教育会
	吴树栅	梅叔	江西广昌	江西省教育会
	王荩	晋斋	京兆宝坻	京兆教育会
	蔡以观	诗可	京兆蓟县	京兆教育会
	叶翰卿	兰芳	吉林九台	吉林省教育会
	吴玉琛	献之	吉林舒兰	吉林省教育会
	奚国钧	秉初	吉林吉林	吉林省教育会
	康耀宸	乐山	陕西汉中城固	陕西省教育会
	王震良	霆宣	陕西三原	陕西省教育会
	张秀升	兰亭	山西临汾	山西省教育会
	冯司直	振邦	山西平定	山西省教育会
	苏体仁	象乾	山西朔县	山西省教育会

续表

届次	姓名	字	籍贯	代表单位
	沈默	君迟	热河承德	热河教育会
	宣本荣	炳章	热河承德	热河教育会
	敦享文	质良	奉天沈阳	奉天省教育会
	李树滋	铁珊	奉天锦县	奉天省教育会
	李端	葆平	奉天复县	奉天省教育会
	吴景福	介忱	奉天沈阳	奉天省教育会
	丁其彦	石夫	云南楚雄	云南省教育会
	顾品端	子正	云南昆明	云南省教育会
	贾迺宽	子厚	山东历城	山东省教育会
	郭葆珍	竺泉	山东夏津	山东省教育会
	邹宝庚	少白	山东平原	山东省教育会
	林炯	颖丞	福建闽侯	福建省教育会
	邓萃英	芝园	福建闽侯	福建省教育会
	郑贞文	心南	福建长乐	福建省教育会
	王福维	亚翘	黑龙江巴彦	黑龙江省教育会
	朱剑帆	剑帆	湖南长沙	湖南省教育会
	方克刚	小川	湖南平江	湖南省教育会
	水梓	楚琴	甘肃金县	甘肃省教育会
	裴正端	士亭	甘肃洮沙	甘肃省教育会
	王天柱	任之	甘肃陇西	甘肃省教育会
	王维翰	景周	河南孟津	河南省教育会
	何日章	日章	河南商城	河南省教育会
	任秉钧	和卿	绥远萨拉齐	绥远教育会
	荣祥	耀宸	绥远归绥	绥远教育会
	叶光疐	易成	广西岑溪	广西省教育会
第六次	刘澂	静皆	甘肃皋兰	甘肃省教育会
	朱殿文	书巢	黑龙江巴彦	黑龙江省教育会

续表

届次	姓名	字	籍贯	代表单位
	方克刚	小川	湖南平江	湖南省教育会
	梁锡光	载之	祖籍奉天 居住京师	北京教育会
	黄炎培	任之	江苏川沙	江苏省教育会
	沈恩孚	信卿	江苏吴县	江苏省教育会
	郭秉文	鸿声	江苏江浦	江苏省教育会
	鲍乃浑	敬丹	河南商城	河南省教育会
	李显荣	馨佛	河南洛阳	河南省教育会
	王寿芝	仙芳	河南尉氏	河南省教育会
	刘炯文	郁周	直隶沧县	直隶省教育会
	杨桂山	欣兰	直隶怀来	直隶省教育会
	齐世铭	纪古	直隶蠡县	直隶省教育会
	徐方汉	皋浦	安徽庐江	安徽省教育会
	赵纶士	纶士	安徽太湖	安徽省教育会
	朱汉章	紫焕	山东恩县	山东省教育会
	李含芳	兰斋	山东莱阳	山东省教育会
	张秀升	兰亭	山西临汾	山西省教育会
	张履寿	静仁	山西孟县	山西省教育会
	李擂荣	竹忱	京兆武清	京兆教育会
	郑贞文	心南	福建长乐	福建省教育会
	邓萃英	芝园	福建闽侯	福建省教育会
	黄琬	孟圭	福建南安	福建省教育会
	马建功	伯勋	绥远归绥	绥远教育会
	阎肃	静亭	绥远托克托	绥远教育会
	栗宗周	召如	奉天辽阳	奉天省教育会
	吴景福	介忱	奉天沈阳	奉天省教育会
	何绍韩	竞明	浙江东阳	浙江省教育会
	徐晋麒	锄榛	浙江永康	浙江省教育会

续表

届次	姓名	字	籍贯	代表单位
	李杰	俊夫	浙江龙泉	浙江省教育会
	李伯贤	伯贤	广东番禺	广东省教育会
	龙钦海	荃荪	江西宁冈	江西省教育会
	吴树枏	梅叔	江西广昌	江西省教育会
	吴玉琛	献之	吉林舒兰	吉林省教育会
	季宗鲁	省吾	吉林吉林	吉林省教育会
	王玉树	毓杰[1]	热河朝阳	热河教育会
第七次	刘钟华	仲升	云南思茅	云南省教育会
	李琛	颂鲁	云南大理	云南省教育会
	汪兆铭	精卫	广东番禺	广东省教育会
	金曾澄	湘帆	广东番禺	广东省教育会
	钟荣光	惺可	广东香山	广东省教育会
	沈恩孚	信卿	江苏吴县	江苏省教育会
	黄炎培	任之	江苏川沙	江苏省教育会
	袁希涛	观澜	江苏宝山	江苏省教育会
	刘维藩	价人	河南商城	河南省教育会
	齐真如	性一	河南睢县	河南省教育会
	王继贤	绍宣	河南杞县	河南省教育会
	武恒	毅亭	京兆香河	京兆教育会
	邰兰波	兰波	京兆武清	京兆教育会
	江辛	是坪	安徽旌德	安徽省教育会
	高语罕	语罕	安徽寿县	安徽省教育会
	谷振东	岱峰	山东淄川	山东省教育会
	郭葆珍	竺泉	山东夏津	山东省教育会
	郑贞文	心南	福建长乐	福建省教育会

[1] 另有说法，王玉树字毓阶，见庄俞：《第六次全国教育会联合会记略》，《教育杂志》1920年12卷12号，特别记事第4页。

续表

届次	姓名	字	籍贯	代表单位
	林炯	颖丞	福建闽侯	福建省教育会
	吴宾駉	笏钦	福建闽侯	福建省教育会
	方克刚	小川	湖南平江	湖南省教育会
	徐汝梅	坚白	湖北武昌	北京教育会
	王荦	卓夫	浙江仙居	浙江省教育会
	胡炳旎	墨仙	浙江遂安	浙江省教育会
	许倬云	汉章	浙江淳安	浙江省教育会
	奚国钧	秉初	吉林吉林	吉林省教育会
	蔡潄芳	艺圃	江西湖口	江西省教育会
	龙钦海	荃荪	江西宁冈	江西省教育会
	吴树枬	梅叔	江西广昌	江西省教育会
	张秀升	兰亭	山西临汾	山西省教育会
	冀贡泉	育堂	山西汾阳	山西省教育会
	于效仁	孔昭	绥远归绥	绥远教育会
	赵瑞年	伯祥	绥远归绥	绥远教育会
	雷沛鸿	宾雨	广西南宁	广西省教育会
	杨桂山	欣兰	直隶怀来	直隶省教育会
第八次	袁希涛	观澜	江苏宝山	江苏省教育会
	黄炎培	任之	江苏川沙	江苏省教育会
	仇埰	亮卿	江苏江宁	江苏省教育会
	经亨颐	子渊	浙江上虞	浙江省教育会
	许倬云	汉章	浙江淳安	浙江省教育会
	胡炳旎	墨仙	浙江遂安	浙江省教育会
	陆松	价梅[1]	河南	河南省教育会
	李惠	淮滨	河南	河南省教育会

[1]另有说法,陆松字介梅,见《全国教育联合会举行开会式》,《河南教育公报》1922年2卷1期,教育新闻第5页。

续表

届次	姓名	字	籍贯	代表单位
	何日章	日章	河南商城	河南省教育会
	胡适	适之	安徽绩溪	北京教育会
	姚金绅	书城	天津	北京教育会
	徐方汉	皋浦	安徽庐江	安徽省教育会
	李盛豫	立民	安徽含山	安徽省教育会
	段茂森	树滋	京兆房山	京兆教育会
	张鹤浦①	竹溪	京兆	京兆教育会
	严慎修	敬斋	山西河津	山西省教育会
	李兴义	宜亭	山西大同	山西省教育会
	吴炳南	冠诗	山西长子	山西省教育会
	陈鸿模	范卿	甘肃定西	甘肃省教育会
	水枏②	寄楳	甘肃金县	甘肃省教育会
	程时煃	柏庐	江西新建	江西省教育会
	吴树枏	梅叔	江西广昌	江西省教育会
	段育华	抚群	江西南昌	江西省教育会
	杨欣密		直隶	直隶省教育会
	李日纲	仲纪	直隶肃宁	直隶省教育会
	刘炯文	郁周	直隶沧县	直隶省教育会
	苍明顺	和中	黑龙江龙江	黑龙江省教育会
	孙树勋	景尧	黑龙江	黑龙江省教育会
	刘星涵	骛伯	陕西岐山	陕西省教育会
	庆汝廉	松泉	云南	云南省教育会
	赵国鼎	子珍	绥远归绥	绥远教育会
	孟学孔	子中	绥远土默特	绥远教育会

---

①《历届全国教育联合会议案分类汇编》及当时报纸误作张跃浦，张鹤浦是当时京兆视学，清宣统二年拔贡生出身。

②《历届全国教育联合会议案分类汇编》及当时报纸往往误作水小衲或水梓，实为水枏，是全国教育会联合会第二次年会和第五次年会甘肃代表水梓之弟。

续表

届次	姓名	字	籍贯	代表单位
	王兴义	宜如	奉天	奉天省教育会
	吴玉滨	蕴五	奉天	奉天省教育会
	方克刚	小川	湖南平江	湖南省教育会
	李大梁	擎柱	湖南郴县	湖南省教育会
	张锦云①	唯一	湖南桃源	湖南省教育会
	汪兆铭	精卫	广东番禺	广东省教育会
	金曾澄	湘帆	广东番禺	广东省教育会
	许崇清	志澄	广东番禺	广东省教育会
	张杰	伯隽	察哈尔	察哈尔教育会
	胡宗浚		湖北	湖北省教育会
	许名世	德一	山东日照	山东省教育会
	郭葆珍	竺泉	山东夏津	山东省教育会
	朱正均	笙甫	山东平阴	山东省教育会
	徐鸿泽	竟安	吉林永吉	吉林省教育会
第九次	陈廷纲	公亮	贵州贵阳	贵州省教育会
	田景奇	君亮	贵州贵阳	贵州省教育会
	唐启虞	宥在	湖南慈利	湖南省教育会
	段育华	抚群	江西南昌	江西省教育会
	李贵德	玉堂	山西榆社	山西省教育会
	李尚仁	纲卿	山西朔县	山西省教育会
	文缉熙	敬五	河南武陟	河南省教育会
	张文蔚	豹呈	甘肃合水	甘肃省教育会
	王遵先	训庭	甘肃宁夏	甘肃省教育会
	袁希涛	观澜	江苏宝山	江苏省教育会
	黄炎培	任之	江苏川沙	江苏省教育会

①《历届全国教育联合会议案分类汇编》误作复锦云,应为张锦云,全国教育会联合会第八次、第十次、第十一次年会湖南代表。

续表

届次	姓名	字	籍贯	代表单位
	王希禹	奠安	吉林宝县	吉林省教育会
	金曾澄	湘帆	广东番禺	广东省教育会
	王仁宇	稚庄	广东惠阳	广东省教育会
	范予遂	予遂	山东诸城	山东省教育会
	史毓琨	蕴璞	安徽寿县	安徽省教育会
	由云龙	夔举	云南姚安	云南省教育会
	王用予	孟怀	云南泸西	云南省教育会
	吴琨	岘亭	云南昆明	云南省教育会
	许宝根	峨僧	浙江杭县	浙江省教育会
	彭绍夔	石荪	湖北武昌	湖北省教育会
	王凤岐	相冈	直隶元氏	直隶省教育会
	黄尚钦	敬之	广西邕宁	广西省教育会
	黄炎培	任之	江苏川沙	南洋华侨教育会
第十次	曹符乾	仲谦	陕西长安	陕西省教育会
	李博	约之	陕西蒲城	陕西省教育会
	陈泽世	伯辅	甘肃皋兰	甘肃省教育会
	李象德	润轩	甘肃兰州	甘肃省教育会
	张文蔚	豹呈	甘肃合水	甘肃省教育会
	赵允义	宜斋	绥远归绥	绥远教育会
	马定国	可一	绥远萨拉齐	绥远教育会
	李蔚洙	东山	绥远归绥	绥远教育会
	姚兆祯	筱珊	湖北武昌	湖北省教育会
	任启珊	松如	湖北黄陂	湖北省教育会
	彭绍夔	石荪	湖北武昌	湖北省教育会
	程其保	稚秋	江西南昌	江西省教育会
	李尚仁	纲卿	山西朔县	山西省教育会
	张清源	镜塘	山西洪洞	山西省教育会

续表

届次	姓名	字	籍贯	代表单位
	赵启镕	伯陶	察哈尔怀来	山西省教育会
	姚孟宗	平阶	湖南长沙	湖南省教育会
	唐梗献	匹栩	湖南衡阳	湖南省教育会
	张锦云	唯一	湖南桃源	湖南省教育会
	姚金绅	书诚	天津	北京教育会
	张鹤浦	竹溪	京兆	京兆教育会
	郭廷勋	洁忱	山东冠县	山东省教育会
	胡子冲	云翼	山东	山东省教育会
	孙俊卿	北堂	山东曲阜	山东省教育会
	张棣诚	锷威[①]	直隶磁县	直隶省教育会
	陈廷纲	公亮	贵州贵阳	贵州省教育会
	周昌寿	颂久	贵州麻江	贵州省教育会
	张杰	伯隽	察哈尔	察哈尔教育会
	陶怀琳	琅斋	河南汝南	河南省教育会
	陆松	价梅	河南	河南省教育会
	文缉熙	敬五	河南武陟	河南省教育会
	许倬云	汉章	浙江淳安	浙江省教育会
	秦光华	继蕃	云南呈贡	云南省教育会
	谢起文	道济	广西邕宁	广西省教育会
	王兆荣	宏实	四川秀山	四川省教育界公推
	朱经农	经农	江苏宝山	江苏省教育会
第十一次	袁希涛	观澜	江苏宝山	江苏省教育会
	项赓云	缦卿	江西浮梁	江西省教育会
	桂汝丹	仲觉	江西临川	江西省教育会
	程其保	稚秋	江西南昌	江西省教育会

①《历届全国教育联合会议案分类汇编》载张棣诚字锷威,但《申报》则载张棣诚字庭芝,见召:《全国教联会消息(六)》,《申报》1924-10-20(6)。

续表

届次	姓名	字	籍贯	代表单位
	姚金绅	书诚	天津	北京教育会
	仇元铸			山西省教育会
	张直生	古愚	山西榆社	山西省教育会
	张筹	策平	山东宁津	山西省教育会
	韩瑞汾	石卿	吉林永吉	吉林省教育会
	于化鲲	耀东		吉林省教育会
	王希禹	奠安	吉林宝县	吉林省教育会
	卢广绩	乃赓	奉天海城	奉天省教育会
	孙振棠	季翘	奉天锦县	奉天省教育会
	龚自知	仲钧	云南大关	云南省教育会
	杨士敏	文波	云南富民	云南省教育会
	詹世铭	新吾	青海循化	甘肃省教育会
	徐承业			甘肃省教育会
	吴宾驷	笏钦	福建闽侯	福建省教育会
	孙倬章	贻谋	四川云阳	四川省教育会
	朱锡昂	识惺	广西博白	广西省教育会
	陈廷纲	公亮	贵州贵阳	贵州省教育会
	钱安世	慎斋	贵州贵阳	贵州省教育会
	张俊德			河南省教育会
	赵保申			河南省教育会
	贾荣增		河南郏县	河南省教育会
	张庭英	植安	湖北武昌	华侨教育会
	张国基	颐生	湖南益阳	华侨教育会
	张文德			华侨教育会
	金曾澄	湘帆	广东番禺	广东省教育会
	梁祖诰	孝郁	广东德庆	广东省教育会
	向玉楷	立庭	湖南麻阳	湖南省教育会

续表

届次	姓名	字	籍贯	代表单位
	张锦云	唯一	湖南桃源	湖南省教育会
	罗传矩	立候	湖南衡山	湖南省教育会
	姚兆祯	筱珊	湖北武昌	湖北省教育会
	方洁			湖北省教育会
	王毓兰		湖北沔阳	湖北省教育会
	祁中道	子一	青海西宁	青海教育会
	郑以桢			浙江省教育会
	马志恒	子久	京兆安次	京兆教育会
	姚金绅	书诚	天津	庚子赔款事宜委员会
	李步青	廉方	湖北京山	全国庚款董事会
	陶知行		安徽歙县	中华教育改进社

附录二　学制系统相关各案

学制系统草案(广州年会议决案)①

民国十年十月第七次全国教育会联合会议决

标准

(一)根据共和国体,发挥平民教育精神。

(二)适应社会进化之需要。

(三)发展青年个性,使得选择自由。

(四)注意国民经济力。

(五)多留各地方伸缩余地。

(六)使教育易于普及。

---

① 全国教育会联合会:《第七次全国教育会联合会会务纪要》,广州:全国教育会联合会,1921年,第41—46页。

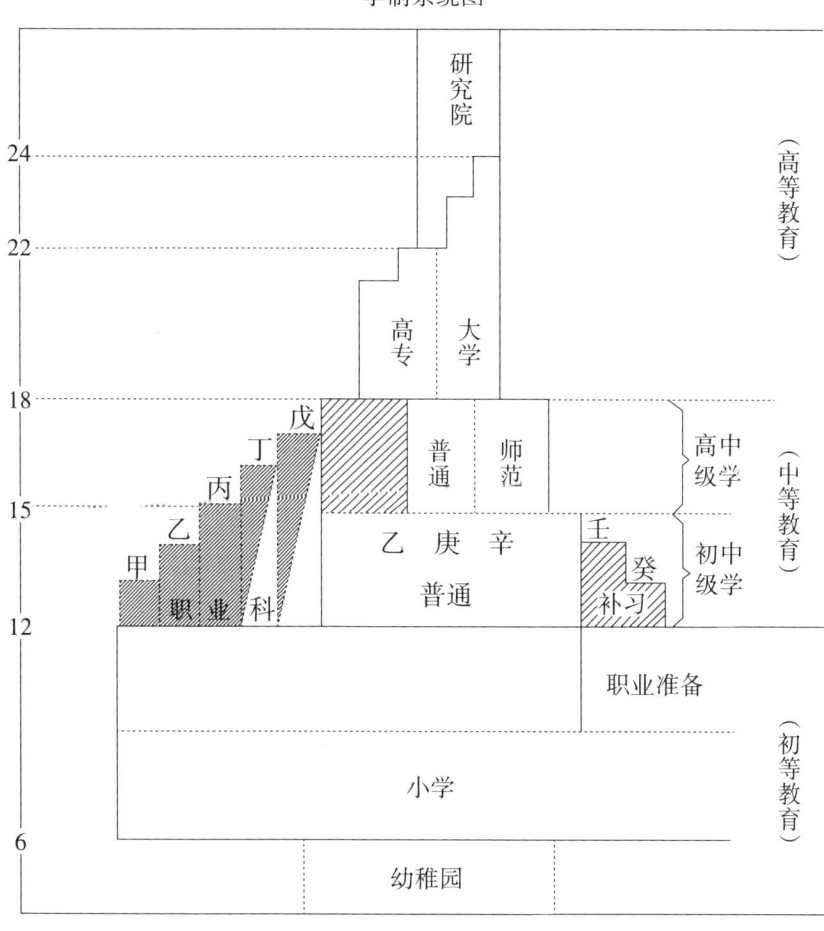

总说明

（一）全系统分三段：即初等教育，中学教育，高等教育。

（二）各段之划分，大致以儿童身心发达时期为根据；即童年时期（六岁至十二岁）为初等教育段，少年时期（十二岁至十八岁）为中等教育段，成年时期（十八岁至二十四岁）为高等教育段。

（三）中国幅员广大，地方情形各异，而社会要求亦至繁难，故于设校分科取纵横活动主义。

（四）教育以儿童为中心，学制系统宜顾及其个性及智能，故于高等及中等教育之编课采用选科制，于初等教育之升级采用弹性制。

(五)图之左行年龄,以示入学及升级之标准;但实施时,仍以其智力与成绩或他种关系,分别入学或升级。

(六)图内有斜线者表示职业科,无者表示普通科。

初等教育段说明

(一)小学校为施行国民教育而设,非专为中等教育之预备。

(二)小学取一级制,不分国民学校、高等小学之名称,统称为小学校。

(三)定小学修业年限为六年,自满六岁起至十二岁止,但得分为二期,第一期四年,第二期二年,其专办第一期者听。

(四)小学课程得于第四学年后,斟酌地方情形,增置职业准备之教育。

(五)义务教育定为四年,各省区应于普及后延长之。

(六)义务教育入学年龄,各省区得依地方情形自定之。

(七)幼稚园收容六岁以下之儿童。

(八)对于年长失学者宜设补习学校。

中等教育段说明

(一)图中甲乙丙为一年期、二年期、三年期之完全职业科。

(二)丁戊为渐减普通、渐增职业学科之四年期、五年期职业科。

(三)己为完足三年普通、继续三年职业学科之职业科。

(四)庚为完全普通科,辛为师范科。

(五)己庚辛各科毕业后,俱得升入大学或高专之相当分科。

(六)壬癸为补习学校,专为作工儿童而设立,凡半日、半夜、日曜等校属之。

(七)此段中等教育,以一校或多校办之,均听其便。

(八)此段中等教育,一中学区内一时未能全办者,得酌量地方情形及经济状况,择若干种办之。

(九)中等教育采用选科制。

(十)各种职业需要普通学识之准备,有多少之不同,故选科制精神于普通与职业之过渡,并无截然划分之界限。此系采用中学"三三制",分为初高两期,不过于六年中之第三年定为一小结束;且按儿童生理心理,十二至十五岁为少年发育时期,与十五至十八岁其身心发达有不同之点,为教授便利计,亦宜划分;其分科性质,有宜于"四二制"或"二四制"者,得酌量变通之。

(十一)初高两级得分校办之。

高等教育段说明

(一)大学与小学相对取义,设单科者亦得以大学称之,不限定集合某某等科而始成。

(二)大学毕业期限定为四年至六年,各科得按其性质之繁简,于此限度内斟酌定之。

(三)大学不设预科,其入学资格以高级中学毕业者,或有同等学力者为限。

(四)大学学生至少须习两种外国文。

(五)毕业于大学者得入研究院,不定年限。

(六)大学得附设专科,不定年限,凡志愿对于大学某科之一部或他种职业加以修习者入之。

(七)高等专门学校之毕业期限定为三年至四年,其四年者待遇与大学四年毕业者同。

(八)高等专门学校不设预科,其入学资格与大学同。

师范教育说明

(一)师范六年毕业,前三年普通科,后三年师范科。

(二)师范学校得办六年完全科,或专招初级中学毕业生,授以三年师范科,如中学校力能兼办师范科者听。

(三)高等师范四年毕业,其入学资格与大学同。

(四)高等师范毕业后得入大学研究院。

(五)大学得设师范科,高等师范得仍独立。

(六)在义务教育推行之始,得视各地方需要之缓急,设相当年期之师范讲习所。

(七)为推行职业教育计,得于高级中学职业科内附设职业教员养成科。

学校系统改革案(部交原案)(教育总长交议案)[1]

查现行学校系统系民国元年临时教育会议议决,经本部采择公布施行以来,已历十载;兹以时势变迁,不无应行修改之处,爰依次列标准,拟定学校系统改革案如左(如下):

---

[1]《学制会议议决案:学校系统改革案(附图表)》,《新教育》1922年5卷4期,第868—869页。

标准：

(一)根据教育原理参酌世界趋势以图教育之进化。

(二)适应地方实际情形使教育易于普及。

(三)多留伸缩余地以便各地方酌量举办。

(四)顾及旧制使教育易于着手。

学校系统图

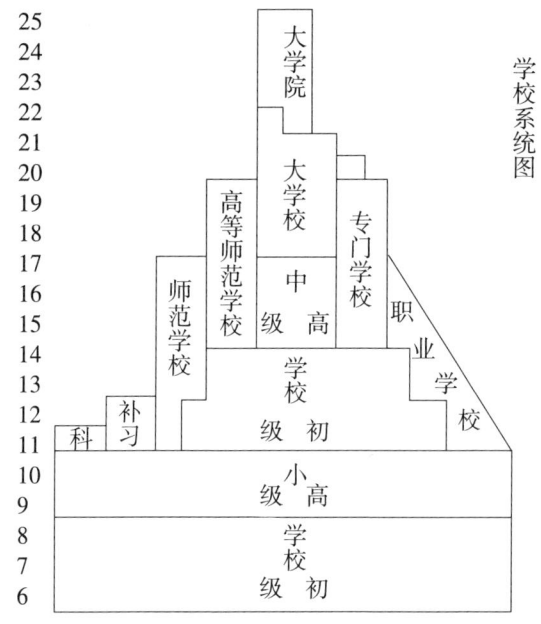

说明：

(一)小学校修业年限六年,分初高两级:初级修业年限四年,高级修业年限二年,但依地方情形得单设初级。

(二)义务教育年限定为六年,但依地方情形得暂以初级修业年限为义务教育年限。

(三)小学校得斟酌地方情形为初级毕业生增置职业准备之教育。

(四)小学校应兼设一年或二年之补习科以备高级毕业生之补习。

(五)各地方应酌设蒙养园收受满三岁至六岁之儿童。

(六)职业学校学科及期限得酌量各地方实际需要情形,随时订定之,现有之乙种实业学校得改为职业学校。

(七)中学校修业年限六年:初级中学四年,高级中学二年。

(八)中学校得依地方情形单设初级,其前二学年得并设于小学校。

(九)高级中学应与初级中学并设,但于不得已时得单独设立。

(十)初级中学施行普通教育,高级中学除设普通科外,得分设农工商师范家事等科。

(十一)高级中学得单设一科,或兼设数科,现有之甲种实业学校得改为高级中学农工商等科。

(十二)师范学校修业年限六年,其四年级以上应酌行分科制。

(十三)专门学校修业年限四年或五年,初级中学毕业者入之。

(十四)高等师范学校修业年限四年,初级中学毕业者入之。

(十五)大学校修业年限四年或五年。

(十六)大学校合设数科或单设一科均可,其单设一科者称某科大学校。

专门学校如提高程度改收高级中学毕业生,其修业年限定为四年或五年者,得改为单科大学校。

高等师范学校如提高程度改收高级中学毕业生,其修业年限定为四年者,得改为师范大学校。

(十七)专门学校与单科大学校,高等师范学校与师范大学校,均得并设于一校。

(十八)大学院为大学毕业生及具有同等程度者研究之所,年限无定。

学校系统改革案(学制会议议决案)[①]

标准:

根据教育原理,参酌世界趋势,并顾及本国国情,以图教育之进化。

说明:

(一)发挥平民教育精神。

(二)注意个性之发展。

(三)力图教育普及。

(四)注重生活教育。

[①]《学制会议议决案:学校系统改革案(附图表)》,《新教育》1922年5卷4期,第865—868页。

（五）多留伸缩余地，以适应地方情形与需要。

（六）顾及国民经济力。

（七）兼顾旧制使改革易于着手。

学校系统图（按较之部案，仅加蒙养园一格。）

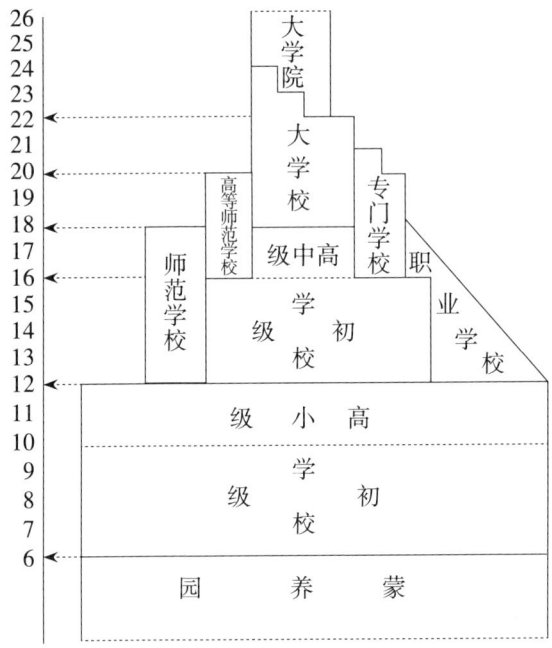

本图左行之年龄表示各级学生入学之标准，但实施时仍以其智力与成绩或其他关系分别定之。）

说明：

（一）小学校修业年限六年，但得依地方情形定为七年。（七年毕业者得入初级中学二年级。）

（二）中学校得分初高两级，以前四年为初级，依地方情形得单设之。

（三）义务教育年限，暂以四年为准，各地方至适当时期，得延长之。

（四）小学校得斟酌地方情形，为初级毕业生增置职业准备之教育。

（五）初级小学以上，得酌设相当年期之补习科。

（六）各地方应酌设蒙养园，收受六岁以下儿童。

（七）职业学校学科及期限，得酌量各地方实际需要情形，随时订定之。

依旧制设立之乙种实业学校，改为职业学校。

(八)中学校修业年限六年,初级中学四年,高级中学二年,但得依地方情形,定为初级三年,高级三年。

(九)初级中学得依地方情形单设之。

(十)高级中学应与初级中学并设,但于不得已时,得单设之。

(十一)初级中学施行普通教育,高级中学除设普通科外,得分设农工商师范家事等科。

初级中学得视地方需要,兼设各种职业科。

(十二)高级中学得单设一科或兼设数科。

依旧制之甲种实业学校,改为职业学校或高级中学农工商等科。

(十三)师范学校修业年限六年,并得兼设二年或三年之师范科,收受初级中学毕业生。(初级中学三年毕业者,入三年师范科。)

(十四)为推行义务教育计,得视地方需要,酌设师范讲习所,其修业年限定为二年以上。

(十五)为推行职业教育计,得于相当学校内,酌设职业教员养成科。

(十六)专门学校修业年限四年或五年,初级中学四年毕业者入之。(初级中学三年毕业者,应补习一年。)

(十七)高等师范学校修业年限四年,初级中学四年毕业者入之。(初级中学三年毕业者,应补习一年。)

(十八)大学校修业年限四年至六年,师范大学校修业年限四年。

(十九)大学校合设数科或单设一科均可,其单设一科者,称某科大学校。

专门学校如提高程度,改收高级中学毕业生,其修业年限定为四年以上者,得改为单科大学校。

高等师范学校如提高程度,改收高级中学毕业生,其修业年限定为四年者,得改为师范大学校。

(二十)高等专门以上学校得附设专修科,不定年限,高级中学毕业生入之。

(二十一)专门学校与单科大学校,高等师范学校与师范大学校,均得并设于一校。

(二十二)大学院为大学毕业生及具有同等程度者研究之所,年限无定。

注意:

(甲)为使青年个性易于发展,得采用选科制。

(乙)为适应特殊之智能,对于天才者之教育,应特别注重。其修业年限,得变通之。

(丙)对于精神上或身体上有缺陷者,应施以特别教育。

(丁)对于年长失学者,应施以相当之补习教育。

学校系统草案(济南年会审查会报告案)①

标准:

(一)适应社会进化之需要。

(二)发挥平民教育精神。

(三)谋个性之发展。

(四)注意国民经济力。

(五)注重生活教育。

(六)使教育易于普及。

(七)多留各地方伸缩余地。

学校系统图:

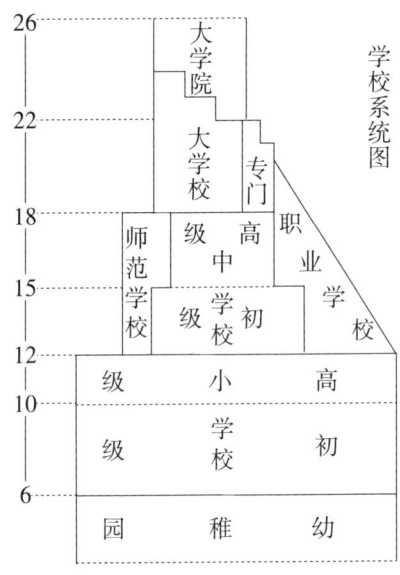

(本图左行之年龄表示各级学生入学之标准但实施时仍以其智力与成绩,

---

① 胡适:《记第八届全国教育会联合会讨论新学制的经过》,《努力周报》1922年25期,第2—3页。

或其他关系分别定之)

说明：

一、初等教育

(1)小学校修业年限六年。

(附注一)依地方情形,得暂展长一年。

(2)小学校得分初高两级。前四年为初级,得单设之。

(3)义务教育年限,暂以四年为准。各地方至适当时期,得延长之。义务教育入学年龄,各省区得依地方情形自定之。

(4)小学课程得于较高年级,斟酌地方情形,增置职业准备之教育。

(5)初级小学修了后,得与以相当年期之补习教育。

(6)幼稚园收受六岁以下之儿童。

(7)对于年长失学者,宜设补习学校。

二、中等教育

(8)中学校修业年限六年,分为初高两级,初级三年,高级三年。但依设科性质,得定为初级四年,高级二年,或初级二年,高级四年。

(9)初级中学得单设之。

(10)高级中学应与初级中学并设。但有特别情形时,得单设之。

(11)初级中学施行普通教育,但得视地方需要,兼设各种职业科。

(12)高级中学分普通、农、工、商、师范、家事等科。但得酌量地方情形,单设一科,或兼设数科。

(附注二)依旧制设立之甲种实业学校,酌改为职业学校或高级中学农、工、商等科。

(13)中等教育采用选科制。

(14)中等教育得设补习学校,或补习科。其补习之种类及年限,视地方情形定之。

(15)职业学校之期限及程度,得酌量各地方实际需要情形,定之。

(附注三)依旧制设立之乙种实业学校,酌改为职业学校。

(16)师范学校修业年限六年。

(17)师范学校得单设后三年,收受初级中学毕业生。

(18)师范学校后三年得酌行分组选修制。

(19)为救济初级小学教员之不足,得酌设相当年期之师范学校或师范讲习科。

(20)为救济初级中学教员之不足,得设二年期之师范专修科,附设于大学校教育科或师范大学校;亦得设于师范学校或高级中学师范科,收受师范学校及高级中学毕业生。

(21)为推广职业教育计,得于相当学校内,酌设职业教员养成科。

三、高等教育

(22)大学校设数科,或一科,均可。其单设一科者,称某科大学校。如医科大学校、法科大学校、师范科大学校之类。

(23)大学校修业年限四年至六年。各科得按其性质之繁简,于此限度内,斟酌定之。

医科大学校及法科大学校,修业年限至少五年。

(附注四)依旧制设立之高等师范学校,应于相当时期内,提高程度,收受高级中学毕业生,修业年限四年,称为师范大学校,或改为大学校之教育科。

(24)大学校用选科制。

(25)专门学校修业年限三年或四年。高级中学毕业者入之。四年毕业者,其待遇与大学四年毕业者同。

医学及法政专门学校,修业年限定为四年。

(26)大学校及专门学校得附设专修科,修业年限不等。凡志愿修习某种学术或职业,而有相当程度者,入之。

(27)大学院为大学毕业及具有同等程度者研究之所,年限无定。

四、附则

(28)注重天才教育,得变通教材及年期,使优异之智能尽量发展。

(29)对于精神上或身体上有缺陷者,应施以相当之特种教育。

审查长:袁希涛

审查员:胡　适　张鹤浦　何日章　黄炎培　庆汝廉　陈鸿模　许倬云
　　　　吴炳南　方克刚　经亨颐　李　惠　段育华　金曾澄　徐方汉
　　　　王兴义

学校系统案(济南年会议决案)[①]

标准：

(一)适应社会进化之需要。

(二)发挥平民教育精神。

(三)谋个性之发展。

(四)注意国民经济力。

(五)注重生活教育。

(六)使教育易于普及。

(七)多留各地方伸缩余地。

学校系统图：

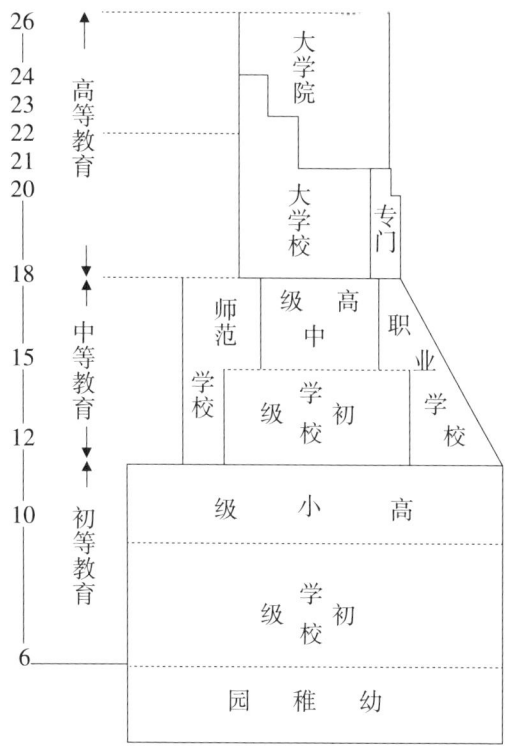

本图左行之年龄表示学生入学之标准，但实施时仍以其智力与成绩或以其他关系分别定之。

[①]《全国教育联合会议决学校系统案》，《河南教育公报》1922年2卷2期，第1—5页。

说明:

一、初等教育

(1)小学校修业年限六年。

(附注)依地方情形,得暂展长一年。

(2)小学校得分初高两级。前四年为初级,得单设之。

(3)义务教育年限暂以四年为准。各地方至适当时期得延长之。

义务教育入学年龄,各省区得依地方情形自定之。

(4)小学课程得于较高年级,斟酌地方情形,增置职业准备之教育。

(5)初级小学修了后,得予以相当年期之补习教育。

(6)幼稚园收受六岁以下之儿童。

(7)对于年长失学者宜设补习学校。

二、中等教育

(8)中学校修业年限六年,分为初高两级:初级三年,高级三年。但依设科性质,得定为初级四年,高级二年,或初级二年,高级四年。

(9)初级中学得单设之。

(10)高级中学应与初级中学并设,但有特别情形时得单设之。

(11)初级中学施行普通教育,但得视地方需要,兼设各种职业科。

(12)高级中学分普通、农、工、商、师范、家事等科,但得酌量地方情形,单设一科,或兼设数科。

(附注二)依旧制设立之甲种实业学校,酌改为职业学校或高级中学农、工、商等科。

(13)中等教育采用选科制。

(14)中等教育得设补习学校,或补习科。其补习之种类及年限,视地方情形定之。

(15)职业学校之期限及程度,得酌量各地方实际需要情形定之。

(附注三)依旧制设立之乙种实业学校,酌改为职业学校,收受高级小学毕业生。但依地方情形,亦得收受相当年龄之初级小学毕业生。

(16)为推广职业教育计,得于相当学校内酌设职业教员养成所。

(17)师范学校修业年限六年。

(18)师范学校得单设后三年,收受初级中学毕业生。

(19)师范学校后三年,得酌行分组选修制。

(20)为补充初级小学教员之不足,得酌设相当年期之师范学校或师范讲习科。

三、高等教育

(21)大学校设数科或一科均可。其单设一科者,称某科大学校,如医科大学校、法科大学校、师范科大学校之类。

(22)大学校修业年限四年至六年,各科得按其性质之繁简,于此限度内斟酌定之。

医科大学校及法科大学校修业年限至少五年。

(附注四)依旧制设立之高等师范学校,应于相当时期内提高程度,收受高级中学毕业生,修业年限四年,称为师范大学校。

(23)大学校用选科制。

(24)专门学校修业年限三年或四年,高级中学毕业者入之。四年毕业者其待遇与大学四年毕业者同。

医学及法政专门学校修业年限定为四年。

(25)大学及专门学校得附设专修科,修业年限不等。凡志愿修习某种学术或职业,而有相当程度者入之。

(26)为补充初级中学教员之不足,得设二年期之师范专修科,附设于大学校教育科或师范大学校;亦得并设于师范学校或高级中学师范科,收受师范学校及高级中学毕业生。

(27)大学院为大学毕业及具有同等程度者研究之所,年限无定。

四、附则

(28)注重天才教育,得变通年期及教程,使优异之智能尽量发展。

(29)对于精神上或身体上有缺陷者,应施以相当之特种教育。

学校系统改革案(大总统令公布)[①]

大总统令

兹制定学校系统改革案公布之。此令。

[①]《大总统令》,《政府公报》1922年2393号,命令第1—5页。

大总统盖印 国务总理王宠惠 教育总长汤尔和

中华民国十一年十一月一日

教令第二十三号

标准

(一)适应社会进化之需要。

(二)发挥平民教育精神。

(三)谋个性之发展。

(四)注意国民经济力。

(五)注意生活教育。

(六)使教育易于普及。

(七)多留各地方伸缩余地。

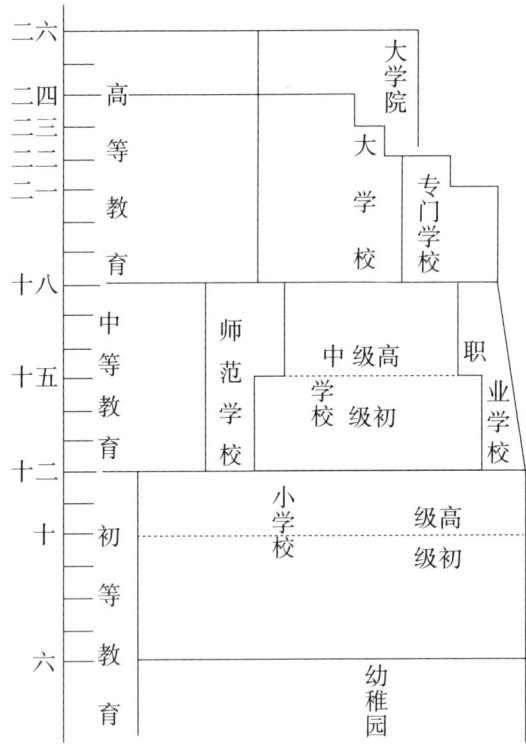

本图左行之年龄表示各级学生入学之标准,但实施时,仍以其智力与成绩或其他关系分别定之。

说明：

一、初等教育

(一)小学校修业年限六年。

(附注一)依地方情形,得暂展长一年。

(二)小学校得分初高两级。前四年为初级,得单设之。

(三)义务教育年限暂以四年为准。但各地方至适当时期得延长之。

义务教育入学年龄,各省区得依地方情形自定之。

(四)小学课程得于较高年级,斟酌地方情形,增置职业准(备之教育①)。

(五)初级小学修了后,得予以相当年期之补习教育。

(六)幼稚园收受六岁以下之儿童。

(七)对于年长失学者宜设补习学校。

二、中等教育

(八)中学校修业年限六年,分为初高两级:初级三年,高级三年。但依设科性质,得定为初级四年,高级二年,或初级二年,高级四年。

(九)初级中学得单设之。

(十)高级中学应与初级中学并设,但有特别情形时得单设之。

(十一)初级中学施行普通教育,但得视地方需要,兼设各种职业科。

(十二)高级中学分普通、农、工、商、师范、家事等科,但得酌量地方情形,单设一科,或兼设数科。

(附注二)依旧制设立之甲种实业学校,酌改为职业学校或高级中学农、工、商等科。

(十三)中等教育得用选科制。

(十四)各地方得设中等程度之补习学校或补习科。其补习之种类及年限,视地方情形定之。

(十五)职业学校之期限及程度,得酌量各地方实际需要情形定之。

(附注三)依旧制设立之乙种实业学校,酌改为职业学校,收受高级小学毕业生。但依地方情形,亦得收受相当年龄之修了初级小学学生。

---

① 原文缺"备之教育"——编著者。

(十六)为推广职业教育计,得于相当学校内酌设职业教员养成科。

(十七)师范学校修业年限六年。

(十八)师范学校得单设后二年或后三年,收受初级中学毕业生。

(十九)师范学校后三年,得酌行分组选修制。

(二十)为补充初级小学教员之不足,得酌设相当年期之师范学校或师范讲习科。

三、高等教育

(二十一)大学校设数科或一科均可。其单设一科者,称某科大学校,如医科大学校、法科大学校之类。

(二十二)大学校修业年限四年至六年(各科得按其性质之繁简,于此限度内斟酌定之)

医科大学校及法科大学校修业年限至少五年。

师范大学校修业年限四年。

(附注四)依旧制设立之高等师范学校,应于相当时期内提高程度,收受高级中学毕业生,修业年限四年,称为师范大学校。

(二十三)大学校用选科制。

(二十四)因学科及地方特别情形,得设专门学校,高级中学毕业生入之,修业年限三年以上,年限与大学校同者待遇亦同。

(附注五)依旧制设立之专门学校应于相当时期内提高程度收受高级中学毕业生。

(二十五)大学校及专门学校得附设专修科,修业年限不等。(凡志愿修习某种学术或职业而有相当程度者入之)

(二十六)为补充初级中学教员之不足,得设二年之师范专修科,附设于大学校教育科或师范大学校;亦得设于师范学校或高级中学,收受师范学校及高级中学毕业生。

(二十七)大学院为大学毕业及具有同等程度者研究之所,年限无定。

四、附则

(二十八)注重天才教育,得变通年期及教程,使优异之智能尽量发展。

(二十九)对于精神上或身体上有缺陷者,应施以相当之特种教育。

附录三　退还庚子赔款相关各案

庚款分配标准及董事组织原则案[①]

（全国教育会联合会第十次年会议决案）

各国退还庚子赔款,以发展我国教育文化事业,允宜本开诚公布之旨,求积思广益之方,使保管分配用途等项,均得妥协公允之解决,庶几不负友邦之盛意,而有裨我国之文化。本会考虑再四,根据上述原则,特议决下列各条,以为庚款保管分配之原则。

（一）对于各国庚款应设三种董事会,其名称组织职权,分别胪列如下：

1.全国庚款董事会

（1）名称　定为全国庚款董事会。

（2）组织及选举　全国庚款董事会,由各省区教育会各举一人,与全国各教育学术团体合举九人组织之。（呈请政府备案）

（3）任期　各董事任期为三年,每年改选二分之一,改选以抽签法定之。

（4）职务

a.选举各中（某）庚款董事会内中国董事。

b.向各国分别运动推促,及接洽退款事宜。

[①]《庚款分配标准及董事组织原则案》,见邰爽秋等合选：《历届教育会议议决案汇编》,上海：教育编译馆,1935年,第十届全国教育会联合会议决案第33—36页。

c.与中(某)庚款董事会协定庚款之保管及分配。

d.与各省教育经费保管委员会协定各省所收庚款之保管及分配。

(5)经费　由选举董事之各机关按照所选人数均担。

(6)他款　由董事会自定。

2.中(某)庚款董事会

(1)名称　定名为中(某)庚款董事会。

(2)组织及选举　董事名额中国应占三分之二,退款国占三分之一,主席以中国董事充任之。

我国董事须由全国庚款董事会选举,但该会未成立以前,须由我国教育界法团依法选出。

(3)任期　各该董事会任期,至多不得过五年。

(4)职权　中(某)庚款董事会应负接收(某)国退款之责,其保管及分配,应与全国庚款董事会协定。

(5)经费　中(某)庚款董事会之经费,得由(某)国退款项下开支。

3.各省区庚款董事会　即以第八届本联合会所议决之各省区教育经费保管委员会充之。

(1)各省区庚款董事会　即以第八届本联合会所议决之各省区教育经费保管委员会充之。

(2)保管委员会实行职权。

a.接收各该省区应收得庚款。

b.与全国庚款董事会协定所收庚款之保管及分配。

(二)各国退还庚款分配方法及用途。

1.分配成数

(1)各省区教育得十分之九。分配标准如下:

a.以总数之大部分照人口比例分配于各省区;

b.以总数之小部分照各该省原担负赔款比例分配于各该省。

(2)国家教育得十分之一。

2.各省区所收庚款之用途,由各省区自行决定,但其中大部分,应用作义务教育基金。其余部分,应用作科学教育平民教育等项基金。

修改庚款董事会组织原则并规定协争庚款办法案[①]

(全国教育会联合会第十一次年会议决案)

全国庚款董事会,虽于今年八月十四日成立,而在进行事宜,尚未著有成效。考其原因,盖有三点:(一)全国庚款董事会既系各省区法定团体之省教育会公同组织,则凡散布于各省区之教育学术团体,有何意见主张,应已为教育会所容纳,上届议由全国教育学术团体合举董事九人一节,因有重复之嫌,至使组织成会,尚多缺憾。(二)此项董事职务,至为繁重,进行实极困难。去岁并未规定常川驻会,支给用费,身任董事者,大都附带经理,虽于切实负责,遂亦不能得有相当之效果。(三)董事会之主要职责,在经管庚款,而使董事会之能履行职责,则须各省区先行协同力争。去岁组设庚款事宜委员会,未足以为董事会有力之援助。依上三点,应将去岁所议之董事会组织原则,加以修正。并另定继续协争庚款之办法,庶几向所议定分配标准,得以实现。所有修正原则,及继续协争各办法,分述于左(于下):

第一项　全国庚款董事会。依修正之组织原则组织之,凡推举董事不合此项原则,及未推董事者,均于本年内一律举定。并于十五年二月一日以前在北京开会,继续进行,修正的组织原则如左(如下):

(一)名称　定为全国庚款董事会。

(二)组织　本会各省区教育会各举一人组织之,须常川驻会。

(三)任期　各董事任期三年,每年改选二分之一,改选以抽签法定之。

(四)职务

1.选举各中(某)庚款董事会内中国董事。

2.向各国分别运动催促,及接洽退款事宜。

3.与中,(某)庚款董事会,协定庚款之保管及分配。

4.与各省教育经费保管委员会,协定各省所收庚款保管及分配。

(五)经费　本会经费由各省区分担,董事驻会用费,由各该省区支给。

(六)会址　由董事会决定之。

第二项　催促各省区教育会,参照左列(下列)各条,组织各省区庚款协争

[①]《修改庚款董事会组织原则并规定协争庚款办法案》,见邰爽秋等合选:《历届教育会议议决案汇编》,上海:教育编译馆,1935年,第十一届全国教育会联合会大会议决案第32—35页。

委员会。

(一)目的　以分配庚款于各省区发展地方文化事业为目的。

(二)组织　由各省区各公法团体,及各教育机关联合组织之。

(三)职员　本会为谋事便利起见,得公举左列(下列)各职员,分别任职。

1.干事部设职员若干人,得分为总务,文书、宣传、调查各股。

2.议事部设职员若干人。

(四)职务　1.调查各省区应分庚款数目,并宣布之。2.否认中央垄断的分配。3.宣布金佛郎案黑幕。4.联络各省区一致进行。5.为全国庚款董事会声援。

(五)经费　由各省区自行筹备,或捐集之。

(六)期限　候庚款分配各省区,认为公允时撤销之。

第三项　催促各省区按照本会第十届议决案,成立各省区庚款董事会。右列(上列)三项,除由本会通函催促外,应由本届到会各代表负责催促,以期一体实行。

关于以庚子赔款办理对华文化事业之协定[①]

(1924年2月6日)

第一,日本方面举办对华文化事业时,应将中国方面有识阶级之代表的意见十分尊重。

第二,庚款项下之资金主用于中国人所办之文化事业,至对于日本在山东所已设学校、病院及其他现时日本各团体在华经营之文化事业,其补助专就关系山东项下之资金支出之。

第三,在北京地方设立图书馆及人文科学研究所。

第四,在上海地方设立自然科学研究所。

第五,办理前两项事业应支经费随后另定之。

第六,将来庚款项下资金有赢余时,应再举办下开各事业:甲,就适当地点设立博物馆;乙,在济南地方设立医科大学,以病院附属之;丙,在广东地方设立医学校及附属医院。

第七,对于第三项至第六项所开各事业设评议员会,以中、日两国人组织之。其

---

① 《日庚款关系文书》,中国第二历史档案馆馆藏资料(编号:816—40),未分页,未见年份。

员数,各评议员会约二十名,中、日各十名,由两方协商。另选中国一人为委员长。

第八,北京图书馆及研究所之用地由中国政府免价拨给。

第九,救恤费之名义应从速改为慈善费或其他名称。

关于以庚子赔款办理对华文化事业之协定[1]

(1925年4月23日修正)

(一)总委员会之中日两国委员,各为十名以内,委员长一名,由中国方面另行选任。

(二)总委员会,关于文化事业之进行及经营,为最高决议机关。(但对于日本既定之事业,不能变更,以后议决,须经日本帝国议会协赞)。

(三)总委员会之议事,依事业之性质,不采多数议决制,而以两国委员全体一致赞同行之。

(四)总委员会两国委员之人选,自四月二十三日起,一星期内,即四月三十日以前,正式互相提示,以便彼此予以同意。

(五)日本委员人选,暂先决定六七名,其余俟日后再行选任。(委员已决定放泽远吉、山崎直方、大河正散、狩野直喜、服部宇之吉、太田参事官六人,尚拟以朝冈为一委员。)

(六)日本委员,至迟两个月内,来京就职,同时成立总委员会。

(七)总委员会委员得兼任北京方面委员会委员。

(八)上海方面委员会,自四月二十三日起,十日内,彼此提示,以便同意后,着手进行上海方面事业。

(九)北京人文科学研究所及图书馆之建筑地基,依临时协定第八条,由中国政府无偿提供,自四月二十三日起,三星期内,指定地点,通告日本方面。(期日当在五月十四五日,地点拟定先农坛北方空地约一百亩,但内务部尚须经部务会议,始能确定)。

(十)北京之研究所图书馆建筑工程,依日本议会通过之案,须分作五年间支出经费,继续进行,故须依工程之进行程度,逐渐施设文化事业。

(十一)总委员会两国委员正式提示同意后,须于三日内,两国正式交换协

---

[1]《日本对华文化侵略政策之胜利》,《教育杂志》1925年17卷6号,教育界消息第5页。

定公文,同时将决定之总委员会委员名单,与协定全文同日公布。

(十二)依以上情事之关系,正式实行着手事业之期,预定于六月下旬或七月上旬。

东方文化事业总委员会章程[①]

(1926年7月27日)

第一条 本委员会依民国十四年五月四日之中国外交总长与日本驻华公使之公文照会决定,以庚子赔款作为管理文化事业。

第二条 委员会以中国政府所派十一名以内之委员与日本政府所派十名以内之委员组织之。

第三条 委员之任期为三年,候补者之任期,以前任者之未满任期为限度,但二者均得连任。

第四条 委员会置委员长一人,由中国委员中互选。

第五条 委员会接受日本政府所支出之庚子赔款,分配于各项之文化事业赔款以外之资金及寄附金。凡为使用于文化事业者,委员会均得接受之,依据章程之条件,决定其用途。

第六条 委员会选任中日总务委员各一人,使其处理庶务会计事项。总务委员有事故时,可委托他委员以代理其职务。

第七条 委员会置事务所于北京。

第八条 委员会每年开总会一次。于认为必要时,依中日两国委员过半数之提议,由委员长召集临时总会。但得以文书征求意见以代开会。

第九条 委员会非有中日两国委员各三分之一以上出席,不得开会。但委员有不得已之事故时,得委托他委员以代理之。

第十条 委员会之议事,以中日两国委员双方过半数采决之。

第十一条 委员会之事务及事业经营,于必要时,得委任地方委员会研究处及其他之机关。

第十二条 委员会得设书记及事务员。

第十三条 委员会章程,得于总会修正之。

[①]《日本对华文化侵略之胜利》,《教育杂志》1926年18卷9号,1926年,教育界消息第1页。

附录四　各次年会留影

各省教育总会联合会摄影（清末）

资料来源：《各省教育总会联合会摄影》,《教育杂志》1911年3年5期,扉页

直隶省教育会欢迎全国教育会联合会各处代表摄影（第一次年会）

资料来源：《直隶省教育会欢迎全国教育会联合会各处代表摄影》,《教育杂志》1915年7卷6号,扉页

中华民国五年十月全国教育会联合会在北京开会摄影(第二次年会)

资料来源：《中华民国五年十月全国教育会联合会在北京开会摄影》，《教育杂志》1916年8卷11号，扉页

丁巳十月第三次全国教育会联合会在浙江开会摄影(第三次年会)

资料来源：全国教育会联合会，《第三次全国教育会联合会会务纪要》，1917年，扉页

附录

上海商务印书馆欢迎全国教育会联合会代表摄影(第四次年会)

资料来源:《上海商务印书馆欢迎全国教育会联合会代表摄影》,《教育杂志》1918年10卷11号,扉页

中华民国八年十月第五次全国教育会联合会在山西开会摄影(第五次年会)

资料来源:《中华民国八年十月第五次全国教育会联合会在山西开会摄影》,《教育杂志》1919年11卷12号,扉页

民国九年第六次全国教育会联合会在江苏开会摄影(第六次年会)

资料来源:全国教育会联合会,《全国教育会联合会会务纪要(九年十月第六次)》,1920年,扉页

中华民国十年第七次全国教育会联合会在广东开会摄影(第七次年会)

资料来源:全国教育会联合会,《第七次全国教育会联合会会务纪要》,1921年,扉页

附录

第九届全国教育会联合会开会摄影（第九次年会）

资料来源：全国教育会联合会，《第九届全国教育会联合会会务纪要（民国十二年十月）》，1923年，扉页

第十届全国教育会联合会各省区代表暨教育部特派员摄影（第十次年会）

资料来源：《第十届全国教育会联合会各省区代表暨教育部特派员摄影》，《中华教育界》1925年14卷8期，扉页

全国教育会联合会之留影(第十一次年会)

资料来源:《全国教育会联合会之留影》,《图画时报》1925年273期,第2页

参考文献

一、文献典籍

[1]第十一届全国教育会联合会事务所:《历届全国教育联合会议案分类汇编》,长沙:第十一届全国教育会联合会事务所,1925年。

[2]江苏省教育会:《第十二届全国教育会联合会在沪代表谈话会经过》,上海:江苏省教育会,1926年。

[3]全国教育会联合会:《第九届全国教育会联合会会务纪要(民国十二年十月)》,昆明:全国教育会联合会,1923年。

[4]全国教育会联合会:《第七次全国教育会联合会会务纪要》,广州:全国教育会联合会,1921年。

[5]全国教育会联合会:《第三次全国教育会联合会会务纪要》,杭州:全国教育会联合会,1917年。

[6]全国教育会联合会:《第五次全国教育会联合会会务纪要(民国八年十月)》,太原:全国教育会联合会,1919年。

[7]全国教育会联合会:《历届全国教育会联合会议决案》,昆明:全国教育会联合会,1923年。

[8]全国教育会联合会:《全国教育会联合会会务纪要(九年十月第六次)》,上海:全国教育会联合会,1920年。

[9]全国教育会联合会:《全国教育会联合会会务纪要(中华民国七年十月第四次)》,上海:全国教育会联合会,1918年。

[10]全国教育会联合会:《首次全国教育会联合会会务纪要》,天津:全国教育会联合会,1915年。

[11]全国教育会联合会:《中华民国五年十月第二次全国教育会联合会会务纪要》,北京:全国教育会联合会,1916年。

[12]江苏省教育会:《全国教育会联合会历届大会议决案汇编》,上海:江苏省教育会,1921年。

[13]浙江省教育会:《第七次全国教育会联合会议决案》,杭州:浙江省教育会,1921年。

二、档案

[1]中国第二历史档案馆:《北洋政府财政部档案全宗》(全宗号1027),北京:北洋政府财政部。

[2]中国第二历史档案馆:《北洋政府教育部档案全宗》(全宗号1057),北京:北洋政府教育部。

[3]中国第二历史档案馆:《北洋政府农商部档案全宗》(全宗号1038),北京:北洋政府农商部。

[4]中国第二历史档案馆:《北洋政府内务部档案全宗》(全宗号1001),北京:北洋政府内务部。

[5]中国第二历史档案馆:《北洋政府外交部档案全宗》(全宗号1039),北京:北洋政府外交部。

三、报纸

[1]《晨报》,北京:晨报社,1918年—1928年。

[2]《大公报》,天津:大公报社,1910年—1928年。

[3]《广州民国日报》,广州:广州民国日报社,1923年—1928年。

[4]《民国日报》,上海:民国日报社,1916年—1928年。

[5]《申报》,上海:申报社,1910年—1928年。

[6]《益世报》(天津),天津:益世报社,1915年—1928年。

四、期刊

[1]《安徽教育月刊》,安庆:安徽省教育厅,1918年—1928年。

[2]《东方杂志》,上海:商务印书馆,1910年—1928年。

[3]《大学院公报》,南京:大学院,1928年。

[4]《奉天教育杂志》,盛京:奉天省教育会,1907年—1926年。

[5]《广东省教育会杂志》,广州:广东省教育会,1921年—1928年。

[6]《江苏教育公报》,南京:江苏省教育厅,1918年—1926年。

[7]《江苏省教育会月刊》,上海:江苏省教育会,1916年—1927年。

[8]《教育潮》,上海:江苏省教育会,1919年—1928年。

[9]《教育丛刊》,北京:北京高师教育丛刊编辑处,1919年—1926年。

[10]《教育公报》,北京:教育部,1914年—1927年。

[11]《教育汇刊》,南京:南京高师教育研究会,1921年—1926年。

[12]《教育研究》,上海:江苏省教育会,1913年—1928年。

[13]《教育与人生周刊》,上海:申报社,1923年—1928年。

[14]《教育与职业》,上海:中华职业教育社,1917年—1928年。

[15]《教育周报》,杭州:浙江省教育会,1913年—1928年。

[16]《教育杂志》,上海:商务印书馆,1909年—1928年。

[17]《学部官报》,北京:学部图书局,1906年—1911年。

[18]《新教育》,上海:新教育共进社,1919年—1925年。

[19]《中华教育界》,上海:中华教育界社,1912年—1928年。

五、资料汇编

[1]陈元晖:《中国近代教育史资料汇编》(共十册),上海:上海教育出版社,1991年—1994年。

[2]李森:《民国时期高等教育史料汇编》,北京:国家图书馆出版社,2016年。

[3]全国图书馆文献缩微复制中心:《教育部文牍政令汇编》(影印本),北京:全国图书馆文献缩微复制中心,2004年。

[4]中国第二历史档案馆:《中华民国史档案资料汇编》(共五辑),南京:江苏古籍出版社,1981年—2000年。

[5]王强:《民国职业教育史料汇编》(共50册),南京:凤凰出版社,2014年。

[6]中国人民政治协商会议全国委员会文史资料委员会:《文史资料存稿选编》(第24辑教育),北京:中国文史出版社,2002年。

[7]中华全国体育总会文史资料编审委员会:《体育史料》(第1—11辑),北京:人民体育出版社,1980年—1984年。

六、文集、年谱、日记和回忆录

[1]蔡元培:《蔡元培全集》,杭州:浙江教育出版社,1997年。

[2]胡适:《胡适全集》,合肥:安徽教育出版社,2003年。

[3]马叙伦:《我在六十岁以前》,北京:生活·读书·新知三联书店,1983年。

[4]陶行知:《陶行知全集》,成都:四川教育出版社,2005年。

[5]沈恩孚:《沈信卿先生文集》,南京:凤凰出版社,2015年。

七、著作

[1]陈宝泉:《中国近代学制变迁史》,北平:北平文化学社,1928年。

[2]陈启天:《近代中国教育史》,台北:台湾中华书局,1969年。

[3]陈青之:《中国教育史》,北平:商务印书馆,1936年。

[4]陈翊林:《最近三十年中国教育史》,上海:上海太平洋书店,1930年。

[5]陈洪捷:《德国古典大学观及其对中国的影响》,北京:北京大学出版社,2015年。

[6]陈竞蓉:《教育交流与社会变迁——哥伦比亚大学与现代中国教育》,武汉:华中科技大学出版社,2011年。

[7]褚宏启等:《中国现代教育体系研究》,北京:北京师范大学出版社,2014年。

[8]程斯辉:《中国近代大学校长研究》,北京:人民教育出版社,2010年。

[9]曹义孙,胡晓进:《三十年中国法学教育大事记(1919—1949)》,北京:中国政法大学出版社,2011年。

[10]〔日〕大塚丰著,黄福涛译,苏真校:《现代中国高等教育的形成》,北京:北京高等教育出版社,1998年。

[11]邓洪波:《中国书院史(增订版)》,武汉:武汉大学出版社,2012年。

[12]丁钢,刘琪:《书院与中国文化》,上海:上海教育出版社,1992年。

[13]董宝良,熊贤君:《从湖北看中国教育近代化》,广州:广东教育出版社,1996年。

[14]董标:《马克思主义教育思想论纲(修订本)》,徐州:中国矿业大学出版社,1999年。

[15]杜成宪,丁钢:《20世纪中国教育的现代化研究》,上海:上海教育出版社,2004年。

[16]董守义:《日本与中国近代教育》,沈阳:辽宁教育出版社,1993年。

[17]方玉芬:《近代国人出国教育考察与中国教育改革》,合肥:合肥工业大学出版社,2016年。

[18]广少奎:《重振与衰变——南京国民政府教育部研究》,济南:山东教育出版社,2008年。

[19]郭秉文:《中国教育制度沿革史》,上海:商务印书馆,1922年。

[20]郭法奇:《教育史研究:寻求一种更好的解释》,北京:中国社会科学出版社,2012年。

[21]顾明远:《中国教育大系 历代教育名人志》,武汉:湖北教育出版社,2015年。

[22]国家体委体育文史工作委员会:《中国近代体育史》,北京:北京体育学院出版社,1989年。

[23]葛新斌:《融合创新论——蔡元培中西文化教育观的历史研究》,北京:中国书籍出版社,2013年。

[24]胡适:《四十自述》,北京:中国画报出版社,2016年。

[25]扈中平:《现代教育理论(第2版)》,北京:高等教育出版社,2005年。

[26]侯怀银:《西方教育学在20世纪中国的传播和影响》,长春:东北师范大学出版社,2011年。

[27]黄明喜:《中国传统教育思想史论》,北京:高等教育出版社,2012年。

[28]黄书光:《中国社会发展变迁的教育动力》,上海:上海教育出版社,2014年。

[29]黄书光:《变迁与转型:中国传统教化的近代命运》,上海:上海教育出版社,2014年。

[30]黄仁贤:《中国教育管理史》,福州:福建人民出版社,2003年。

[31]贺国庆:《德国和美国大学发达史》,北京:人民教育出版社,1998年。

[32]韩红升:《毛泽东人民教育观论纲》,北京:中国社会科学出版社,2004年。

[33]蒋纯焦:《教育家陶行知研究》,济南:山东人民出版社,2016年。

[34]李华兴:《民国教育史》,上海:上海教育出版社,1997年。

[35]李喜所:《近代中国的留学生》,北京:中国青年出版社,1996年。

[36]李新:《百年中国乡土教材研究》,北京:知识产权出版社,2015年。

[37]栗洪武:《西学东渐与中国近代教育思潮》,北京:高等教育出版社,2002年。

[38]卢晓中:《现代高等教育发展研究》,青岛:中国海洋大学出版社,2009年。

[39]楼世洲:《职业教育与工业化——近代工业化进程中江浙沪职业教育考察》,上海:学林出版社,2008年。

[40]刘海峰,史静寰:《高等教育史》,北京:高等教育出版社,2010年。

[41]刘海峰,李兵:《中国科举史》,上海:东方出版中心,2004年。

[42]刘新科:《中国传统文化与教育》,长春:东北师范大学出版社,2002年。

[43]刘建:《中国近代教育行政体制研究》,上海:上海教育出版社,2014年。

[44]刘景超:《清末民初女子教科书文化特性》,北京:知识产权出版社,2015年。

[45]潘懋元,邬大光,张亚群:《高等教育百年》,广州:广东高等教育出版社,2003年。

[46]曲铁华:《中国教育发展史纲》,长春:东北师范大学出版社,2006年。

[47]孙邦华:《西学东渐与中国近代教育变迁》,北京:中国社会科学出版社,2012年。

[48]石鸥,吴小鸥:《简明中国教科书史》,北京:知识产权出版社,2015年。

[49]苏竞存:《中国近代学校体育史》,北京:人民教育出版社,1994年。

[50]舒新城:《民国十五年中国教育指南》,上海:商务印书馆,1928年。

[51]司琦:《中国国民教育发展史》,台北:三民书局,1981年。

[52]施克灿:《中国教育思想史》,北京:高等教育出版社,2008年。

[53]单中惠,王凤玉:《杜威在华教育讲演》,北京:教育科学出版社,2007年。

[54]田正平:《留学生与中国教育近代化》,广州:广东教育出版社,1996年。

[55]田正平,商丽浩:《中国高等教育百年史论——制度变迁、财政运作与教师流动》,北京:人民教育出版社,2006年。

[56]涂又光:《中国高等教育史论(第三版)》,武汉:华中科技大学出版社,2014年。

[57]吴洪成:《中国近代教育思潮新论》,北京:知识产权出版社,2016年。

[58]王建军:《中国近代教科书发展研究》,广州:广东教育出版社,1996年。

[59]王保星:《美国现代高等教育制度的确立》,石家庄:河北教育出版社,2005年。

[60]王晨:《保守主义的大学理想》,北京:北京师范大学出版社,2008年。

[61]王小丁:《中美教育关系研究(1840-1927)》,成都:四川大学出版社,2009年。

[62]王静修:《中国高等教育现代化的构建与反思》,北京:知识产权出版社,2017年。

[63]熊贤君:《近现代中国科教兴国启思录》,北京:社会科学文献出版社,2005年。

[64]〔加〕许美德著,许洁英主译,王嘉毅、陆永玲校:《中国大学1895—1995:一个文化冲突的世纪》,北京:教育科学出版社,2000年。

[65]谢长法:《中国职业教育史》,太原:山西教育出版社,2011年。

[66]谢长法:《教育家黄炎培研究》,济南:山东人民出版社,2016年。

[67]徐梓:《现代史学意识与传统教育研究》,北京:中国社会科学出版社,2012年。

[68]肖朗,赵卫平:《跨文化视野中的教育史研究——裴斯泰洛齐教育思想国际研讨会论文集》,杭州:浙江大学出版社,2011年。

[69]袁征:《学校志》,上海:上海人民出版社,1998年。

[70]于述胜:《中国现代教育学术史论》,北京:中国社会科学出版社,2012年。

[71]于潇:《社会变革中的教育应对——民国时期全国教育会议研究》,杭州:浙江大学出版社,2015年。

[72]虞和平:《资产阶级与中国近代政治运动》,北京:中华工商联合出版社,2015年。

[73]余子侠,冉春:《抗日战争时期中国教育研究》北京:团结出版社,2015年。

[74]易正义:《从民间出发:民国初年的中等教育改革(1912—1926年)》,台北:花木兰出版社,2010年。

[75]张彬:《从浙江看中国教育近代化》,广州:广东教育出版社,1996年。

[76]郑登云:《中国近代教育史》,上海:华东师范大学出版社,1994年。

[77]张伟平:《教育会社与中国教育现代化》,杭州:浙江大学出版社,2002年。

[78]张斌贤:《西方教育思想史》,北京:人民教育出版社,2011年。

[79]张亚群:《科举革废与近代中国高等教育的转型》,武汉:华中师范大学出版社,2005年。

[80]张晓东,吴文华:《民国时期职业教育研究》,郑州:郑州大学出版社,2015年。

[81]张烨:《中国高等教育发展路径研究》,北京:人民出版社,2012年。

[82]张宪文,张玉法:《中华民国专题史》,南京:南京大学出版社,2015年。

[83]张传燧:《中国教学论史纲》,长沙:湖南教育出版社,1999年。

[84]朱永新:《中外教育思想史》,南京:南京大学出版社,2015年。

[85]庄俞,贺圣鼐:《最近三十五年之中国教育》,上海:商务印书馆,1931年。

[86]周予同:《中国现代教育史》,上海:良友图书印刷公司,1934年。

[87]周予同:《中国学校制度》,上海:商务印书馆,1931年。

[88]周洪宇:《文化与教育的双重历史变奏——周洪宇文化教育史论》,武汉:华中科技大学出版社,2012年。

[89]周雪梅,于继超:《分裂与融合——我国职业教育组织研究》,北京:知识产权出版社,2015年。

八、论文

[1]白锦表:《浙江教育会与浙江教育近代化》,《浙江社会科学》2002年03期,第92—95页。

[2]陈竞蓉,周洪宇:《孟禄与壬戌学制》,《河北师范大学学报》(教育科学版)2005年02期,第46—51页。

[3]储朝晖:《民国时期党化教育的牺牲者郭秉文与东南大学》,《华中师范大学学报》(人文社会科学版)2012年06期,第159—170页。

[4]丁永为,於荣:《密歇根大学时期:杜威教育思想的早期史考察》,《巢湖学院学报》2008年01期,第138—142页。

[5]范立君,谭玉秀:《从近代学制看中国女子教育的嬗变》,《中国矿业大学学报》(社会科学版)2004年03期,第79—83页。

[6]关晓红:《晚清学部的酝酿产生》,《历史研究》1998年02期,第74—87页。

[7]葛兆光:《1895年的中国:思想史上的象征意义》,《开放时代》2001年01期,第50—58页。

[8]郭志明,吴苗苗:《20世纪初美国社会转型与现代学制的确立》,《天津师范大学学报》(社会科学版)2017年02期,第37—43页。

[9]贺金林:《清末教育会浅议》,《船山学刊》2003年01期,第130—133页。

[10]胡金平:《教育传统:教育现代化无法割断的联系》,《华东师范大学学报》(教育科学版)2001年02期,第84—90页。

[11]黄明喜:《五四新文化运动与早期师范教育变革》,《华南师范大学学报》(社会科学版)2002年06期,第130—133页。

[12]瀚青,怀银:《历史比较法在中国教育史研究中的运用》,《天津市教科院学报》2002年01期,第59—61页。

[13]姜朝晖:《教育经费独立运动与庚款用途之争》,《聊城大学学报》(社会科学版),2007年01期,第23—27页。

[14]金燕,彭泽平:《晚清科举革废进程中政学关系的变化》,《教育学术月刊》2015年01期,第29—34页。

[15]〔法〕克里斯多弗·查理,张斌贤(译、校),杨克瑞(译),陈露茜(校):《近代大学模式:法国、德国与英国》,《大学教育科学》2012年03期,第81—91页。

[16]廖承琳,吴洪成:《近代中国学制演变与职业教育发展》,《西南师范大学学报》(人文社会科学版)2004年02期,第23—27页。

[17]廖其发:《论我国的学制改革》,《西南师范大学学报》(人文社会科学版)2004年02期,第86—93页。

[18]李剑萍:《20世纪中国学制问题的历史研究》,《华东师范大学学报》(教育科学版)2002年03期,第84—89页。

[19]刘良初:《对我国近现代学制的回顾与展望》,《湖南教育》(综合版)2005年03期,第26—28页。

[20]刘虹:《〈癸卯学制〉百年简论》,《河北师范大学学报》(教育科学版)2004年01期,第32—38页。

[21]刘正伟,薛玉琴:《清末民初蔡元培对西方道德教育理论的传播》,《浙江大学学报》(人文社会科学版)2012年06期,第162—173页。

[22]刘立德,郑芙琳:《黎锦熙语文教育活动和思想简论》,《小学语文》2015年09期,第16—21页。

[23]李子江:《19世纪末美国学院向大学转型研究》,《天津师范大学学报》(社会科学版)2015年05期,第62—65页。

[24]李忠,王筱宁:《前近代商人对教育的介入及其影响》,《华东师范大学》(教育科学版)2006年02期,第72—76页。

[25]李露:《论民国前期(1912—1927)的教育立法》,《集美大学学报》2002年01期,第61—69页。

[26]李雪燕:《胡适对1922年新学制创建的贡献》,《安庆师范学院学报》(社会科学版)2003年03期,第61—69页。

[27]马立武:《试谈中国近代教育民主化的开端及影响》,《辽宁教育研究》

2001年04期,第33—35页。

[28]潘涌:《论课程范式转型与教学解放》,《重庆社会科学》2005年09期,第113—117页。

[29]曲铁华,梁清:《我国近代学制发展嬗变及启示》,《邢台职业技术学院学报》2003年04期,第10—13页。

[30]桑东华:《五四时期知识分子对教育发展的贡献》,《北京师范大学学报》(人文社会科学版)2001年03期,第131—136页。

[31]商丽浩:《教育经费规范在近代中国宪法中的沉浮》,《浙江大学学报》(人文社会科学版)2004年04期,第23—28页。

[32]王建军:《论近代高等师范教育的课程设置》,《教育研究》1998年12期,第47—52页。

[33]王凌皓,朱志峰:《辛亥革命时期女子教育的发展嬗变及历史影响》,《河北师范大学学报》(教育科学版)2011年09期,第43—47页。

[34]王兆璟,王艳艳:《重返经典:教育史研究的进路与学术旨趣》,《教育理论与实践》2016年34期,第9—13页。

[35]王春英,关伟:《日本以庚款在华兴办文教事业析》,《齐齐哈尔大学学报》(哲学社会科学版)1999年03期,第8—10页。

[36]王剑:《胡适与杜威的中国之行》,《社会科学研究》2003年01期,第120—124页。

[37]王金霞,赵丹心:《构建中国教育早期现代化分期研究的指标体系》,《河北大学学报》(哲学社会科学版)2006年05期,第11—17页。

[38]王伦信:《我国综合中学制度的历史考察与现实思考》,《华东师范大学学报》(教育科学版)2001年03期,第37—44页。

[39]王运来,吴辉阳:《五四运动与中国近代高等教育》,《南京理工大学学报》(社会科学版)2002年05期,第74—79页。

[40]王惠来,车宝英:《中国教育近代化简论》,《教育探索》2001年04期,第35—36页。

[41]王凤玉,宋志海:《论中国近现代高等教育的发展》,《沈阳师范大学学报》(社会科学版)2003年03期,第46—48页。

[42]王雷:《从追求功名到职业立身——王韬教育经历与教育思想简论》,《沈阳师范大学学报》(社会科学版)2000年05期,第66—69页。

[43]吴民祥:《蔡元培的"悖论"——中国近代大学的学术诉求及其困境》,《清华大学教育研究》2010年03期,第111—118页。

[44]谢长法:《中国近代普通中学职业科施设的历史考察》,《教育与职业》2000年10期,第53—54页。

[45]余子侠:《晚清社会转型的教育需求与教会教育的演变》,《华中师范大学学报》(哲学社会科学版)1997年第3期,第24—30页。

[46]元青:《杜威的中国之行及其影响》,《近代史研究》2001年02期,第130—169页。

[47]余育国:《庚子赔款与退款的国际交涉内情》,《文史精华》2006年01期,第41—49页。

[48]闫广芬:《西方女学的传入与中国近代女子教育》,《教育研究》2000年04期,第76—80页。

[49]于洪波:《教育的民族化与国际化——日本近代国家主义教育体制的发展理念》,《山东师范大学学报》(人文社会科学版)2003年04期,第102—105页。

[50]张彬:《经亨颐与浙江教育会——兼论民国初年浙江教育近代化的推进》,《浙江大学学报》(人文社会科学版)2000年03期,第92—98页。

[51]朱国仁:《中国近代高等教育体制的形成》,《忻州师范学院学报》2001年03期,第1—6页。

[52]赵利栋:《1905年前后的科举废止、学堂与士绅阶层》,《商丘师范学院学报》2005年01期,第8—14页。

[53]张伟平:《略论教育社团与我国近代职业教育的发展》,《高等教育研究》2002年03期,第97—101页。

[54]张学强,孙昌伟:《元明清时期科举废置问题比较研究》,《当代教育与文化》2011年05期,第7—14页。

[55]郑若玲:《废科举的政治影响与启思》,《复旦教育论坛》2008年03期,第40—43页。

[56]周洪宇,申国昌:《20世纪中国教育改革的回顾与反思》,《华中师范大学学报》(人文社会科学版)2011年03期,第132—138页。

[57]周采:《赫尔巴特的教育学与伦理学》,《教育学报》2006年05期,第3—11页。

九、学位论文

[1]陈华:《中国公民教育的诞生——课程史的研究》,华东师范大学博士学位论文,2012年。

[2]蒋梅:《辛亥革命前后的江苏教育总会》,扬州大学硕士学位论文,2002年。

[3]李兴韵:《美雨与中土:1922年学制改革与广东》,中山大学博士学位论文,2006年。

[4]秦凌:《民国时期教育立法研究(1912—1949年)》,湖南师范大学博士学位论文,2014年。

[5]王巨光:《民国教育社团与民主教育》,华中科技大学博士学位论文,2007年。

[6]许文果:《民国教育界的庚子赔款之争》,华南师范大学博士学位论文,2007年。

后记

拙著《全国教育会联合会史》既是本人过去学习生活的总结,又是本人未来学习生活的起点。十余年来,我辗转求学于华南师范大学、同济大学和北京师范大学,又一直工作于井冈山大学。提笔写下这段文字,就意味着我这些年来对全国教育会联合会的研究将会暂告一段落。

对于全国教育会联合会的兴趣,最早可能要追溯到我在华南师范大学攻读博士学位的时候。因此《全国教育会联合会史》的完成,首先要感谢我的博士生导师袁征教授。在三年博士生涯中,袁老师从最基本的史料收集运用到史学意识和史学理论的培育均给予了悉心教导,使我在一定程度上弥补了个人学识上的不足。袁老师的教导是我难能可贵的人生财富,今后必将继续影响我的学习与工作。

《全国教育会联合会史》的成书,还得益于众多贤师的关怀和督导。他们是华南师范大学的黄明喜教授、卢晓中教授、颜广文教授、代继华教授、左双文教授和张俊洪副教授,北京师范大学的孙邦华教授,同济大学的张劲教授,深圳大学的熊贤君教授,中国教育科学研究院的储朝晖研究员,广东省社会科学院的江中孝研究员。诸位老师都是博学多才之人,在我踏入学术生涯之时给我指点迷津,更为拙著提出过宝贵的意见。我从老师们身上学会了严谨的治学态度和踏实的处世之道,这当然是一件十分幸运的事情。

感谢教育部人文社会科学研究项目、国家出版基金和西南师范大学出版社(特别是尹清强先生和尤国琴女士)。它们不但给予了我物质上的支持,更给予了我在文山会海中进行写作的动力。感谢中国国家图书馆、南京图书馆、上海图书馆、山东省图书馆、山西省图书馆、广东省立中山图书馆、广州图书馆、清华大学图书馆、北京大学图书馆、南京大学图书馆、山东大学图书馆、暨南大学图书馆、北京师范大学图书馆、华东师范大学图书馆、华南师范大学图书馆和教育科学学院资料室。它们解决了我在资料收集方面的困难,为拙著的写作提供了很大的帮助。

感谢华南师范大学的同门吴科达、石龙、李斌、李兴韵、许文果、喻忠恩、牛丽玲、肖黎明、宋黎、吴晓琳、刘娟、杨永炎、王鸿英、张瑞瑞、张文敬、杨可与学友杨旸、蔡金花、韦永琼以及北京师范大学的同门杨燕、张睦楚、王聪颖、张小娟、姚黎、张少敏、汪昊宇和张硕。我们在一起度过的那些美好日子,是我学术生涯中难以遗忘的时光。感谢我的妻子李小菲,她在生活上无微不至,承担起家庭的重担,为我解除了后顾之忧。感谢我那乖巧贴心的女儿梁雅和活泼可爱的儿子梁致。如果不是姐弟俩让我沉醉于为人父亲的幸福之中,这本书恐怕早在几年前就可以出版了。

感谢所有关心我的人!

丛书跋

　　2012年完成自己主编的2012年度国家出版基金资助项目"20世纪中国教育家画传"后，就策划启动新的研究项目，于是决定为曾在中国教育现代化过程中发挥巨大作用而又少有人知的教育社团写史，并在2013年3月拿出第一个包含8本书的编撰方案。当初怎么也没想到这一工作一再积累后延，几乎占用了我8年的主要时间，列入写作的社团一个个增加，参加写作的专家团队、支持者和志愿者不断扩大，最终汇成30本书和由50多位专家组成的团队，并在西南师范大学出版社鼎力支持下如愿以偿地获得2019年度国家出版基金资助。

　　1895年中日甲午海战中国战败后，中国社会受到强烈震动，有识之士勇敢地站出来组建各种教育社团，发展现代教育。1895年到1949年，在中国传统教育向现代教育转化、嬗变的过程中，产生了数以百计的教育社团。中华教育改进社等众多的民间教育社团在中国教育现代化进程中都曾发挥过重要的、甚至是无可替代的作用，到处留下了这些社团组织的深深印记，它们有的至今还在发挥着潜移默化的作用，它们是中国教育智库的先声。

　　但随着时间的推移，知道这段历史的人越来越少。教育社团组织与中国教育早期现代化既是一个有丰富内涵的历史课题，更是一个极具现实意义的实践课题。挑选"中国现代教育社团史"这一极为重大的选题，联合国内这一领域有专深研究的专家进行研究，系统编撰教育社团史，既是为了更好地存史，也是为了有效地资政，为当今及此后教育专业社团的建立、发展和教育改进与发展提供借鉴，为教育智库发展提供独具价值的参考，为解决当下中国教育管理主体过于单一问题提供借鉴,从而间接促进当下教育质量的提升和《中国教育现代化2035》目标的实现。简言之,为中国现代教育社团修史是一项十分有意义的工作。

在存史方面,抢救并如实地为这些社团写史显得十分必要、紧迫。依据修史的惯例,经过70多年的沉淀,人们已能依据事实较为客观地看待一些观点,为这些教育社团修史,恰逢其时;依据信息随时间衰减的规律,当下还有极少数人对70多年前的那段历史有较充分的知晓,错过这个时期,则知道的人越来越少,能准确保留的信息也会越来越少,为这些社团治史时不我待。因此,本套丛书担当着关键时段、恰当时机、以专业方式进行存史的重要责任。

在资政方面,为中国现代教育社团修史是一项十分有现实意义的工作。中国教育改革除了依靠政府,更需要更多的专业教育社团发展起来,建立良性的教育评价和管理体系,并在社会中发挥更大的作用。社团是一个社会中多种活力的凝结和显示,一个保存了多样性社团的社会才是组织性良好的社会,才是活力充足的社会。当时的各个教育社团定位于各自不同的职能,如专业咨询、管理、评价等,在社会和教育变革中以协同、博弈等方式发挥出巨大的作用。它们的建立和发展,既受到中国现代新式教育发展的制约,又影响了中国现代新式教育发展的进程。研究它们无疑会加深我们对那个时期中国新式教育发展过程中各种得失的宏观认识,有助于从宏观层面认识整个新式教育的得失,进而促进教育质量和品质的提升。现今的教育社团发展不是在一张白纸上画画,1900年后在中国产生的各种教育社团是它们的先声。为中国现代教育社团修史将会为当下及未来各个社团的建立发展和教育智库建设提供真实可信而又准确细致的历史镜鉴。

做好这项研究需要有独特的史识和对教育发展与改革实践的深刻洞察,本丛书充分运用主编及团队三十余年来从事历史、实地调查与教育改革实践研究的专业积累。在启动本研究之前,丛书主编就从事与教育社团相关的研究,又曾做过一定范围的资料查找,征集大陆(内地)和台湾、香港、澳门等地教育史专业工作者意见,依据当时各社团的重要性和历史影响,以及历史资料的可获取性,采用既选好合适的主题,又选好有较长时期专业研究的作者的"双选"程序,以保障研究的总体质量,使这套丛书不仅分量厚重,质量优秀,还有自己的特色。

本丛书的"现代"主要指社团具有的现代性,这样的界定与中国教育现代化进程相吻合。以历史和教育双重视角,对中华教育改进社等具有现代性的30余个教育社团的历史资料进行系统的查找、梳理和分析。对各社团发展的整体形态做全面的描述,在细节基础上构建完整面貌,对其中有歧义的观点依据史实客观论述,尽可能显示当时全国教育社团发展的原貌和全貌,也尽可能为当下教育社团与教育智库的建立和发展提供有益的历史镜鉴。

为此,我们明确了这套丛书的以下撰写要求:

全套丛书明确史是公器,是资料性著述的定位,严格遵循史的写作规范,以史料为依据,遵守求真、客观、公正、无偏见的原则,处理编撰中的各类问题。

力求实现四种境界:信,所写的内容是真实可靠的,保证资料来源的多样性;简,表述的方式是简明的,抓住关键和本质特征经过由博返约的多次反复,宁可少一字,不要多一字;实,记述的内容是有实际意义和价值的,主要体现为内容和文风两个方面,要求多写事实,少发议论,少写口号,少做判断,少用不恰当的形容词,让事实本身表达观点;雅,尽可能体现出艺术品位和教育特性,表现为所体现的精神、风骨之雅,也表现为结构的独具匠心,表达手法的多样和谐、图文并茂。

对内容选取的基本标准和具体要求如下:

(1)对社团的理念做准确、完整的表述,社团理念在其存续期有变化的要准确写出变化的节点,要通过史料说明该社团的活动是如何在其理念引导下开展的。

(2)完整地写出社团的产生、存续、发展过程,完整地陈述社团的组织结构、活动规模、活动方式、社会影响,准确完整地体现社团成员在社团中的作用、教育思想、教育实践,尽可能做到"横不缺项,纵不断线"。

(3)以史料为依据,实事求是,还原历史,避免主观。客观评价所写社团对社会和教育的贡献,不有意拔高,也不压低同时期其他教育社团。关键性的评价及所有叙述要有多方面的史料支撑,用词尽可能准确无歧义。

(4)凸显各单册所写社团的独特性,注意铺垫该社团所在时代的社会与教育背景,避免出现违背历史事实的表述。

(5)根据隔代修史的原则,只记述中华人民共和国成立之前的历史。对后期延续,以大事记、附录的方式处理,不急于做结论式的历史判定。

(6)各书之间不越界,例如江苏教育会与全国教育会联合会之间,江苏教育会与中华教育改进社之间,详略避让,避免重复。

写法要求为:立意写史,但又不写成干巴、抽象、概念化的历史,而是在掌握大量资料的基础上,全面、深刻理解所写社团的历史细节和深度,写出人物的个性和业绩,写出事件的情节和奥秘,尽可能写出有血有肉、有精气神的历史,增强可读性。写法上具体要求如下:

(1)在全面了解所写社团基础上,按照史的体例,设计好篇目、取舍资料、安排内容、确定写法。在整体准确把握的基础上,直叙历史,不写成专题或论文,语言平和,逻辑清晰。

(2)把社团史写得有教育性。主要通过记叙社团发展过程中的人和事展示其具有的教育功能;通过社团具有的专业性对现实的教育实践发生正向影响,力求在不影响科学性、准确性的前提下尽量写得通俗。

(3)能够收集到的各社团的活动图片尽可能都收集起来,用好可用的图,以文带图,图文互补,疏密均匀。图片尽可能用原始的、清晰的,图片说明文字(图题)应尽量简短;如遇特殊情况,例如在正文中未能充分展开的重要事件,可在图题下加叙述性文字做进一步介绍,作为一个独立的知识点。

(4)关键的史实、引文必须加注出处。

据统计,清末至民国时期教育社团或具有教育属性的社团有一百多个,但很多社团因活动时间不长、影响不大,或因资料不足等,难以写成一本史书。本丛书对曾建立的教育社团进行比较全面的梳理,从中精心选择一批存续时间长、影响显著、组织相对健全、在某一专业领域或某一地区具有代表性、典型性的教育社团进行深入研究,在此基础上做出尽可能符合当时历史原貌和全貌的整体设计，整体上能够充分完整地呈现所在时代教育社团的整体性和多样性特征，依据在中国教育现代化进程中所发挥的作用大小选择确定总体和各部分的研究内容，依据史实客观论述，准确保留历史信息。本丛书的基本框架为一项总体研究和若干项社团历史个案研究。以总体研究统领各个案研究，为个案研究确定原则、方法、背景和思路；个案研究为总体研究提供史实和论证依据，各个案研究要有全面性、系统性、真实性、准确性、权威性、实用性，尽量写出历史的原貌和全貌，以及其背后盘根错节的关系。

入选丛书的选题几经增减，最终完稿的共30册：

《中国现代教育社团发展史论》《中华教育改进社史》《中华平民教育促进会史》《生活教育社史》《中华职业教育社史》《江苏教育会史》《全国教育会联合会史》《中国教育学会史》《无锡教育会史》《中国社会教育社史》《中国民生教育学会史》《中国教育电影协会史》《中国科学社史》《通俗教育研究会史》《国家教育协会史》《中华图书馆协会史》《少年中国学会史》《中华儿童教育社史》《新安旅行团史》《留美中国学生联合会史》《中华学艺社史》《道德学社史》《中华教育文化基金会史》《中华基督教教育会史》《华法教育会史》《中华自然科学社史》《寰球中国学生会史》《华美协进社史》《中国数学会史》《澳门中华教育会史》。

本丛书力求还原并留存中国各现代教育社团的历史原貌和全貌，对当时各教育社团的发展历程、重要事件、关键人物进行系统考察，厘清各社团真实的运作情况，从而解决各社团历史上一些有争议的问题，为教育学和历史学相关领域的发展提供一定的帮助，拓展出新的领域，从而传承、传播教育先驱的精神，为当今教育改革和发展提供历史借鉴和智慧资源，为今后教育智库的发展提供有中国实践基础的历史参考，在拓展教育发展的历史文化空间上发挥其他著述不可替代的作用。在写作过程中严格遵守史的写作规范，以史料为依据，遵守求真、客观、公正、无偏见的原则，处理编撰中的各类问题。

这是一项填补学术空白的研究。这个研究领域在过去70多年仅有零星个别社团的研究，在史学研究领域对社团的研究较多，但对教育社团的研究严重不足；长期以来，在教育史研究领域没有对教育社团系统的研究；对民国教育的研究多集中于一些教育人物、制度,对曾发挥不可替代作用的教育社团的研究长期处于不被重视状态。因此,中国没有教育社团史的系列图书出版,只有与新安旅行团、中华职业教育社相关的专著,其他教育社团则无专门图书出版,只是在个别教育人物的传记等文献中出现某个教育社团的部分史实,浮光掠影,难以窥其全貌。但是教育社团对当时教育的发展发挥了倡导、引领、组织、管理、评价等多重功能,确实影响深远,系统研究中国现代教育社团是此前学术界所未有过的。该研究可以为洞察民国教育提供新的视角,在今后一段时期内具有标志性意义,发挥其他著述不可替代的作用。

这是一项高难度的创新研究。它需要从70多年历史沉淀中钩沉,需要在教育学和史学领域跨越,在教育历史与现实中穿梭,难度系数很高、角度比较独特,20多年前就有人因其难度高攻而未克。研究过程中我们将比较厚实的历史积累和对当下教育问题比较深入的洞见相结合,以史为据,以长期未能引起足够重视的教育社团为研究对象,梳理出每个社团的产生、发展、作用、地位。

这是一项促进教育品质提升的研究。中国当下众多教育问题都与管理和评价体制相关。因此,我们决定研究中国现代教育社团史,对中国教育现代化进程中发挥过重要作用的诸多教育社团的历史进行抢救性记述、研究,对中国教育体系形成的脉络进行详尽的梳理,记录百年中国教育现代化进程中教育社团所起的重大作用,体现教育现代化过程中的"中国智慧",为构建中国教育科学话语体系铺垫史料、理论基础,探明1898到1949年间教育社团在中国教育现代化发展中的作用,为改善中国教育提供组织性资源。

这是一项未能引起足够重视的公益性研究。本研究旨在还原并留存各教育社团的历史原貌和全貌,传承、传播教育先驱的精神,为当今教育改革和发展提供历史借鉴和智慧资源,拓展教育发展的历史文化空间,需要比较厚实的历史积累和对当下教育问题比较深入的洞见。本研究长期处于不被重视状态,但是其对教育的发展确实影响深远,需要研究的参与者具有对历史和现实的使命感。

这个研究项目在设计、论证和实施过程中得到业内专家的大力支持、高度关注和评价。中国教育学会教育史分会原会长田正平先生热心为丛书写了推荐信，又拨冗写了总序，认为："说到底，这是当代中国教育改革的需要和呼唤。教育是中华民族振兴的根基和依托，改革和发展中国教育，让中国教育努力赶上世界先进水平，既是中央政府和各级政府义不容辞的职责，也必须依靠广大教育工作者的自觉参与和担当。从这个意义上讲，中国近代教育会社团体与中国教育早期现代化研究，既是一个有丰富内涵的历史课题，更是一个极具现实意义的重大问题。"中国现代教育社团史的课题，"从近代以来数十上百个教育社团中精心选择一批有代表性、典型性、产生过重大影响的教育社团，列为专题，分头进行了深入的研究。我相信，读者诸君在阅读这些成果后所收获的不仅仅是对教育社团的深入理解和崇高敬意，也可能从中引发出一些关于当代中国教育改革的更深层次的思考"。

北京师范大学教育学部原部长、清华大学教育学院院长石中英教授在推荐中道："对那些历史上有重要影响的教育社团进行研究，既具有非常重要的学术价值，也具有非常强烈的现实意义。""当前，我国改革开放正在逐步地深入和扩大，激发社会组织活力，在整个社会治理体系建设中具有重要作用。现代教育治理体系的建设，也迫切需要发挥专业的教育社团的积极作用。在这个大背景下，依据可靠的历史资料，回溯和评价历史上著名教育社团的产生、发展、组织方式和活动方式等，具有现实意义和社会价值。""总的来说，这个项目设计视角独特，基础良好，具有较高的学术价值、实践价值和出版价值。"

1990年代，中央教育科学研究所张兰馨等多位前辈学者就意识到这一选题的重要性，曾试图做这一研究并组织编撰工作，终因撰写团队难以组建、资料难以查找搜集等各种条件限制而未完成。当我们拜访80多岁的张兰馨先生时，他很高兴地拿出了当年复印收藏的一些资料，还答应将当年他请周谷城先生题写的书名给我们使用，既显示这一研究实现了学者们近30年未竟的愿望，也使这套书更具历史文化内涵。

西南师范大学出版社是全国百佳图书出版单位、国家一级出版社、全国先进出版单位，承担了多项国家重大文化出版工程项目、国家出版基金资助项目、重庆市出版专项资金资助项目，具有丰富的国家、省市重点项目出版与管理经验。该社出版的多项国家级项目受到各级主管部门、学界、业内的一致好评。米加德社长调集素质高、业务精的专业编辑团队支持本书的编辑出版，尹清强先生、伯古娟女士做了大量联络和组织工作，各位责任编辑付出了大量辛勤劳动。西南大学的学术优势为本书的出版提供了学术支撑。

本项目30余位作者奉献太多。他们分别来自中国人民大学、北京师范大学、华东师范大学、中山大学、首都师范大学、浙江师范大学等多所高校和研究机构，他们长期从事相关领域的研究，具有极强的学术责任感，具备了较好的专业基础，研究成果丰硕，有丰富的写作经验。在没有启动经费的情况下，他们以社会效益为主，把这项研究既当成一项工作任务，又当成一项对精湛技术、高雅艺术和完美人生的追求，以高度的历史使命感和现实的使命感投入研究，确保研究过程和成果具有较高的严谨性。他们旨在记录中国教育现代化过程中教育社团所起的重大作用，体现教育现代化过程中的"中国智慧"，写出理论观点正确、资料翔实准确、体例完备、文风朴实、语言流畅，具有资料性、科学性、思想性，经得起历史检验的，有灵魂、有生命、能传神的现代教育社团史。

这套丛书邀约的审读委员主要为该领域的专家，他们大多在主题确定环节就参与讨论，提供资料线索，审读环节严格把关，有效提高了丛书的品质。

本人为负起丛书主编职责，采用选题与作者"双选"机制确定了撰写社团和作者，实行严格的丛书主编定稿制，每本书都经过作者拟提纲—主编提修改意见—确定提纲—作者提交初稿—主编审阅，提出修改意见—作者修改—定稿的过程，有些书稿从初稿到定稿经过了七到八次的修改，这些措施有效地保障了这套丛书的编撰质量。尽管做了这些努力，仍难免有错，敬希各位不吝赐正。

十分感谢国家出版基金资助。本丛书有重大的出版价值，投入也巨大，但市场相对狭窄。前期在项目论证、项目启动、资料收集、组织编写书稿中投入了大量的人力、物力。多位教育专家和史学专家经过八年的努力，收集了大量的资料，研究的深度和广度都大大超出此前这一领域的研究。各位作者收集了大量的历史资料，走访了全国各大图书馆、资料室，完成了约一千万字、数百幅图片的巨著。前期的资料收集、研讨成本甚高，而使用该书的主要为教育研究者、教育社团和教育行政人员。即便丛书主编与作者是国内教育学、教育史学领域的权威专家，即便丛书经过精心整理、撰写而成，出版后全国各地图书馆、研究院所会有一定的购买，有一定的经济效益，但因发行总数量有限，很难通过少量的销售收入实现对大量经费投入的弥补，国家出版基金资助是保障该套丛书顺利出版的关键。

教育在实现中华民族伟大复兴中发挥着不可替代的作用。完整、准确、精细地回顾过去方能高瞻远瞩而又脚踏实地地展望未来，将优秀传统充分挖掘展现、利用方能有效创造未来，开创教育发展新时代。在中国教育现代化进程中众多现代教育社团是促进者。中国人坚定的自信是建立在5000多年文明传承基础上的文化自信。中国现代教育社团的发起者心怀中华，在中华民族处于危亡之际奔走呼号，立足弘扬中华优秀文化传统提倡革新。本丛书深层次反映了当时中国仁人志士组织起来，试图以教育救国的真实面貌，其中涉及几乎全部的教育界知名人物，对当年历史的还原有利于挖掘中华优秀传统文化的强大生命力和在民族危亡关头的强大凝聚力，弘扬中华优秀传统文化，为构建中华优秀传统文化传承发展体系添砖加瓦。研究这段历史，对于推动中华优秀传统文化创造性转化、创新性发展，对于促进教育智库建设，发展中国教育事业，发挥教育在促进中华民族伟大复兴中的作用具有重要意义。

愿我们所有人为此的努力在中国教育现代化进程中生根、发芽、开花、结果。

储朝晖
2020年6月